クテシアス

ペルシア史／インド誌

西洋古典叢書

凡例

一、本書はクテシアスの『ペルシア史』と『インド誌』、および彼の名のもとに伝わる全作品の断片、あわせてクテシアスにかんする古代の証言を翻訳したものである。

二、翻訳にあたっては、D・ランファンの校訂本（D. Lenfant, *Ctésias de Cnide: La Perse, l'Inde, autres fragments*, Paris, 2004）を底本として用いた。

三、訳文における記号について。

（1）（　）は原文テクストの著者自身による補い、もしくは訳語の原語カタカナ表記である。

（2）［　］は訳者による補い、もしくはカタカナ表記された原語の補訳である。

（3）……は、原文テクスト中、クテシアス作品に依拠していないと思われる章句の省略（証言の場合、クテシアスの経歴とは無関係な章句の省略）を表わす。

（4）——は原文テクストの章句を訳者が挿入句として訳出した際に付した記号である。

（5）…［欠］…は写本もしくはパピュルスの欠損を表わす。

四、原語のカタカナ表記は次の原則に従った。

（1）ギリシア語をカタカナで表記するにあたっては、θ, φ, χ と τ, π, κ を区別しなかった。

（2）子音の重複は「ッ」で表記したが、流音の重複（λλ, ρρ）は無視した。ただし、Aulus Gellius については、本叢書の著者表記にならい、アウルス・ゲッリウスと表記した。

(3)固有名詞の母音の音引きについては、原則としてこれを無視した。ただし、『スーダ辞典』等の例外がある。

(4)地名については、上記の原則から外れ、慣習に従って表記した事例も多い。

(5)クテシアスがギリシア語作家であることを重視し、ラテン語作家によるごく少数の証言・断片においても、原語カタカナ表記をギリシア語風の表記に改めた。

五、断片記号について。

(1)「断片史料」の全般的特質については、巻末の解説を参照されたい。

(2)断片記号は、数字―ラテン・アルファベット―ギリシア・アルファベットの順に分節される。ラテンおよびギリシア・アルファベットは、それぞれある断片の大小の異伝を示す。

(3)*は、クテシアス作品への依拠が推定にもとづく(テクスト中にクテシアスへの直接的言及が見られない)ことを表わす。

(4)[L]の記号は、ランファン編において、ヤコービ編から追加された断片であることを示す。これについての詳細は、巻末の解説を参照されたい。

目次

ペルシア史／インド誌

阿部拓児訳

証言

証言概観

一―七　クテシアスの経歴にかんする記述
八―一五　クテシアスの著作およびその評価にかんする記述
一六―二〇　クテシアスの著作の利用にかんする記述

一

クテシアス。クテシアルコス、もしくはクテシオコスの子。クニドス出身。医者。ペルシアにてムネモンと綽名されたアルタクセルクセス[1]に侍医として仕え、二三巻から成る『ペルシア史』を書いた。

出典　『スーダ辞典』「*Κτησίας*（クテシアス）」（κ 2521）の項。

一b［L］

クテシオコスの子、医者なるクテシアスは
キュプロスの都市クニドス[2]の出身、
キュロス[3]に味方して戦った際、アルタクセルクセスに敗れ、

（1）ペルシア大王アルタクセルクセス二世（在位前四〇四—三五八年）のこと。

（2）明らかな誤り。クニドスはキュプロス島ではなく、大陸小アジアのエーゲ海沿岸の都市である。

（3）アルタクセルクセス二世の弟、小キュロスのこと。ここでツェツェスは、クナクサの戦いでクテシアスがついた陣営を誤解している。正しくは、クテシアスは小キュロス軍ではなく、アルタクセルクセス軍で参戦した。

ペルシアの地で一七年の歳月を送り
二三の巻より成る『ペルシア史』を著わし……
出典　ツェツェス『千行史略《キリアデス》』第一巻八五―八九。

二

クニドス出身の著名人としては、……クテシアスもまたこの地の出身。彼はアルタクセルクセスの侍医で、『アッシリア史』と『ペルシア史』(1)を書いた。
出典　ストラボン『地誌』第十四巻二・一五。

三

クニドス人クテシアスは、キュロスが彼の兄アルタクセルクセスにたいし反乱を起こした時代を生きた。捕虜となったが、その医学的知識ゆえに王によって用いられた。王に寵愛されながら一七年間を過ごした。それゆえ自身が主張するところでは、彼はおのおの出来事を「王の書」(2)――ペルシア人はそれに、ある種の様式に従って、古代の事跡を順に書き残している――から綿密に調べ、歴史書を編み、それをギリシアのやり方で発表した。(3)

出典　ディオドロス『歴史叢書』第二巻三二・四。

三b［L］

また、この泉の底からは鉄が採取される。クテシアス自身がこの鉄から作られた二振りの剣――一つは彼が王から贈られたもの、もう一振りは王母パリュサティスから譲り受けたもの――を所持するとも言う。(4)

---

(1) 通常この二作品は一つの作品（『ペルシア史』）として扱われ、「アッシリア史」は『ペルシア史』の冒頭三巻を指す。ただし、ストラボンの時代には、「アッシリア史」（『ペルシア史』第一―三巻）、「メディア史」（『ペルシア史』第四―六巻）、「ペルシア史」（『ペルシア史』第七―二十三巻）は、それぞれ独立した書物として流通していた可能性もある。

(2) この「王の書」（*βασιλικαὶ διφθέραι*）がいかなる記録書で、またここで述べられているように、クテシアスが「王の書」を利用できたか否かについては、研究者間で意見の一致を見ていない。クテシアスの主張を字義通りに受け入れ、彼には「王の書」を参照する機会と時間が存在していたはずだと想定する研究者がいる一方で、彼の史書の内容はゴシップ色が濃く、何らかの公式文書に拠っているとは考えがたいとする見解もある。この論争は、ペルシアにおける歴史叙述の形態、クテシアスのペルシア宮廷での立場、さらには彼のリテラシーの問題も絡んで、容易には結論できない複雑なものとなっている。七三頁註（2）、および阿部拓児（二〇〇七）「歴史家クテシアスの経歴と『ペルシア史』――ペルシア宮廷滞在をめぐって」『西洋史学』二二八、四九―五〇頁を参照。なお、ペルシア帝国の公式記録については、『エステル記』一〇・二に「メディアとペルシアの王の年代記」、伝ルキアノス『長命者列伝』一四に「ペルシア・アッシリア年代記（*οἱ Περσῶν καὶ Ἀσσυρίων ὧροι*）」なる記録書への言及が見られる。

(3) 断片五（三二・四）と一部重複。

(4) 断片四五（九）と重複。

出典　ポティオス『文庫』第七十二項四五b。

四

クニドスの人クテシアスはヒッポクラテスの親戚筋にあたる（というのも、クテシアスもアスクレピオスの末裔なのだから[1]）。

出典　ガレノス『ヒッポクラテス「関節論」への註釈』第四巻四〇。

五a

第九十五オリュンピア紀元年[2]。グリュロスの子クセノポンとクテシアスの名が世に知られる。

出典　エウセビオス『年代記』。（ラテン語）

五b

クテシアスは、ダレイオスとパリュサティスの息子、ペルシア王位を継承したアルタクセルクセスの弟であるキュロスの時代に人生の盛り[3]であった。

出典　ポティオス『文庫』第七十二項三六a六―八。

六a

アルタクセルクセス王の周囲にいた者たちは混乱のさなか逃げ出したが、王は立ち上がると、数名の者たちを引き連れて——クテシアスもそのなかにいたのだが——近くにあった丘を占拠して、そこで横になった(4)。

出典　プルタルコス『アルタクセルクセス伝』一一・三。

六aβ［L］

二六　……医師クテシアスの言うところでは、彼が自分でアルタクセルクセス王の傷を診たとのこと。二七　……大王軍の戦死者数については、クテシアスが記録している。というのも、彼は王の陣中にいたので［このようなことも書けるのだ(5)］。

出典　クセノポン『アナバシス』第一巻八・二六—二七。

---

(1) 断片六七と重複。
(2) 前四〇〇／三九九年。
(3) ギリシア人にとって「人生の盛り」は四〇歳である。したがって、小キュロスが戦死したクナクサの戦い（前四〇一年）のときにクテシアスが四〇歳前後だったと想定した場合、彼は前四四〇年頃の生まれということになる。
(4) 断片二〇（一一・三）と重複。
(5) 断片二一と重複。クセノポンは、クテシアス『ペルシア史』の確認しうる最初の読者である。この事実は、『ペルシア史』の刊行年代の下限を前三七〇年代末に設定する。なお、刊行年代の上限は前三九三年である（二〇三頁註（6）を参照）。

六aγ［L］

戦死者の数について、アルタクセルクセスには九〇〇〇と報告されたが、自分が見たところでは、戦死者は二万をくだらないように思えたと、クテシアスは述べている。(1)

出典　プルタルコス『アルタクセルクセス伝』一三・四。

六b

［クナクサでの］戦い後、王は……クテシアスやほかの者たちにもじゅうぶんに褒美を取らせた。(2)

出典　プルタルコス『アルタクセルクセス伝』一四・一。

七a

パリュサティスの侍医を務めていたクテシアスが、彼女のために虜囚の身にあったクレアルコスを世話し、治療したことについて。(3)

出典　ポティオス『文庫』第七十二項四四a三一―三四。

七aβ［L］

一　ティッサペルネスはクレアルコスとほかの将軍たちをまんまと騙し、事前に結んだ約束を反古にして彼らを取っ捕まえた。彼らが枷をはめられて王のもとへと移送されたとき、クテシアスによれば、彼はクレアルコスに櫛を都合してくれと頼まれたという。二　櫛を受け取り髪をなでつけると、クレアルコスはクテシアスの心遣いに感謝し、スパルタにいる彼の親族や家の者たちに［見せられるよう］友情のしるしとして指輪を彼に贈った。その指輪に嵌められた印章には、カリュアティデスたちの踊っているところが彫られていた。三　牢につながれたほかの兵士たちは、クレアルコスのところに運ばれてきた食事を奪って食べてしまい、彼にはほとんど食べさせてやらなかった。クテシアスによれば、自分がクレアルコスにきちんと食事が運ばれるように、そしてほかの兵士たちにも別にもっと食料が分け与えられるように手配して、この状況を改善してやったという。そして、これらの気遣いや食事の世話は、［王母］パリュサティスも賛同して承知の上でおこなわれていた。**四**　日々クレアルコスのもとに運ばれてくる食事の献立には、脛肉のブロックがおまけされていたが、クレアルコスはクテシアスを呼んで、肉のなかにうまく小刀を隠して運んでくれないか、王の残忍な気まぐれに自らの運命を委ねるつもりはないのだと説明した。しかし、クテシアスは怖気づいて、首を縦には振らなかったという。(4)

（1）断片二二（一三・四）と重複。
（2）断片二六（一四・一）と重複。
（3）断片二七（六九）と重複。
（4）断片二八（一八・一―四）と重複。

出典　プルタルコス『アルタクセルクセス伝』一八・一—四。

七b

五　しかし、クテシアスがザキュントス人パリュノスほか数名とともにギリシア軍に派遣されたと主張しているのは、論ずるまでもなく明らかな嘘である。六　現に、クセノポンはクテシアスが王のもとにとどまっていたことを知っていた。彼はクテシアスのことを［自身の著作のなかで］書いているし、彼の著作の数々を読んでいたことも確かである。(1)そして、もしクテシアスがギリシア軍のところへ来て、これほど重要な会見の通訳を果たしていたならば、クセノポンは彼の名をあげずに、ザキュントス人パリュノスの名前だけを書き記しておくなどということはしなかったであろう。(2)七　しかし、クテシアスは名誉欲がことのほか強いようで、それに劣らずスパルタ贔屓、クレアルコス贔屓の態度をとる。彼は自らの文章のなかに常に自分のための居場所を確保し、そこに登場しては、クレアルコスやラケダイモンの美談を披露する。(3)

出典　プルタルコス『アルタクセルクセス伝』一三・五—七。

七c

七二　王アルタクセルクセスがサラミス王エウアゴラスと不仲になった理由。(4)アブリテスからの手紙を受け取るための、エウアゴラスからクテシアスへの使者。エウアゴラスとキュプロス王アナクサゴラスの和解にかんする、エウアゴラスへのクテシアスの手紙。エウアゴラスからの使者のキュプロスへの到着、ならびにクテシアスからの手紙のエウアゴラスへの返送。

七三　王のもとへ赴くことにかんする、コノンとエウアゴラスの議論。彼から受けた要求にかんするエウアゴラスの手紙。コノンのクテシアスへの手紙とエウアゴラスから王への貢物とクテシアスの手紙の返送。コノンにかんするクテシアスの王との対話と彼への手紙。エウアゴラスからサティバルザネスへの贈物の返送とキュプロスへの使者の到着。コノンの王とクテシアスへの手紙。

七四　ラケダイモンから王への使者が監視下に置かれたことについて。王のコノンとラケダイモン人への手紙。クテシアス自身がそれらを運んだ。パルナバゾスによってコノンが提督になったことについて。

七五　クテシアスの故国クニドスとラケダイモンへの帰還、およびロドスにおけるラケダイモン人の使者との諍いと釈放(5)。

出典　ポティオス『文庫』第七十二項四四b二〇―四二。

(1)証言一五と重複。
(2)クセノポン『アナバシス』第二巻一・七を参照。
(3)断片二三(一三・五―七)と重複。
(4)本証言が伝える事件経過については、二〇九頁註(2)を参照。
(5)断片三〇と重複。

七d

二　彼〔コノン〕は……王に自身の計画について記した手紙を送った。三　そして彼は、その手紙を携えて行く者に、できるだけクレタ人ゼノンかメンデ人ポリュクリトスに〔王との〕仲介役を頼むように命じた。ゼノンは舞踏家で、ポリュクリトスは医者である。しかし、もしこれらの人物が無理ならば、医師のクテシアスに取り次いでもらうよう言い含めた。四　クテシアスがその手紙を受け取ると、コノンの上奏文に、小アジア沿岸の事情に有用な人材だということで、クテシアスもいっしょに派遣してくれないかという一文を書き足したと噂されている。しかし、クテシアス本人の弁では、王が自らの判断でこの大役をほかでもない彼に任せたのだと主張している。(1)

出典　プルタルコス『アルタクセルクセス伝』二一・二―四。

八

クニドスのクテシアスの著作、二三巻から成る『ペルシア史』を読んだ。最初の六巻で彼はアッシリアとペルシア以前の出来事(2)を扱っている。だが、第七巻以降はペルシアについて詳細に記している。第七、八、十、十一、十二、十三巻(3)ではキュロス、カンビュセス、マゴス僧、ダレイオス、クセルクセスについて詳述し、ほとんどあらゆる点でヘロドトスと対立した記述をしている。クテシアスはヘロドトスをしばしば嘘つきと非難して、物語作家（ロゴポイオス）(4)とも呼んでいる。事実、クテシアスのほうが後代の人間である。

クテシアスは記録したことのほとんどについて目撃者であったと、また目撃することが不可能な場合には、ペルシア人本人から自ら情報を得たと主張している。かくして彼は歴史を書いた。彼はヘロドトスにだけ反論しているのではない。いくつかの点でグリュロスの息子クセノポン［の記述］とも齟齬を見せる。[5]

出典　ポティオス『文庫』第七十二項三五b三五―三六a六。

八b［L］

史家［クテシアス］はこのことについて、彼自身がパリュサティス本人から聞いたと主張する。[6]

出典　ポティオス『文庫』第七十二項四二b一一―一三。

（1）断片三二（二一・二―四）と重複。

（2）メディア史のこと。

（3）ポティオスのすべての写本において、「九」が飛ばされている。しかし、テオン『予備練習』七（＝断片九b）は「クテシアスの史書第九巻」からの引用として、ポティオスの摘要と同様のサルディス攻略作戦について記述している。したがって、ここで第九巻が欠落しているのは、ポティオスもしくは写字生の単純な誤りであろう。

（4）この言葉には、ヘロドトスが事実を書く歴史家ではなく物語の作り手であるとする、クテシアスの対抗意識を読み取ることができる。

（5）クテシアスはクセノポンより先に作品を発表していた（九頁註（5）を参照）。したがって、クテシアスが、ヘロドトスの場合と同様の対抗意識をクセノポンにたいしても抱いていたわけではない。

（6）断片一五（五一）と重複。

九

歴史家クテシアスは、ニノスとセミラミスの時代から書き起こした『ペルシア史』の記述を、この年[1]をもって擱筆する。[2]

出典　ディオドロス『歴史叢書』第十四巻四六・六。

一〇

一巻本のクテシアス『インド誌』も読んだ。そこではより多くのイオニア方言が用いられている。

出典　ポティオス『文庫』第七十二項四五a二〇―二一。

一一a

二　……これら〔北方に住む〕民族について、確実な情報を残している著述家は皆無であるし、またペルシア、メディア、シリアの古代史についても、著述家たちが情報を吟味することなく空想めいた話に飛びついてしまうために、あまり信用に足る記述は残されていない。

三　というのも、歴史家たちは公然と空想話を語る作家たちがたいそうな評判を獲得しているのを見て、彼らの歴史書のなかに自分自身が目にしたことも耳にしたこともないような話や、当事者から得たわけでもないような話でも、歴史書の体裁を借りて語ったならば、自分たちの著作がたいへんおもしろがられるのではないかと考えて、彼らの作品を聞く者たちが楽しんだり驚いてくれること、そのこと一つに狙いを絞ったのだ。しかし、聴衆たちにとっては、英雄物語を語るヘシオドスやホメロス、あるいは悲劇作家たちのほうが、クテシアス、ヘロドトス、ヘラニコスやそういった類いの作家たちよりも、まだ受け入れることができよう。

出典　ストラボン『地誌』第十一巻六・二―三。

一一b

ヘシオドスがヘミキュナイ〔半犬人〕やマクロケパロイ〔長頭人〕、ピュグマイオイ〔小人族〕のことを語っているからといって、誰も彼のことを物知らずだと言って非難しないであろう。ホメロスがピュグマイオイのことを含め、同様の信じがたい話をしていても、誰も彼のことを咎めないし、アルクマンがステガノポデス〔屋根脚人〕について語っていても、またアイスキュロスがキュノケパロイ〔犬頭人〕やステルノプタルモイ〔胸目人〕や、モノンマトイ〔一つ目人〕のことを語っている場合も、彼らのことを責めないのは同様である。散文作家が歴史書の体裁で叙述しながら、空想話をしていることを認めていない場合にも、われわれはそれほど目くじらを立てるわけではない。というのも、彼らが真実を知らないからではなく、怪異趣味や娯

（1）前三九八／九七年のこと。
（2）断片三三bと重複。

楽のために、ありえないことを捏造することによって、意図的に空想話を織り込んでいるのは自明だからである。ところが不分明なことや知られざることについて、いかにももっともらしく、このようなでたらめを語るからこそ、無知ゆえに語ると思われるのである。テオポンポスは歴史書のなかで、空想の話をするのだと宣言して、このような話をしているから、そのやり方はヘロドトスやクテシアス、ヘラニコスやそのほかのインドの地誌について書いている者たちよりも、まだましである。

出典　ストラボン『地誌』第一巻二・三五。

一—c

そしてクテシアスは、エクバタナやペルシアにもこれと似たような現象(1)が見られると伝える。しかし、彼は多くの嘘をつくので、この引用文は省略した。というのも、途方もない話に見えたから(2)。

出典　カリュストスのアンティゴノス『奇異物語集成』一五。

一—d

しかし、クテシアスは信用できないようなでたらめな話をあれこれ寄せ集めてきては、自らの史書に書き入れているとはいえ、さすがに王の名を知らなかったなどというはずはない。というのも、彼はこの王の宮廷で暮らし、王や王妃、その母や子らの侍医を務めていたのだから(3)。

出典　プルタルコス『アルタクセルクセス伝』一・四。

一一e

デイノンは[4]［パリュサティスによるスタテイラ暗殺の］陰謀がこの戦争中に実行されたとするが一方、クテシアスによれば、それはもっと後になってからのことだという。しかし、クテシアスはこの事件の起きたときに宮廷に身を置いていたのだから、いつそれが起きたか知らないなどとは考えにくいし、この事件の発生時期にかんして、わざわざ叙述の順番を入れ替える理由も見当たらない。彼の筆はしばしば真実を逸脱して、ありもしない芝居じみた話へとむかうこともあるが、この陰謀にかんしては、彼が認めた時系列にそって語るのがよかろう。[5]

出典　プルタルコス『アルタクセルクセス伝』六・九。

（1）この引用箇所の直前で、テッサリア地方クランノンのワタリガラスは雛が孵ったとたんに、雛をその場に残して、渡っていくという事例が紹介される。
（2）断片三六と重複。
（3）断片一五a（四）と重複。
（4）前四世紀、小アジアの都市コロポン出身の歴史家。クテシアスよりのちに、三部構成の歴史書『ペルシア史』を著わした。ディノン（Δίνων / Dinon）と綴られることもある。
（5）断片二九aと重複。

一―f

クテシアスによれば――この人はあまり信用ならないが――、インドには猪も豚も生息しておらず、無血類や有鱗類はみな大きいという。(1)

出典　アリストテレス『動物誌』第八巻二八（六〇六a八）。

一―fβ［L］

ゾウの精液についてクテシアスが記述していることは嘘である。(2)

出典　アリストテレス『動物誌』第三巻二二（五二三a二六）。

一―fγ［L］

というのも、クニドスのクテシアスがゾウの精液について書いていることは、明らかな嘘である。すなわち、クテシアスはゾウの精液は乾くと、とても固くなって、まるで琥珀のようになると書いているのだ。(3)

出典　アリストテレス『動物発生論』第二巻二（七三六a二）。

一―g

クテシアス――この人を証拠としてじゅうぶん信用してよいとするならば――いわく、インダス川はもっとも狭いところでも四〇スタディオンの川幅があり、広いところともなると一〇〇スタディオン[4]もあるとのこと。しかし、ほとんどの地点で、川はその中間ぐらいの幅をもって流れている。[5]

出典　アリアノス『アレクサンドロス大王東征記（アナバシス）』第五巻四・二。

一一gβ［L］

クニドスの人クテシアス[6]によれば、インドの広さはアジアの残り全土を合わせたほどもあるとのことだが、彼の話は妄言にすぎない。[7]

出典　アリアノス『インド誌』三・六。

---

(1) 断片四五kαと重複。
(2) 断片四八aと重複。
(3) 断片四八bと重複。
(4) 最小で七キロメートル、最大で約一七・五キロメートル。
(5) 断片四五aと重複。
(6) 原文では「クテシエス（Κτησίης）」。アリアノスは『インド誌』をイオニア方言で叙しており、クテシアスの名も無理やりイオニア方言風に改変している。
(7) 断片四九aと重複。

一一gγ［L］

このような話題についてクテシアスをじゅうぶん信用に値するとするならば、ペルシアで彼は、インドからペルシア大王のもとに贈られてきたこの動物[1]を見たと言っている。ともあれ、この動物の奇態について読むと、このクニドス出身の歴史家の話にも注意をむけなければならない[2]。

出典　アイリアノス『動物奇譚集』第四巻二一。

一一h

二　……ここに収められている物語のそれぞれでは、たくさんの驚異譚や信じられないような話を書いてきた古代の詩人、歴史家、哲学者のことを――そこに風刺の気持ちがないわけではないが――ほのめかしている。もし読者自身にとり、読んでも誰のことかはっきりしそうにないというのであれば、私もその連中の名前を書いたであろうが。

三　このような歴史家としては、クニドスの人で、クテシアルコスの子のクテシアスがおり、彼はインド人の国やそこで見られる事柄について、自分が見たわけでも、信頼できる筋から仕入れたわけでもない話をあれこれと書いている[3]。また、イアンブロス[4]も「大洋」で出会う、たくさんの不可思議を並べ立てており、それは誰の目にも明らかに嘘偽りの作りごとだと分かるような話だが、しかしそれでいて、読んでいてまったく面白くもない物語かというと、そうではない。ほかにも彼らと同種の話を書くことを選んだ作家たちはいるが、彼らは自分の放浪記や旅行記なのだという体《てい》で、そこに巨大な動物や野蛮な人々、そして彼らが営んでいる奇妙な生活様式についても織り交ぜて、語っている。このような馬鹿気た話の先駆者とも、彼らにとってのお手本ともなっているのは、ホメロスの物語に登場するオデュッセウスで、彼はアルキノオスやその宮廷にいる人々に、風を閉じ込めた話、キュクロプスや生肉を食べる人とか、ほかにもそういった野蛮な人々、さらには頭がいくつもある怪獣だとか、毒草を飲まされて自分の仲間が［豚に］姿を変えられてしまった話など、ほかにも多くの嘘っぱちを純真なパイエケス人らに披露している。

四　……さて、私はこれから、自分が見たわけでも経験したわけでも、他人から聞いたわけでもない話、実在するわけでも、もっと言えば最初からその可能性があるわけでもない話をさせてもらう。したがって、この話を読んだとしても、どうかここに書かれている言葉を鵜呑みにされることのないよう、切に願うのである。

出典　ルキアノス『本当の話』第一巻二—四。

(1) インドの奇獣マルティコラスのこと。
(2) 断片四五 d βと重複。
(3) 断片四五（五一）のパロディである。
(4) ヘレニズム期の旅行説話作家。

——hβ［L］

もっとも過酷な刑罰を受けていたのは、生涯にわたって嘘をつき続けていた者や、真実を語ってこなかった歴史家で、そのなかには、たとえばクニドスのクテシアスやヘロドトスやそのほかの著作家たちがいた。

出典　ルキアノス『本当の話』第二巻三一。

——hγ［L］

……そのほかの点では頭もよく、しっかりした考えを持つ多くの人たちが、どういうわけだか知らないが、この悪癖にはまって嘘好き人間になるのだと君に教えて進ぜよう。そういった、あらゆる点ですぐれている人たちが、自分自身だけではなく読者をも騙して楽しんでいるのだから、困ったものだ。ご存じのこととは思うが、ヘロドトスやクニドスの人クテシアスといった私の時代より昔の人たち、さらにはそれ以前にも詩人たちやホメロスその人といった名の知られた人たちが、書かれた嘘を用いて、そのときに彼らから聞いた聴衆だけにとどまらず、美しい言葉や韻律に守られて、われわれの時代にまで嘘が引き継がれているのだ。ウラノスの去勢だとかプロメテウスの鎖だとか巨人族の反乱だとかハデスの国におけるあらゆる悲劇だとか、はたまた色事にかられてゼウスが牡牛になったり白鳥になったりとか、人間が女性から鳥とか熊に変身したりだとか、ペガソスやキマイラ、ゴルゴン、キュクロプスとかそういった種類の生き物とか、まだモルモとかラミアのことを怖がる幼い子供たちの魂をかどわかす、奇妙で異様な話が書かれているのを見ると、私は恥ずかしい気持ちでいっぱいになることがある。

出典　ルキアノス『嘘好き人間』二。

一一hδ* [L]

歴史家の仕事はただひとつ、出来事を起こった通りに語ることにある。アルタクセルクセスの侍医を務めながら彼を恐れているか、はたまた歴史書のなかで彼を称賛することによって、紫色のローブや金の首飾り、ニサイア馬(1)を手に入れようと狙っているような人物(2)には、このような［歴史家本来の］仕事をすることは無理であろう。

出典　ルキアノス『歴史はいかに記述すべきか』三九。

(1) ペルシアの王侯貴族が使用する名馬。メディアのニサイア（ネサイオン）平原に産する馬種。ヘロドトス『歴史』第七巻四〇を参照。

(2) 本断片にはクテシアスの名が出てこないが、アルタクセルクセスの侍医を務めていた歴史家ということで、この人物がクテシアスを指していたことは明白である。その一方で、クテシアスは歴史書のなかでアルタクセルクセスを称揚していたわけではなく、むしろ彼の不名誉な一面（たとえば、弟との一騎打ちに敗れたこと）をも、しっかりと書き残している。

一一 i 〔L〕

というのも、インド人について神話めいた多くの話を書き残しているクテシアスも、この種の話はどこにも書いてないし、アリアノスもまた……

出典　ガザ司教アイネイアス『テオプラストス』八四―八五。

一一 j 〔L〕

ツェツェスにとってクテシアスは
ほかの歴史家よりもまともなこと書いているように思える。
少なくともバビロンにかんして彼が書いていることに限るならば。
というのも、クテシアスはバビロンの都城の全周について、
三六〇スタディオン(1)あると記す。
しかし、ほかの作家たちはこれをさらにもっと誇張している。
いずれにせよ、城壁の全周を短く見積もる者ならば、
その高さについても不必要に大きく見積もったりはしないであろう。
おそらくクテシアスが城壁を見たときには
塔の高さが六〇オルギュイア(2)、

城壁の高さが当時五〇オルギュイア(3)あった。
戦争か地震で崩れたのであろう、
のちのクレイタルコス(4)やアレクサンドロスに随行してきた者たちはみんな、
数オルギュイアも高さが低くなったのを目にし、
ペキュスの尺で測るまでになっていた(5)。

出典　ツェツェス『千行史略《キリアデス》』第九巻五七一—五八五（五七八—五九二（Kiessling））。

一二

四　トゥキュディデスやラムヌス区出身のアンティポンの文章は、確かに誰にも真似できないほど美しく、誰もこの点で彼らの文章にけちをつけることはできないだろうが、しかし彼らの文章は読むにはまったく心地よくない。クニドス出身の歴史家クテシアスやソクラテスの弟子であるクセノポンの著作は、可能なかぎ

(1) 六四キロメートル。
(2) 一〇七メートル。
(3) 八九メートル。
(4) 前四世紀後半の歴史家。クラシアスよりのちに『ペルシア史』を著わしたディノンの息子で、少なくとも十二巻から成るアレクサンドロス大王の歴史書を執筆した。
(5) 断片一b（七・四）によれば、五〇ペキュス（二二メートル）の高さになっていた。

り心地よいのだが、必要最低限の美しさに欠けている。私は一般論を述べているのであって、すべてを切り捨てているわけではない。というのも、前者の著作についても文章が心地よい場合もあるし、後者についてもそれなりに美しさを認めることができるのだから。五　しかし、ヘロドトスの文章構成は両者の資質を備えており、心地よくもあるし、また美しくもあるのだ。

出典　ハリカルナッソスのディオニュシオス『文章構成法』一〇・四―五。

一三

クテシアスはきわめて簡単明快な作家である。それゆえ彼の作品は心地よい。クテシアスはイオニア方言を、ヘロドトスのごとく全体を通じてというわけではないが、いくつかの表現では用いている。ヘロドトスのように話を不適切に脇道に逸らせることもない。しかし、作り話にかんしては、これを理由にヘロドトスを批判しているが、クテシアスもこの点からは逃れられておらず、『インド誌』と題された作品ではとくにその傾向が強い。彼の歴史書の面白味は主に叙述の構成に由来するのであって、それは情緒的で予想外の展開や装飾の点では作り話に近いような要素をも含む。彼の文体は必要以上に崩れていて、日常語といってよい水準にまで落ちている。しかしヘロドトスの文体は、この点でもほかの叙述の才能や技能の点でも、イオニア方言の模範となっている。

出典　ポティオス『文庫』第七十二項四五a五―一九。

一四a

二〇九　まずは、［文章における］「明晰さ（エナルゲイア）」とは何かについて説明しておこう。「明晰さ」は、第一に何も省略し、何も削り取るもののない、正確な表現のなかから生まれてくるのである。たとえば、「それはあたかも［水面暗き泉から］水を引く男が(1)」や、ここでの［ホメロスの］直喩表現すべてである。この表現には余分な言葉が一つもなく、場面をすべて言い当てるような「明晰さ」がある。二一〇　同様にパトロクロスを追悼する戦車競走の描写で、ホメロスは「エウメロスの背［と広い両肩が、馬の］鼻息で」とか「いつ前の車に乗り上げるかと思われるほどの(2)」と言っている。このいずれも、いま生起していることと、すでに生起したことの何事も見逃していない点で、「明晰な」表現なのである。二一一　このような理由から、以下の例が示すように、繰り返すことによって一回だけ言うよりも「明晰さ」が増すこともある。「あなたは彼が生きていたときには彼の悪口を言い、彼が死んだ今となっては彼の悪口を書く(3)」。ここでは、「悪口」という単語が二度登場していることから、中傷の度合いがさらに「明晰」になっているのだ。

二一二　クテシアスは繰り返し表現を多用するので、冗長だと言って非難する向きもあるが、おそらくたいていの場合、この批判は的を射ているであろう。しかし、クテシアスに見られる「明晰さ」について、正

（1）ホメロス『イリアス』第二十一歌二五七からの引用。松平千秋訳（岩波文庫、一九九二年）を借用した。

（2）ホメロス『イリアス』第二十三歌三七九―三八一からの引用。松平千秋訳を借用した。

（3）作者不詳の一節。

当に評価されることはあまりない。彼は印象が効果的に増強される場合にかぎって、同じ単語を重ねているのである。二一三　たとえば、以下のような文章である。「ストリュアンガイオスとかいうメディア人の男が、サカイ人の女を馬上から打ち落とした――サカイ人の国では、アマゾン族のように女性も戦うのである――。そして、彼はそのサカイ人が、実は若くて美しい女性であると分かると、命を奪わずに逃がしてやった。のちに和平が締結されると、彼はこの女性に恋い焦がれるものの、けっきょくうまくは行かなかった。そこで彼は食を断って死のうと考えた。しかし、その前に彼は彼女に手紙を書いて、このように非難した。『私はあなたを助けてあげたし、あなたは私に助けてもらった。そして、私はあなたのせいで身を滅ぼした[1]』」。

二一四　ここで簡潔な表現を好む者ならば、「私はあなたを助けてあげた」と「あなたは私に助けてもらった」はまったく無駄な繰り返しだと批判するであろう。なんとなれば、どちらの表現もまったく同じことを意味しているにすぎないからだ。しかし、ここでもし二文のうちの一文を削除するとなると「明晰さ」も失われてしまうし、この「明晰さ」によってもたらされる情緒も失われてしまうことになる。そして、これに続く一文が「私は身を滅ぼす」の代わりに「私は身を滅ぼした」となっているのは、行為が完了しているので、より「明晰さ」が増している。というのも、すでに生起したことは、これから生起せんとすることや、いま生起の途上にあることよりも、より強い印象をもたらすからだ。

二一五　すなわちこの詩人――もはやクテシアスのことを詩人と呼んでも差し支えなかろう――は、作品の隅々にいたるまで「明晰さ」の職人なのである。二一六　この点について、もう一例をあげておこう。事件を語るときにはすぐに話すのではなく、小出しにしてやることで、聞き手をはらはらさせたままにして、不安を共有させなければならない。これこそ、クテシアスがキュロス戦死の報せのところで実践していることである。［クテシアスの叙述では］伝令使が到着したとき、すぐにはキュロスが死んだとパリュサティスに報告することはない（すぐに結論を言ってしまっては、いわゆるスキュティア風の語り口になってしまう[2]）。そうではなく、伝令使がまず勝ったと報告すると、彼女は喜んだと同時に不安になった。その後で彼女は「王はどうしていますか」と尋ねる。「殿様は逃げおおせました」と彼は答える。彼女が「やはりティッサペルネスのおかげですね」と応じ、さらに重ねて「キュロスは今どこにいるのですか」と聞く。すると伝令使は「勇者らが眠りにつくべき場所に」と返答する。クテシアスは少しずつ、一歩ずつかろうじて前に進みながら、世に言う「まさにそのことを解き放った」のであり、こうして心ならずも［キュロスの死という］悲劇を伝える伝令使の心情をまざまざと示すとともに、王母をも読者をも不安に陥れたのである。[3]

出典　デメトリオス『文体論』二〇九―二一六。

一四b

以上が［キュロス最期の場面にかんする］クテシアスの記事であるが、そこでは、まるで鈍《なまく》ら刀でやるよう

(1) 断片八aと重複。
(2) 同じデメトリオス『文体論』二九七に、スキュタイ人の語り口は露骨とある。
(3) 断片二四と重複。

に、時間をかけてゆっくりとキュロスが殺されている。(1)

出典　プルタルコス『アルタクセルクセス伝』一一・一一。

一五

現に、クセノポンはクテシアスが王のもとにとどまっていたことを知っていた。彼はクテシアスのことを［自身の著作のなかで］書いているし、彼の著作の数々を読んでいたことも確かである。(2)

出典　プルタルコス『アルタクセルクセス伝』一三・六。

一五b［L］

六　これ［クレアルコス処刑］が引き金となり、パリュサティスはスタテイラを［亡き者にしようと］計画を立て、毒殺の準備を整えた。しかし、パリュサティスがそのような世にも恐ろしい企てを実行し、クレアルコスの［復讐の］ために、王の正妃であり、やがて玉座を継ぐ子らをともに養育する立場にある女性をあえて殺そうなどという危険をおかしたとクテシアスは記述しているが、彼の記述は真実だとは思われないし、その動機も出来のよいものとは言いがたい。七　むしろクテシアスは、クレアルコスの思い出を悲劇調に仕立て、美化しようとしていたことは明らかだ。というのも、ほかの将軍たちが処刑されると、彼らの死体は犬や鳥に食い荒らされたが、クレアルコスについては、つむじ風が大量の砂埃を舞い上げ、彼の遺体の上に

自然と塚を築いたなどと述べているのだから。(3)

出典　プルタルコス『アルタクセルクセス伝』一八・六—七。

一六

パンピレ(4)——エピダウロス出身の学者。ソテリダスの娘。パンピレの著作群は、実は父ソテリダスによるものだとする説があり、ディオニュシオス(5)も『音楽史』第三十巻でその説を採用している。また、ほかの著作家たちは、彼女の夫ソクラティダスによるとも書く。〔彼女の名で伝わる著作には〕『歴史註解』三三巻、『クテシアス梗概』三巻、歴史書やその他の文学作品にかんする多数の梗概書、『論争について』、『性の悦楽について』など、多数の作品。

出典　『スーダ辞典』「パンピレ」の項（Π 139）。

（1）断片二〇と重複。
（2）証言七b（六）、断片二三（一三・六）と重複。
（3）断片二八と重複（一八・六—七）。
（4）ネロ帝時代に活躍した女流文学者。
（5）ハドリアヌス帝時代の学者・音楽家のアイリオス・ディオニュシオス。

一七

リュシマコスには、(1)『エポロスによる盗作について』(2)という二つの著作がある。イアンボス調の風刺詩やエピグラムの作り手であったアルカイオスは、(3)エポロスの盗作を批判して、そのパロディをおこなった。また、ポリオン(4)からソテリダス宛(5)の書簡に『クテシアスによる盗作について』と題された一編があるが、同じ作者による『ヘロドトスによる盗作について』という作品も残っている。

出典　エウセビオス『福音の準備』第十巻三・二三。

一八

(a) 第一巻二　火と水の結合による不思議、……常に燃えている地域、(6)……典拠となる作家……外国人：……クテシアス……。

(b) 第一巻七　異様な外見の人々、(7)……生活上の発明と発明者、(8)……典拠となる作家……外国人：……クテシアス……。

(c) 第一巻八　マルティコラスについて、(9)……典拠となる作家……外国人：……クテシアス……。

(d) 第一巻三一　水にかんする不思議、(10)……典拠となる作家……外国人：……クテシアス……。

(e) 第一巻三七　琥珀について、(11)……典拠となる作家……外国人：……クテシアス……。

出典　プリニウス『博物誌』(12)。（ラテン語）

一九

一　ギリシアからイタリアへの帰路、ブリンディシウムに到着すると、われわれは船を下りて、この有名な港町を散策した、……そして本の束が売りに出されているのを目にした。二　そこで、私は一目散に本の山へとむかったのだった。三　これらはすべてギリシア語の本で、驚異譚や作り話、聞いたこともなければ信じられないような事柄が満載の、しかし少なからぬ権威を持った昔の作家たち――プロコンネソスのアリ

(1) 不確かながら、ヘレニズム期、アレクサンドレイアで活躍した文法家で、反ユダヤ主義者のリュシマコスと同一人物だと考えられる。
(2) 前四世紀、小アジアのキュメ出身の歴史家。
(3) 前二〇〇年頃、メッセネ出身のエピグラム詩人。
(4) アレクサンドレイア出身の文法家、ウァレリウス・ポリオのこと。
(5) 証言一六に登場するパンピレの父親。
(6) 断片四五eβに対応。
(7) 断片四五pα、四五t、五一a、五二に対応。
(8) 断片三に対応。
(9) 断片四五dδに対応。
(10) 断片一lγに対応。
(11) 断片四五oに対応。
(12) 本証言（プリニウス『博物誌』第一巻）は、本編が始まる前に置かれた「目次」にあたる箇所で、各巻の内容と典拠とした作家がリスト・アップされている。

ステアス[1]、ニカイアのイシゴノス[2]、クテシアス、オネシクリトス[3]、ピロステパノス[4]、ヘゲシアスら[5]——によって書かれたものだった。四　それにしても、巻本は長い間放置されていたせいで、ほこりをかぶっており、見た目にもひどい状態にあった。五　それでも私は巻本の山へと近づいていき値段を尋ねると、その驚くべき安値に心躍って、二束三文を払って大量の本を手に入れた。それから二晩をかけてすべてにざっと目を通したのである。読書中、私はわれわれ［ローマの］作家たちならあまり書こうとは思わないような[6]、驚異譚についての抜き書きを作成した。そして、それをこの覚え書きの随所に散りばめたのである。そうすれば、いつかこういった著作についての話題を耳にしたとき、これを読んでおいた者たちがまったくの無知無学とならずにすむであろうから。六　しかるに、これらの書物には以下のような内容が書き記されていた。

……

九　またインドの山あいには、犬の頭を持ち犬の声で吠える人々が居住しており、彼らは自らが狩った鳥や獣を食料として生きている。また東の極地にはほかにも驚嘆すべき現象があり、モノコリ［一本足人］と呼ばれる人々は、一本の足で跳びはねながら、驚くべき速さで駆けていく。また、首［から上］がなく、肩に目のある人種もいるらしい。……　一一　ピュグマイオイ［小人族］は、これら［インドの最果てに住む］種族から、さほど離れていない場所で居住しているが、彼らのうちもっとも身長の高い者でも、二ペースと四分の一[7]を越えることはない。

出典　アウルス・ゲッリウス『アッティカの夜』第九巻四・一—一一。（ラテン語）

二〇［L］

彼［ヒッポクラテス］がどのような人たちを「フケ症の人たち（πιτυρώδεις）」と言っているのかは、見出すのが難しい。もし昔の医者たちの書物を、まるでヘロドトスやクテシアスの歴史のように読むのではなく、医術の実践にむけて知識を増やすために読むのでないならば。

出典　ガレノス『ヒッポクラテス「流行病」第六巻への註釈』第三巻一三（Kühn XVIIB. 33 = *CMG* V. 10. 2. 2 p. 141 l. 1）。

（1）なかば伝説的な作家で、自らの旅行体験にもとづいた空想的物語を創作した人物。
（2）前一―後一世紀の驚異譚作家。
（3）アレクサンドロス大王軍に操舵手長として従軍し、のちに彼の伝記を著わした。
（4）前三世紀、キュレネ出身の作家。地誌や神話を扱った作品を著わした。
（5）前三世紀、マグネシア出身の歴史家、弁論家。アレクサンドロス伝などを著わした。
（6）ただし、ゲッリウス自身が後述するように、プリニウス『博物誌』といった例外もある。
（7）約六五センチメートル。

断片

『ペルシア史』（断片一a―四四b）

アッシリア史

一a

歴史家ケパリオン(1)のアッシリア史からの抜粋。

「最初にレスボスのヘラニコス、(2)次いでクニドスのクテシアス、それからハリカルナッソスのヘロドトスといった、先達の歴史家も扱っているようなことから私も始めよう。最初にアジアを支配したのはアッシリア人であった。ベロスの息子ニノスもそのうちの一人で、彼の治世には大事件も含めてたくさんの出来事が起きた」。

このののちケパリオンは、セミラミス［シャミラム］の出生、祭司ゾロアストレス［ザラヴュシュト］、バクトリア王として彼(3)がおこなった戦争とセミラミスによる敗北、五二年間続いたニノス治下の出来事、それから彼の最期についての記述へと移る。

出典　エウセビオス『年代記』二八・二八―二九・三（Karst）。（アルメニア語(4)）

一b

第一章

四　さて、上古はアジアにもその土地その土地の王がいたが、彼らにはこれといって目立った功績や名前が伝わっている者はいない。歴史上最初に記憶にとどめるべき王は、アッシリアを治めたニノスである。彼は偉大な仕事をなし遂げた人物であった。そこで、われわれは彼についての詳細を語ることとしよう。彼は生来のいくさ上手で、武勲を求めてやまなかったが、若者たちのうちもっとも秀でた民を武装させると、長い時間をかけて彼らに訓練を施して、あらゆる苦難や戦争の危険にも耐えられるように仕立て上げた。五　そして彼は立派な軍隊を組織し、アラビア王アリアイオスと同盟を結んだ。アラビアは当時、恐れを知らないたくさんの猛者たちが住んでいるとの評判だった。……

七　そしてアッシリア王のニノスは、アラビア人たちの首長を味方につけると、大軍を率いて、国境を接

(1)二世紀の歴史家。ニノス・セミラミスの治世からアレクサンドロスの時代までの歴史書を著わした。

(2)レスボス島出身の歴史家。ヘロドトスの同時代人で、『ペルシア史』を含む二四もの題名が、彼の作品として伝わる。

(3)ゾロアストレス(ゾロアスター)が実はバクトリア王だったという、クテシアス以降に創られた伝承によって生じた誤り。断片一b(六・二)では、このときのバクトリア王の名前はエクサオルテスとなっている。

(4)エウセビオス『年代記』のギリシア語原文は大半が散逸している。本断片箇所はアルメニア語の翻訳版に基づいており、ランファン底本に従って、Josef Karst によるドイツ語訳から重訳した。

していたバビロニアへの遠征に進発した。その当時、今あるバビロン市は建設されていなかったが、[1]バビロニア地方にはほかにも重要な都市が存在していた。バビロニア人は戦争中の危険に不慣れであったため、ニノスはバビロニア軍をあっという間に屈服させ、毎年一定額の税金を納めるように命じた。征服したバビロニアの王と彼の子供らを捕虜にとったが、殺してしまった。八　その後ニノスは大軍を率いてアルメニアに侵入し、いくつかの都市を破壊して、アルメニア人たちを震え上がらせた。それゆえ、アルメニア人たちの王バルザネスは、戦争をしても勝つ見込みがないと判断して、多くの贈物を携えてニノスと会見し、命じられたことは何でもするつもりだと申し出た。九　そこでニノスは彼を寛大な心で迎え入れて、バルザネスはそのままアルメニアを統治し、友人としての立場から、援軍とアッシリア軍への食糧を送るという協定を結んだ。なお勢力拡大に燃えるニノスは、メディア遠征に出発した。一〇　メディア王パルノスは大規模な軍勢を率いてニノスを迎え撃ったが、戦争に敗れ軍の大部分を失い、王自身も妻と七人の子供らと捕虜にとられ、磔刑に処された。

第二章

一　万事がニノスにとって上首尾に運んでおり、やがて彼はタナイス川[2]とナイル川に挟まれたアジア全域を支配したいとの恐ろしい野望を抱くようになった。……そこでニノスは、側近の一人をメディアの総督[3]に指名し、自身はアジアの諸民族に攻撃を仕掛け、彼らを屈服させようとした。そして一七年の歳月が流れ、ニノスはインド人とバクトリア人をのぞく、アジア全土の支配者となった。[4]二　ニノスの仕掛けた逐一の戦争や征服した民すべての数を述べている歴史家は一人としていない。しかし、そのうちもっとも重要な民族については、クニドスのクテシアスに拠りながら、概観していこう。三　海に面した、あるいは隣接した土地としては、エジプトとフェニキア、それにコイレ・シリア、(5)キリキア、パンピュリア、リュキア、それにくわえて、カリア、プリュギア、ミュシア、リュディアを征服した。トロイア、ヘレスポントス沿岸のプリュギア、プロポンティス、ビテュニア、カッパドキア、タナイス川にまで至る、非ギリシア人が居住する黒海沿岸の土地も領土にくわえた。カドゥシオイ人、(6)タピュロイ人、(7)ヒュルカニア人、(8)ドランカイ人、(9)それ

(1)クテシアスはバビロンの建都をアッシリア女王セミラミスの手に帰している（断片一b（七・二））。しかし、実際のバビロンはアッシリア以前、前三千年紀にさかのぼる都市であり、この記述は史実に反する。
(2)現在のドン川。ロシアからアゾフ海へ注ぎ込む大河。
(3)原文では「サトラペス」。ただし、サトラペスはペルシア帝国の時代に始まった制度であるため、この用語の使用はアナクロニズムである。
(4)以下で述べられるアッシリアの領土は、史実とは異なる。ここで述べられているのは、むしろクテシアス時代のペルシア帝国の領土であり、現実のアッシリア領を大きく越えている。
(5)「コイレ・シリア」はヘレニズム時代に登場した用語である。したがって、この箇所はクテシアスを直接引用したわけではなく、ディオドロスが同時代の読者に理解しやすいように、クテシアスの表現を改めたと考えられる。
(6)カスピ海南西に居住する民族。
(7)カスピ海南岸に居住する民族。
(8)カスピ海南東に居住する民族。
(9)現在のアフガニスタン南西、ヘルマンド川下流域に居住する民族。

にデルビケス人[1]、カルマニオイ人[2]、コロムナイオイ人[3]、さらにはボルカニオイ人[4]、パルテュアイオイ人[5]の土地を支配した。さらにペルシア、スシアナ、カスピアネと呼ばれる地方――この地への入り口は極端に狭く、それゆえカスピア門と呼ばれている――などにも遠征した。四　ニノスはほかにも多くの弱小部族を支配下に入れたが、それについてここで語るのは冗長であろう。バクトリアは侵入が難しくて、兵士の数も多かった。そのため、ニノスも征服を試みたがうまくは行かず、戦争を先送りにして、軍を率いてアッシリアに戻り、大都市の建設に適した土地を選別した。

第三章

一　ニノスの残した功績は、先人たちの誰よりも輝かしいものであったが、彼は当時の全世界において最大であるだけではなく、将来にわたって誰も簡単には追い越せない規模の、途方もなく大きな都市[6]の建設を熱望した。二　［軍事同盟者であった］アラビア王を贈り物と多量の戦利品で褒め称えたのち、ニノスは彼を軍役から解いて、麾下の軍勢とともに故国へと返した。そしてニノスは、全土から労働力とあらゆる必要物資を集め、エウプラテス川のほとり[7]に堅固な城壁で囲まれた都市を建設し、その際、城郭の形状は長方形[8]に定め、長辺はそれぞれ一五〇スタディオン[9]、短辺は九〇スタディオン[10]の距離とした。三　したがって、全周は四八〇スタディオン[11]になるが、これは王の期待を裏切るものではなかった。というのも、ニノスよりのち、城壁の長さと立派さの点で、これほどの格の大都市を築いた者は現われなかったからだ。城壁の高さは一〇〇プース[12]にのぼり、戦車［チャリオット］三台が走れるくらいの幅があった。塔はすべてで一五〇〇基、高さは二〇〇プース[13]あった。四　ニノスはその都市にアッシリア人のほとんど、それも有力な者たちを移住させ、そのほかの部族からも希望する者たちを募った。彼は城市を自身の名前からとってニノスと名づけ、住民に割り当てるために、近隣地方の土地の大半をその領域に収めた。

第四章

一　ニノスは城市を築いたのち、［先送りにしていた］バクトリア遠征へと進発した。その地で彼はセミラミス(14)を娶ったわけだが、われわれが聞きおよぶなかで、彼女ほど活躍華々しい女性はいない。そこで、まず

(1)カスピ海東部に居住する民族。
(2)イラン高原南部に居住する民族。
(3)断片九（八）に登場するコラムニオイ人（カスピ海東部に居住する民族）と同一か。
(4)断片九（六、八）に登場するバルカニオイ人（カスピ海東部に居住する民族）と同一か。
(5)パルティア人のこと。イラン高原東北部に居住。
(6)以下に述べられる新首都ニノスとは、ニネヴェのことである。そもそもニノスとは、ニネヴェの建都を説明するために創作された、なかば伝説的な王である。
(7)この記述は誤り。正しくは、ニネヴェはティグリス川のほとりに位置する。ダマスコスのニコラオスに由来する断片一pεでは、この誤りが修正されている。
(8)実際のニネヴェの城郭は、長方形ではなく、台形である。
(9)約二七キロメートル。
(10)約一六キロメートル。
(11)約八五キロメートル。実際の城壁は全周一二キロメートルであった。
(12)約三〇メートル。
(13)約六〇メートル。
(14)セミラミスのモデルとしては、新アッシリア時代のアッシリア王シャムシ・アダド五世（在位前八二三―八一一年）の妻で、子アダド・ネラリ三世の摂政を務めたサムラマトが、名前の類似もあって、最有力候補だと考えられる。第二の候補としては、アッシリア王センナケリブ（在位前七〇四―六八一年）の側室のナキア（ザクトゥ）で、彼女は息子エサルハドンを王位に就けるべく暗躍し、バビロンの再建にも尽力した人物である。

はセミラミスが卑しいめぐり合わせから、いかにしてかくも栄えある地位へと上ったのかについて、語っておかなければならない。二　さて、シリアにはアスカロン[1]と呼ばれる町があり、そこからさほど離れていない場所に、広さも深さもじゅうぶんで、魚も豊富な湖がある。その湖のほとりには、シリア人らがデルケトと呼ぶ、有名な女神の神域が築かれている。デルケトの顔は女性のそれであったが、体の残りの部分は魚の姿をしており、それには以下に記すような理由があった。三　物知りな土地の者の話によれば、アプロディテが今話したところの女神に腹を立て、犠牲を捧げにきた者の一人——見た目は悪くない、若い男だった——に激しい愛情を抱くように女神の心を仕向けた。デルケトはそのシリア人の男と交わり、娘を産んだが、この過ちを恥じ入った彼女は、かの男を抹殺し、子供を人気のない岩場に置き去りにした。その岩場には多くの鳩が巣を作っており、それゆえ赤子は思いがけず食べ物を得て、生き延びることができた[2]。恥と悲しみから思い悩んだデルケトが湖に身を投げると、彼女の体の半分は魚へと変身したのである。このため今日にいたるまで、シリア人は魚を神のごとく扱って、口にすることはない。四　女の子が棄てられたあたりの場所では、多くの鳩が巣を作っており、その子は思いがけず、驚くべきやり方で鳩から食べ物をもらうことができた。鳩たちは体が冷えないように羽ですっぽりと赤ん坊を包み込み、また近在の厩舎から、牛飼いや係りの者たちがいなくなった隙を見計らって、牛乳を嘴にためて運んでは、口伝いに飲ませた。

五　赤子が一歳になりもっと固い食べ物が必要になると、鳩たちはチーズをついばんできて、彼女にじゅうぶんな栄養をとらせた。牛飼いたちが厩舎に戻り、チーズの縁がかじられているのを見ると、この光景をいぶかしがった。そこで彼らは注意深く観察し、その理由を知るや、とても美しい赤ん坊を発見した。六彼らはその子をすぐに自分たちの小屋へと連れて行き、シンマスという名の、王所有の家畜の管理人に手渡した。彼には子供がいなかったので、その子をセミラミスと名づけ、自分の娘としてとても大事に育てることにした。セミラミスという名前は、シリア語で鳩を意味する言葉に由来するが、これ以降シリアではみなが鳩を女神のように大切に扱うようになっている。

第五章

一　さて、セミラミスの誕生にまつわる話は、おおよそ以上のようなものであった。彼女がすでに結婚に適した年齢に達すると、その美しさたるや、他の少女たちの追随を許さなかったわけであるが、その頃王のもとから、王所有の家畜を視察するために、ある役人が派遣されてきた。彼は名をオンネスと言い、宮廷議会においても筆頭の地位にあり、シリア全土の総督に任命されていた。彼はシンマスのところに逗留することになったが、そこでセミラミスを見た途端、彼女の美しさに心を奪われた。それゆえ、彼はシンマスに正式な結婚をするので娘をくれないかと頼み込み、〔首都〕ニノスへ連れて帰って結婚し、ヒュアパテスとヒュダスペスという二人の息子をもうけた。二　セミラミスは見目の麗しさもさることながら、ほかにも資質を兼ね備えていた。彼女の夫は完全にセミラミスの言いなりで、彼女の助言なしには何もできなくなっていたが、それでも事はすべてうまく運んでいた。三　そのとき王ニノスは、彼の名を冠した都市の建設についてン。

（1）パレスティナ沿岸の集落。現在のイスラエル国アシュケロン。

（2）直後にほぼ同じ内容の文章が続いていることから、この一文を削除する読みもある。

やるべきことはなし終え、バクトリア遠征に取りかかった。彼はバクトリア兵の数の多さや勇敢さ、また彼らの国土には堅固で近づきがたい要衝が多くあることに気づいていたので、支配下の全部族から大軍を徴募した。以前の遠征が失敗していたので、今回は何倍もの規模でバクトリアに遠征することに執着していたのである。四　支配地域全土から軍隊を徴したところ、クテシアスが歴史書のなかで記録しているところによると、歩兵は一七〇万人、騎兵は二一万騎、鎌戦車[1]は一万と六〇〇台を少し下回る数の兵力が集まった。

……

第六章

一　さて、ニノスはこの途轍もない軍事力を率いてバクトリア遠征に出発したが、進路が狭隘で侵入が難しい地点もあったので、仕方なしに軍隊を小隊に分割した。二　バクトリアの地には人の多く住む都市がたくさん築かれていたが、そのうちの一つが飛びぬけており、そこに王宮が置かれていた。この都市はバクトラと呼ばれ、その規模やアクロポリスの守りの堅さで他都市を圧倒していた。彼らの王、エクサオルテス[2]は、軍務に適した年齢すべての者を軍隊名簿に登録しており、彼らが集まるとその数は四〇万人にのぼった。三　彼はこの軍隊を引き連れて、敵を迎え撃つべく関門にむかい、わざとニノス軍の分隊に侵入させておいた。そして、じゅうぶんな数の敵集団が平野に下りてきたところを見計らって、彼は自軍の兵を戦闘にむかわせた。激しい衝突が起こり、バクトリア軍がアッシリア軍を潰走させ、平野を見下ろす山まで彼らを追いつめると、一〇万人近くの敵兵を殺した。四　こののちニノス軍の全軍が侵入してくると、バクトリア人らは多勢に押されて、兵士らは自分たちの故郷を守るためにそれぞれの町に散っていった。おかげでニノスはほかの都市は労せずに制圧できたのだが、バクトラのみは守りが固く、また物資も蓄えられていたために、力ずくで押さえることはかなわなかった。五　この攻城作戦が長期におよぶと、ニノス軍の一員として出陣していたセミラミスの夫は、妻がたいへん恋しくなり、ついに彼女を戦場へと呼び寄せた。彼女は知性、勇気、そのほか彼女を際立たせる才能にも恵まれており、自身の能力を発揮する絶好のチャンスをつかんだわけである。六　まず、数日にもおよぶ旅路を行くことになったので、身にまとっている者が男なのか女なのか見た目には判断できないような服を仕立てた。この服は、日焼けから肌を守ってくれるので酷暑のなか旅するのに適していたし、動きやすく若々しい格好でもあったので、何か作業をしようとする際にも都合がよかった。これほどの機能性にすぐれていたために、のちにメディア人がアジアを支配するようになると、このセミラミスの衣服を採用し、その後もペルシア人がそれを真似たほどである。

七　彼女がバクトリア入りし、攻城戦の様子を観察すると、平地あるいは接近がたやすい地点への攻撃はなされているものの、アクロポリスは守りが堅いために誰も攻撃しておらず、アクロポリス内部の守備兵たちも各自の持ち場を離れて、下の城壁で危地に陥っている仲間の救援にむかっているのを見た。八　そこで

（1）鎌戦車はペルシア時代になってから発明された兵器なので、この箇所はアナクロニズムである。

（2）ユニアヌス・ユスティヌス抄録のポンペイウス・トログス『地中海世界史』第一巻一では、ニノスと戦ったバクトリア王の名はゾロアストレス（ゾロアスター）となっている。この宗教家とバクトリア王との混同はクテシアス以降の時代に生じたと考えられるが、断片一ａにはそれが反映されている。

セミラミスは岩場を登るのに慣れた兵士を連れて、彼らとともに険しい谷間をよじ登って、アクロポリスの一部を占拠すると、平野にそった城壁にたいし包囲戦を展開していた兵士たちに合図を送った。城壁内部に立てこもっていた敵軍も、アクロポリスが占拠されるにおよび、たいへんな衝撃を受け、もはやこれまでとの諦めから城壁の防備を放棄した。九　かくして首都が占領されると、ニノス王はセミラミスの大胆さに驚き、まずは彼女をおびただしい褒美で称えたが、やがて女の美しさから彼女にほれ込むと、代わりに自分の娘のソサネを嫁にくれてやるからと約束し、妻をすすんで王に差し出せと彼女の夫を説き伏せようとした。一〇　夫ははなはだ不服であったが、王は進んで命令に従わねば、目玉をくり抜くぞと脅した。オンネスは王の脅迫にたいする恐怖と妻への愛情の板挟みとなり、とうとう気が触れて、ロープを巻いて自ら首をくくった。さて、以上のような理由からセミラミスは女王の地位を得たのである。

第七章

一　ニノスは多量の金銀を蔵するバクトラの宝物庫を接収し、またバクトリアの秩序を回復させると、軍を解いた。そののち彼はセミラミスとの間にニニュアスという名の息子をもうけてから死に、女王として妻に後事を託した。セミラミスはニノスを宮殿に埋葬し、墓の上に巨大な塚を築いたが、その高さは九スタディオン、幅はクテシアスによれば一〇スタディオン[1]であったという。二　都市［ニノス］はエウプラテスの河岸平野に築かれていたので、その塚はまるでアクロポリスかのごとく、何スタディオンも先から目にすることができた。アッシリア帝国がメディア人によって滅ぼされたとき、［首都］ニノスも灰燼に帰したが、その塚は今日まで残っていると伝えられる。セミラミスは生来大きな野望を抱く性質《たち》で、彼女の前に王位にあった夫の名声を塗り替えてみせようと考えていた。そこでバビロニアにて新都市の建設に取りかかり、各地から建築家と技術者を確保し[2]、ほかにも必要となる物資を準備したが、この事業を完成させるのに王国中から二〇〇万の人材が投入された。三　彼女はエウプラテス川が都市の真ん中を流れるように川の流れを変え、そこを三六〇スタディオン[3]の距離の城壁で囲み、間隔を空けて頑強な塔を設置した。この構造物の規模は、六台の戦車を並走させられるほどの幅で、高さはそれを聞いてもにわかには信じがたいほどであったと、クニドスのクテシアスは言う。クレイタルコスや、アレクサンドロスとともにアジアにわたった後代の者たちは、城壁の全周は三六五スタディオンであったと記録している。その長さが一年における日の数と同じ値になるようにとの野望を彼女が抱いたのだと、彼らは補足している。

四　セミラミスはアスファルトで焼成煉瓦を接着させ、クテシアスによれば五〇オルギュイア[4]、彼より後代の史家の説によれば五〇ペキュス[5]の高さにまで城壁を積み上げた。その幅は、二台の戦車を同時に引いて

---

(1) 高さ一六〇〇メートル、幅は一八〇〇メートル。
(2) ここで述べられる各地からの人材および資材徴用の様子には、宮殿建築におけるペルシアの方法が投影されていると考えられる。
(3) 約六四キロメートル。実際の城壁は全周一二キロメートルであった。
(4) 約八九メートル。
(5) 約二二メートル。

もなお余りあった。[1] 塔の数は二五〇基、高さは六〇オルギュイア、[2] しかし［クテシアスより］後代の作家には六〇ペキュス[3]だったと言う者もいる。五　これほどの規模の城壁にもかかわらず、わずか二五〇基しか塔が建てられなかったという事実に驚く必要はない。この都市は周囲をほとんど沼地に取り囲まれており、それが天然の要害としてじゅうぶん機能するので、沼地に面した方角には塔を置くにおよばないと判断されたのである。また城壁と居住地の間には、二プレトロン[4]幅の道路が確保されていた。

第八章

一　これらの建設を急ぐために、セミラミスは近しい部下たちに一スタディオンごとに区画を割り振り、このためのじゅうぶんな資金を与え、一年以内に仕事を完成させるように言いつけた。二　彼らは指示されたことを猛烈なスピードでやり遂げたので、彼女は彼らの名誉心を嘉《よみ》した。セミラミス自身も川幅のいちばん狭い地点を選んで、五スタディオン[5]の長さの橋を架け、技術力を駆使して、一二プース間隔に橋脚を川底に沈めていった。彼女は互いに隙間なく並べた石を置いていくと、鉄製のかすがいでつなげ、その継ぎ目には鉛を溶かし込んだ。流れを受け止める側の前面にあたる橋脚には、あらかじめ水よけ――丸みを帯びて、橋脚の幅になるまで少しずつ結び合わされた水そらしを備えたもの――を取り付けて、水よけの尖端が流れ下る水勢を切り分ける一方、丸い部分は川の力に譲歩しながら、激流を和らげるようにした。[6]

三　いっぽう橋自体は、橋桁に杉や糸杉を使い、その上を巨大なナツメヤシの丸太で覆い、その橋幅は三〇プース[7]にもおよんだ。この架橋事業は、セミラミスのおこなった工事のうち、技術力の高さの点で、いずれにも劣らぬように思われる。川の両岸には多額の資金をかけて堤防を設置したが、その幅は城壁のそれとほぼ同じで、長さは一六〇スタディオン[8]にもおよんだ。橋の両端には川岸に接して二つの宮殿を建てることにより、セミラミスはそこから都市全域を監視することができたが、それはあたかも、都市の最重要部の鍵を握っているかのようであった。四　エウプラテス川はバビロン市の中央を南にむかって流れており、宮殿の一つは日の出の方角に、もう一つは日没の方角に面していたが、いずれも豪華な造りをしていた。西方をむいていた宮殿は、六〇スタディオン[9]の長さの第一周壁を建て、焼成煉瓦製の高くて立派な防壁で囲んだ。その内側には第二周壁が建てられたが、その壁面には、煉瓦を焼成する前に彫刻を施し、見事な技術で着色された、さまざまな種類の動物の姿が本物そっくりに描かれていた。五　この周壁は長さ四〇スタディオン[10]、幅は煉瓦三〇〇個分、高さはクテシアスによれば五〇オルギュイア[11]であった。塔の高さは七〇オルギュイア[12]

(1) この前後のディオドロスの記述は曖昧で、同種の情報が繰り返されるため混乱をきたすが、おそらく前節と本節で述べられている城壁は別物（外周壁と内周壁）を指しているのであろう。
(2) 約一〇七メートル。
(3) 約二六メートル。
(4) 約六〇メートル。
(5) 約八九〇メートル。現在、発掘からエウプラテス川に架けられた橋の存在が明らかにされているが（むろんセミラミスが建設したわけではない）、その長さは約一一五メートルと、ここで述べられているよりもはるかに短い。
(6) 原文は難解で、具体的なイメージもわきにくいが、さしあたってこのように訳出した。
(7) 約九メートル。
(8) 約二八キロメートル。
(9) 約一一キロメートル。
(10) 約七キロメートル。
(11) 約八九メートル。
(12) 約一二五メートル。

であったという。

六　彼女はまた、その内側にアクロポリスを取り囲む第三の周壁を建てたが、その全周は二〇スタディオン[1]で、この構造物の高さと幅は第二周壁のそれを上回っていた。塔と城壁の表面には、巧みに色づけされ、本物そっくりに造形された、さまざまな動物の像が描かれていた。全体の構図としては、ありとあらゆる種の動物——像の大きさは四ペキュス[2]以上あった——を前にした、狩猟の場面となっていた。その群像のなかには、馬上からヒョウにむかって槍を投げる姿をしたセミラミスの像と、その横には手に握られた槍でライオンを撃つ夫ニノスの像も描かれていた。七　彼女はまた、青銅で飾られた部屋へと通じる三つの門を設置し、機械仕掛けによって開閉される仕組みにした。この宮殿は、規模や設備の点で、川向うの宮殿をはるかに凌駕していた。もう一方の宮殿は、焼成煉瓦で作られた三〇スタディオン[3]の城壁によって囲まれており、精巧な動物像の代わりに、ニノスとセミラミス、彼らの廷臣、そしてバビロニア人がベロスと呼ぶところのゼウス[4]の青銅の図像が置かれていた。こちらの宮殿にも、兵士の隊列やさまざまな種類の狩りの場面が再現されており、目にした者たちにあれこれと楽しみを提供してくれる。

第九章

一　その後セミラミスは、バビロンでいちばん低い土地を選んで、四角形の遊水池を設けた。その遊水池は一辺が三〇スタディオン[5]、焼成煉瓦とアスファルトから作られており、深さは三五プース[6]あった。二　彼女は川の流れをそこへ逸らせた上で、一方の宮殿ともう一方とを結ぶ掘り下げ道路を作ると、両方向から焼成煉瓦でヴォールトの天井を作っていき、その上を溶かしたアスファルトで塗り固め、四ペキュス[7]の厚みになるまでコーティングを重ねた。通路壁面の厚みは煉瓦二〇個分、高さは、湾曲した天井部の厚みをのぞいても一二プース、[8]横幅は一五プースあった。[9]三　この工事を七日間で終え、その後、川の流れを元通りにすると、川は地下道の上を流れていくので、セミラミスは川を渡ることなしに、一方の宮殿からもう一方へと移動することができるようになった。地下道の両端には青銅製の扉を設えたが、これらはペルシア帝国の時代にまで残っていた。

四　こののち彼女はゼウス神殿[10]を都市の中心に建てた——バビロニア人がゼウスのことをベロスと呼ぶことは、われわれがすでに述べたところである——。この神殿の形状にかんする歴史家の記述は錯綜しており、また時の経過とともに神殿自体も廃墟となってしまったので、今はそれについて正確に叙述することは不可能となった。しかし、神殿は群を抜いた高さで建てられており、カルデア人がそのなかで天体観測をしていたという点では意見が一致している。神殿の高さのおかげで、星辰の昇降を正確に観察できたのである。

(1) 約三・五キロメートル。
(2) 約一・八メートル。
(3) 約五・三キロメートル。
(4) ベロスとは、アッカド語の「ベール［主］」のギリシア語読みで、ここではマルドゥク神のことを指す。
(5) 約五三キロメートル。
(6) 約一〇・五メートル。
(7) 約一・八メートル。
(8) 約三・六メートル。
(9) 約四・五メートル。
(10) 「階層の天辺」という表現から判断するに、以下はバビロンのジックラト「エ・テメン・アン・キ」にかんする記述だと考えられる。

五　セミラミスは技術を尽くして、神殿全体をアスファルトと煉瓦で豪勢に仕上げたのち、階層の天辺に金から打ち出したゼウス、ヘラ、レアの三体の像を置いた。これらのうち、ゼウスの像は歩き出す姿で立っており、その高さは四〇プース[1]、重さは一〇〇〇バビロニア・タラントン[2]であった。レアの像は金の玉座に座っており、先に述べたゼウスの像と同じ目方があった。女神の膝元には二体のライオン像が、そのそばには巨大な銀の蛇像が置かれており、それぞれの重量は三〇タラントン[3]であった。六　ヘラの像は八〇〇タラントン[4]の重さがある立像で、右手で蛇の頭部をつかみ、左手には宝石がちりばめられた王笏が握られていた。七　像の前には金から打ち出された、長さ四〇プース、幅一五プース、五〇〇タラントンの重さ[5]があるテーブル——これは、三柱の神々の共用品であった——が置かれていた。テーブルの上には二つの杯が置かれており、その目方は三〇タラントン[6]であった。八　同じ数の香炉もあり、それぞれは三〇〇タラントン[7]の重さがあった。また三つの金製混酒器があり、そのうちの一つはゼウスのもので一二〇〇バビロニア・タラントン[8]あり、残り二つはそれぞれ六〇〇タラントン[9]あった。九　しかしペルシアの王たちがのちにこれらを略奪した。……

第十三章

一　セミラミスはこれらの事業をなし終えると、大軍を率いてメディアへ進発した。バギスタノンと呼ばれる山に到着すると、そのそばに陣を張って、庭園を建設した。この庭園は周囲が一二スタディオン[10]で、平野に位置し、また園内には大きな泉もあって、そこから植物に水をやることができた。二　バギスタノン山はゼウスの聖域であり、庭園に面した斜面は、高さが一七スタディオン[11]におよぶ切り立った岩壁となっていた。彼女はその最下部を削って平らにし、そこに自分自身とそのそばに一〇〇人の槍持ちのレリーフを彫刻した。彼女はまた岩にシリア文字で[12]、「セミラミスは従軍してきた駄獣の荷鞍を、平原からこの山まで積み重ね、それによって頂上まで登った[13]」と刻んだ。

三　そこから進発して、カウオンと呼ばれるメディアの都市に到着すると、とある台地の上に立つ、驚くべき高さと大きさの岩に気づいた。そこで彼女は、この岩が中央に配置されるように設計された、また別の広大な庭園を建設した。その岩の上には彼女の贅沢趣味に見合うような豪華な屋敷を建てて、そこからセミラミスは庭園内の植物や平野に陣を張った全軍を見渡した。四　長い時間をこの場所で過ごし、あらゆる種

(1) 約一二メートル。
(2) 約三〇トン。
(3) 約九〇〇キログラム。
(4) 約二四トン。
(5) 長さ一二メートル、幅四・五メートル、重さ一五トン。
(6) 約九〇〇キログラム。
(7) 約九トン。
(8) 約三六トン。
(9) 約一八トン。
(10) 約二キロメートル。
(11) 約三〇〇〇メートル。
(12) 楔形文字のこと。
(13) 以上で述べられているバギスタノン山とは、ベヒストゥーン（古代イラン名「バガスターナ」）のことである。したがって、ここで言うゼウスとはアフラマズダを指し、実際のレリーフの人物はセミラミスではなく、ダレイオス一世である。碑文の内容もまったくのでたらめで、実際のベヒストゥーン碑文はダレイオスによる簒奪者ガウマータらの諸反乱鎮圧と王の武勲等について書かれている。なお、実際のベヒストゥーンは高さ一六六メートル（約一スタディオン）の岩壁であり、ここでディオドロスが述べているよりもはるかに低い。

類の贅沢を心ゆくまで味わったが、彼女は自身の権力がけっして奪われることのないように気を配っていたので、法律上の結婚を嫌がった。その代わりにセミラミスは、際立って美男子の兵士たちを選んでは、彼らと一夜をともにし、その後彼女と寝た者たちを全員殺した。五　こののちエクバタナへとむかい、ザルカイオンと呼ばれる山[1]に到着した。この山は何スタディオンにも延び、断崖と渓谷が多く、長い回り道をしなければならなかった。そこでセミラミスは、自身の不滅の記念碑を残すと同時に、行路を短くしようとの野望を抱いた。このような理由から断崖を開削し、窪地には土を盛って、大金をかけて捷路を切り開いたが、それは今日まで「セミラミス道」と呼ばれている。

六　エクバタナに到着すると――その都市は平野のなかに位置する[2]――、彼女はそこに贅を凝らした宮殿を建て、そのほかにもこの場所に並外れた配慮をなした。エクバタナは水に恵まれておらず、近くにも水源がなかった。そこで彼女はたいへんな苦労と金を費やして、良質の水を大量に引いてきて、都市全体に水を行きわたらせた。七　エクバタナから一二スタディオン[3]離れたところにオロンテス山[4]と呼ばれる山があった。この山は岩肌の荒いことこの上なく、桁外れの標高をほこっていた――頂上までの直線距離は二五スタディオン[5]になろうか――。山の向こう側には、川の水源となる大きな湖があり、セミラミスはこの山のふもとにトンネルを掘削した。八　このトンネルは幅が一五プース、高さは四〇プース[6]で、このトンネルを使って、湖から川を引いてきて、エクバタナの町に水を供給したのである。以上がメディアにおける彼女の事業である。

第十四章

一　こののちセミラミスは、ペルシアと、彼女の支配下にあるアジアの各地を訪れた。あらゆる場所で山や険しい岩場を切り開いて、豪華な道路を通した。平野には盛り土をして、ときとして亡くなった将軍たちの墓を築き、またときとして高くなったところに都市を築いた。二　彼女は宿営地のなかに小さなマウンドを作るようにしていて、その上に自身の幕屋を張り、宿営地全体を見下ろすようにしていた。それゆえアジアのいたる所には、今でも彼女が作った塚が残っており、それらは「セミラミスの塚」と呼ばれている。(7) 三　こののち彼女はエジプト全土を訪れ、リビアの大部分を征服したのち、アンモンの神託所を訪れた。そこで自身の死について神に伺うと、ある神託――彼女は人々の間から消え、アジアの諸民族から永遠の尊敬を受けるであろう。これは、彼女の息子ニニュアスが彼女にたいして反乱を起こしたときに成就するであろう――が下されたと伝えられている。四　これらの地域を離れたのち、セミラミスはエチオピアを訪れた。(8) 同地の大半を征服すると、国内にある不思議な事物を視察した。エチオピアには周囲が約一六〇プースの、

(1) ザグロス山脈のことか。ギリシア語で「ザグロス（*Ζάγρος*）」という表記は、ポリュビオス（『歴史』第五巻四四・六―七）以降に確認される。

(2) 実際のエクバタナ（現ハマダーン）は高度一八〇〇メートルの高地に位置する。

(3) 約二キロメートル。

(4) ザグロス山脈の枝尾根であるアルヴァンド山のことか。

(5) 約四四四〇メートル。アルヴァンド山の標高は三五八〇メートルである。

(6) 幅四・五メートル、高さ一二メートル。

(7) この記述は西アジアに残る丘状遺跡（テル、テペ）の起源を説明していると考えられる。

(8) 約四八メートル。

四角形をした湖があると言われ、その水の色は辰砂のように［赤く］、格段に芳しい香りがし、熟成された葡萄酒に似てなくもない。この湖水には不思議な力がある。それを飲んだ者は正気を失い、以前に犯した悪事の秘密をすべて告白してしまうというのだ。しかし、このようなことを主張する人たちには、にわかには賛同しかねるかもしれない。

第十五章

一　エチオピア人が死者を埋葬する方法は独特である。遺体を防腐処理したのち、大量のガラス(1)を周りに流し込んで、それを柱の上に置くと、死者の姿がガラスを通して道行く人々にも見えるのだが、これはヘロドトスが語っているところでもある。(2)二　しかし、クニドス人クテシアスはヘロドトスの話が口から出まかせであると明かし、本人は、遺体は防腐処理を施されるが、裸の遺体の周りにガラスが流し込まれるわけではないと言う。遺体がガラスの熱で火傷して、ひどくただれてしまい、故人の生前の姿を保つことができなくなってしまうではないか、と。(3)三　それゆえ、内部が空洞となっている金製の肖像を制作し、そのなかに遺体を納めてから、肖像の周りにガラスを流し込む。こうして設えた肖像を墓の上に置くと、ガラスを通して故人に似せた金の像を目にすることができる。四　クテシアスによれば、エチオピア人のうちでも富裕層はこのような方法で葬られるが、それよりも遺産額が少ない者は銀製の肖像、そして貧しい人々は陶製の肖像を用いる。ガラスはじゅうぶんに行きわたる量があり、それというのも、エチオピアはガラスの一大産地で、国内に流通しているからだ。……

第十六章

一　エチオピアとエジプトを平定したのち、セミラミスは麾下の軍隊とともにアジアに戻り、バクトラへ帰った。相当な軍事力を擁し、しばらくの間平和が続いていたこともあって、セミラミスは戦争での華々しい功績を求めるようになっていた。二　世界中でインド人が最大多数の民族であり、彼らの領国は広大無辺で、この上なく美しいことを知ると、セミラミスはインド遠征を思い立つようになった。その当時のインド王はスタブロバテスで、彼は無数の兵士から成る大軍を擁していた。戦象も数多く所有しており、これらの象は戦時には敵兵を驚愕させるような派手な装備で飾られていた。……　四　……以上の細かな情報を仕入れると、セミラミスはまったく危害をこうむっていなかったにもかかわらず、インド人にたいし戦争を仕掛けようという気になった。五　桁外れに大規模な軍隊が必要であると考えて、すべての陣営に使者を派遣し、諸民族に規模に応じたノルマを定めて、当地の指揮官たちに優秀な若者たちを兵籍簿に登録するように命じた。そして、全兵員に新しい装備を用意し、そのほかの点でも派手やかに飾って、三年後にバクトラまで来

(1) ここで「ガラス」と訳した「ヒュエロス（ὕελος）」は、実はどのような物質を指しているのか明らかではない。ヘロドトス『歴史』第三巻二四に登場し、「ヒュエロス」と同じ物質を指すと考えられる「ヒュアロス（ὕαλος）」は、採掘され、加工しやすいと解説されており、むしろ石材を想起させる。

(2) ヘロドトス『歴史』第三巻二四。

(3) この箇所は、ヘロドトスの記述を誤読している。ヘロドトス『歴史』第三巻二四には、「エジプト式あるいはその他の方法で死骸を乾燥させた上、全身に石膏を塗り、その上からできるだけ本人の面影に似せて、その姿を描くのである。それから中をえぐったヒュアロス製の柱の内へ遺体をおさめる」（松平千秋訳）とあり、クテシアス（あるいはディオドロス）が引用するように、遺体の周囲に直接何らかの物質を流し込むとの説明はなされていない。

るように指示した。六　彼女はまたフェニキア、シリア、キュプロス、そのほかにも沿岸地域から船大工を呼び寄せ、彼らに材木を惜しみなく与えて、組み立て式の川船を作るように命じた。

七　というのも、その地域最大の河川で、セミラミスの王国との国境を形成しているインダス川は、渡河するにも、インド人たちに渡河の妨害をさせないためにも、多くの船が必要になってくる。インダス川の近辺では木材がまったく手に入らないので、バクトリアから陸送で船を運ばなければならなかったからである。

八　セミラミスは自軍に象のいないことが大きな不利になると分析していたので、象の特徴［を真似た仕掛け］を作って、[1]これでインド人たちの度肝を抜いてやろうと計画した。彼らはインド以外には象がまったく生息していないと思い込んでいたのである。九　そこで三〇万頭の黒毛牛を選び出すと、その肉は職人やこの計画に携わっている現場の者たちに分配した後、牛の獣皮を縫い合わせて、内部に藁で詰め物をして、どこから見ても本物そっくりの象型を作った。象型の内部にはこれを操る黒子と駱駝が入り、駱駝によってこれが動かされると、遠目には本物の象かのような錯覚を抱かせる仕掛けである。一〇　セミラミスの命令でこの計画に従事していた職人たちは、塀によって隔離された区画で作業していた。作業場の入口も厳重に警備されていたので、なかの職人が外に出ることも、外部の人間が入ってきて彼らと接触することもできなかった。こうした結果、外部の人間は内で何がおこなわれているかを知らなかったし、これについての噂がインド側に漏れることもなかった。

第十七章

一　二年の間に船と象型が準備されると、セミラミスは三年目に各地からの軍勢をバクトリアに呼び集めた。集結した軍隊の総数は、クニドスのクテシアスが著録するところによると、歩兵三〇〇万人、騎兵二〇万人、戦車一〇万台であった。二　四ペキュスの長剣[2]で武装した駱駝兵も従軍しており、その数は戦車と同数であった。セミラミスは組み立て式の川船を二〇〇〇隻建造し、このために船を陸送する駱駝も用意した。上述のように、駱駝は象型も運んだのである。兵士たちはあらかじめ馬を象型と対面させることによって、馬が象の猛々しさに怯えないように慣れさせておいた。……　**四**　インド人の王スタブロバテスは、上述のセミラミス軍の規模とこの戦争のために規格外の準備をしてきたことを知ると、あらゆる点でセミラミスの上を行かねばならないと焦った。**五**　そこで彼は最初に葦[3]から四〇〇〇隻の川船を作った。インドでは川沿いや沼地などで大量に葦が生育し、その茎は人が容易には抱きかかえられないくらいの太さになる。しかも、この材木は腐らないので、葦船はたいへん有用性が高いと言われる。六　彼は装備の手配にも大いに気を配って、またインド全土を訪れて、セミラミスが集めた以上の軍勢を徴集した。七　さらに、野生の象を狩りに行き、それまでに所有していた戦象の頭数を何倍にも増やし、戦争において相手が腰を抜かすようにすべての象を派手に飾り立てた。八　その結果、象軍が進攻してくると、その数の多さや背中に載せられた塔を目にし、人力では太刀打ちできないかのように思えたのである。

（1）原文では「この動物のある特徴を作る」となっている。写本に何らかの欠損があると考えられるので、文脈から言葉を補って訳出した。

（2）約一・八メートル。

（3）インド葦の特性については、断片四五（一四）および二二五頁註（8）を参照。

第十八章

一　戦争の準備がすべて整うと、スタブロバテスはすでにインドにむかって来ているセミラミスのもとに使者を派遣し、何も危害をこうむっていないにもかかわらず、先に戦争を仕掛けてくることを非難した。そして、書簡にて、口にするのもはばかられるような多くの汚い言葉で彼女のことを遊女と罵り、神々をその証人とすると述べてから、彼女を戦闘で打ち負かして、磔にしてやると脅した。二　その書簡を読むと、セミラミスは彼が書いてきたことを笑い飛ばし、「行動を通して、インド人も私の徳の高さを知るところとなるだろう」と言った。そして軍隊を率いてインダス川まで到達すると、そこではすでに敵軍の船は戦闘に入る準備ができていた。三　そこで彼女は急いで船を組み立て、屈強な漕ぎ手たちを乗せて、河上での船戦に乗り込んだ。川岸に投入された歩兵たちも、われ先にと参戦した。四　戦闘は長時間におよび、両陣営とも勇敢に戦ったが、ついにセミラミス軍が勝利し、一〇〇〇隻の船を破壊して、少なからぬ数の敵兵を捕虜とした。五　勝利に意気が上がったセミラミスは川中の島や都市を隷属下に置き、一〇万人以上もの捕虜を集めた。こののち、インド王は敵軍を恐れて退却するかのごとく装って、軍隊を川から引き上げたが、その実はセミラミス軍にインダス川を渡らせるための罠だったのである。

六　今や、すべてがセミラミスの思わく通りに運んでいるかのようだった。彼女はインダス川に絢爛豪華な大橋を架けて、それを使って全軍を渡河させると、橋の警備に六万人の兵士を残し、残りの軍隊とインド軍の追撃に出た。その際、例の象型を先頭に立たせたのは、それを見た敵の偵察部隊に、セミラミス軍には多数の戦象がいるとインド王に報告させる狙いからだった。七　このことで彼女の期待が裏切られることはなく、斥候として送られてきた者たちはインドに戻り、セミラミス軍には多数の戦象がいると報告したところ、インド人たちはそれほどの象の大群がどこから彼女について来たのかと、誰しもが頭を抱えた。八　しかし、この詐術もそれほど長くは隠し通せなかった。というのも、セミラミスの陣営で夜警をさぼっているところを見つかった数人の兵士が、その後の懲罰を恐れて敵方へと脱走し、この戦象にたいする誤解をインド人らに教えてやったのである。これに自信を取り戻したインド王は、兵士たちにも象型のことを伝達すると、軍を整えてアッシリア軍へとむかって行った。

第十九章

一　同様にセミラミスも軍を進め、両軍が近接すると、インド王スタブロバテスは騎馬隊と戦車部隊を本隊のはるか前方へと送った。二　しかし、セミラミスが騎兵の突撃をしっかりと持ちこたえると、女王は前線に象型を等間隔で配置していたのだが、インド軍の軍馬はこれに怯えてしまった。三　というのも、象型は遠目には本物の象とそっくりで、これにはインドの馬は慣れていたので警戒することなく近づいていった。しかし、象型の近くにくると、いつもと違う臭いを放出しているし、そのほかの点でも［本物との］違いが甚だしかったので、馬はまったくの混乱に陥った。(1)　そのため、インド兵のなかには地面に叩き落とされる者もいれば、馬が手綱の指示を無視して、彼らを乗せる馬もろとも闇雲に敵中に陥った者もいた。

(1) 馬は一般に駱駝、とりわけその臭いを嫌がる習性がある。たとえば、ヘロドトス『歴史』第一巻八〇、クセノポン『キュロスの教育』第七巻一・二七を参照。

四　セミラミスは選抜部隊とともに戦い、敵の失態に巧みに付け込んで、インド軍を撤退させた。本隊へ逃げ帰った者たちがいたが、スタブロバテス王は恐惶をきたすことなく、象隊を先頭に立てて、歩兵部隊を進軍させた。王自身は右翼に陣取り、最強の戦象に乗って戦い、そのときたまたま相対していた女王にたいし、恐ろしい勢いでむかっていった。五　そして残りの象部隊も同様にしたので、セミラミスの軍隊は象の突撃をわずかの間しか持ちこたえることができなかった。というのも戦象は並外れて勇敢で、自らの力にも自信を持っており、抵抗する者たちをあっけなく殺したのであった。六　その結果、あらゆる種類の大殺戮が起こり、象の足元に崩れ落ちた者もいれば、牙によって体を引き裂かれた者もいたし、鼻で空中に投げ飛ばされた兵もかなりの数がいた。死体の山がうず高く積まれ、その恐ろしさは目にした者たちにひどく恐怖と狼狽をもたらし、もはや誰も自分の持ち場を守り通そうとはしなかった。七　そこで大軍の全体が四散するなかで、インド王はセミラミス自身に攻撃を仕掛けた。まずは矢を射って、腕に当てた。それから槍を投げ、女王の背中を貫いたが、槍は斜めに当たっただけだった。このためセミラミスは致命傷を負わずに、急いで馬に乗って逃げたのだが、これは追手の象が機動力の点でかなり劣っていたからである。

八　セミラミスの全軍が船橋のところへと逃げてくると、これほどの大規模な人数が狭い一箇所にひしめいたので、互いを踏みつけて圧死し、騎兵も歩兵も尋常ならざる混雑状態にあった。インド兵が迫ってくると、その恐怖で橋上の押し合いは暴力的になり、多くの者たちが橋の両端へと押し出され、川に突き落とされた。九　セミラミスは、戦闘を生きのびた者たちの大半が川を渡って安全な場所にきたと見るや、橋をつないでいたロープを切り落とし、これがゆるむと船橋はばらばらに崩れ落ちた。橋の上にはまだたくさんのインド兵の追手たちが残っていたが、橋は急流に飲み込まれて、インド兵の多くは溺死し、いっぽうセミラミスは、敵の渡河をかわすことによって、かなりの安全を確保することができた。一〇　その後ある神兆が現われ、これを卜占師が川を渡るべきではない前兆だと解釈したために、インド王はそれ以上行動を起こさなかった。いっぽうセミラミスは捕虜を交換したのち、バクトラへと戻ったが、そのとき彼女は兵力の三分の二を失っていた。(1)

第二十章

一　それからしばらくして、セミラミスは宦官の手引きを受けた息子のニニュアスによって、命を狙われた。そのとき彼女はアンモンより下された予言を思い出し、陰謀についてはお咎めなしとし、反対に王国を息子に譲り渡した。そして、総督たちには息子に従うように指示し、すぐに姿を消した。それは神託にあったように、姿を変えて神々の列に加わったようであった。(2)

二　また、セミラミスは鳩に姿を変え、彼女の屋敷に止まった多くの鳥たちと空へ飛び立ったのだとする伝説を話す者たちもいる。この伝説ゆえに、アッシリア人はセミラミスに永遠の命を与えたと言って、鳩を神として敬うとのことである。セミラミスはインドをのぞく全アジアを支配下に置いたのち、上述のような

(1) ディオドロスは言及していないが、このインド遠征撤退からニニュアスによる暗殺計画までの間に、前夫オンネスの遺児二人によるセミラミス・ニニュアス暗殺未遂事件が発生した（断片一 1δを参照）。

(2) 断片一 gでは、セミラミスはニニュアスによって暗殺されたことになっている。

最期を迎えた。享年六二、王位にあること四二年であった。三　以上がクニドスの人クテシアスがセミラミスについて記すところである。……

第二十一章

一　セミラミスの死後、彼女とニノスの息子ニニュアス(1)が王位を継いだが、彼は戦争好きで野心家な母親の性格と張り合うことなく、平和な統治をおこなった。二　何よりもすべての時間を王宮内で過ごし、その姿を妾と側近の宦官以外の誰の目にも触れることのないようにした。贅沢や安逸な暮らしを追い求め、苦労するとか思い悩むといったことは極力避けて、幸せな統治の目指すところはあらゆる快楽を心行くままに享受することにあると考えていた。三　統治を確かなものとし、また臣民を恐れる気持ちもあったので、ニニュアスは毎年各部族から一定数の兵士と将軍一人を招集した。四　そして、彼は全臣民から徴兵した軍隊を都市の外に留め置いて、自分の側近のなかからもっとも信頼に足る者たちに各部族の指揮を任せた。そして年末に再び各部族から同数の兵士を徴集し、先の兵士たちを軍務から解いて、故郷へと戻した。

五　この制度により、彼の支配下にある者たちはみな、開かれた土地に大軍が常駐している様子を見、従わなかったり反乱を起こした者たちには報復が用意されていることを悟って、畏怖の念を抱いた。六　彼が毎年軍隊の入れ替えをおこなったのは、次のような意図からだった。将軍やそのほかの者たちがみな互いに気心の知れるようになる前に、各人はそれぞれの故郷へと離れ離れになる。長期間兵役にあれば、指揮官たちは軍事の経験も積み、思い上がりも生まれてくるし、何よりも、彼らの支配者たちにたいする反乱や共謀を企む大きな機会を提供することにもつながるであろう。七　彼の姿が王宮外の誰の目にも触れられないようにしたことで、彼の享楽的な暮らしの実態を知る者は誰もいなかった。まるで目に見えない神のごとく、畏怖の念から彼のことを悪く言おうとする者はいなかった。部族ごとに将軍、総督、監督官、裁判官を任命して、そのほかすべてのことも自らの利にそうように差配して、ニニュアスは生涯を［首都］ニノスで過ごした。八　続く王たちもニニュアスと同様の支配をし、王位は父から子へと継がれ、サルダナパロスまで三〇代、一族が王国を支配した。というのも、サルダナパロスの治世にアッシリア王国の支配権はメディア人の手へと渡ったのだが、クテシアスが彼の史書の第二巻で述べているところによれば、それまでアッシリアの支配は一三六〇年以上続いたとのことである。

第二十二章

一　ニニュアス以降の王については、取り立てて記録するに値する事蹟を残していないので、王の名前や統治した年月を一々述べる必要はなかろう。(2) 実際、ティトノスの息子メムノンの指揮下に、アッシリアから

(1) 四七頁註（14）におけるセミラミスの人物同定に従えば、ニニュアスはサムラマトの子アダド・ネラリ三世（在位前八一〇—七八三年）、もしくはナキア（ザクトゥ）の子エサルハドン（在位前六八〇—六六九年）に該当する。しかし、この二人のアッシリア王はいずれも対外戦争に積極的で、ニニュアスとは性格が似ておらず、したがってニニュアスを歴史上の実在人物と比定することは困難である。

(2) 断片一〇αおよび断片三三（七六）によれば、クテシアスはニノス・セミラミスから始まる王の一覧表を作成しており、ここで割愛されたアッシリア王たちについても何らかの言及をしていたようである。本書巻末の王名表を参照。

トロイアに同盟軍が送られたことが唯一記録に残っている事件である。[1] 二 セミラミスの息子ニニュアスから数えて二十代目にあたるテウタモスがアジアの王だったとき、アガメムノンの指揮下、ギリシア勢がトロイアに遠征したと言われている。その時点でアッシリアは一〇〇〇年以上にわたってアジアを支配していた。トロイア王のプリアモス――彼はアッシリア王に藩属していた――は、押され気味になると、アッシリア王に救援を依頼する使者を派遣した。テウタモスはエチオピア兵一万人と、ほぼ同数のスシアナ兵、それに戦車二〇〇台を派遣し、その指揮をティトノスの息子メムノンに任せた。

三 ティトノスは当時ペルシア地方の将軍で、統治の任にあった者のうちでも、宮廷での評価がもっとも高く、また［息子の］メムノンは年齢的にも絶頂にあり、勇敢さや徳の点でも卓越していた。彼は丘の上にスサ宮殿を建てたが、これはペルシア帝国の時代まで残っており、彼の名にちなみ「メムノネイア［メムノン宮］」と呼ばれていた。また国土に幹線道路を走らせ、これも今日まで「メムノネイア［メムノン道］」と呼ばれている。四 しかしエジプト周辺の地域に住むエチオピア人はこれと意見を異にしており、かの男が自分たちの国の出だと反論し、また彼らは古い宮殿を指さして、これが「メムノン宮」と呼ばれているのだと主張している。五 いずれにせよメムノンは歩兵二万人と戦車二〇〇台を率いて、トロイアの救援にむかったと言われている。彼は武勇の点で称賛され、戦闘では多くのギリシア兵を殺したが、最後は待ち伏せしていたテッサリア人らによって殺された。エチオピア人らは彼の遺体を取り戻して荼毘に付し、遺骨をティトノスのところへ持って帰った。異邦人らが言うところでは、以上がメムノンにかんして「王の記録」[2]に残されている事蹟である。

第二十三章

一　サルダナパロス[3]——彼は帝国の礎を築いたニノスから数えて三〇代目にあたり、アッシリア最後の王でもある——は、贅沢で安逸な暮らしぶりでは、先代の王たちの誰よりも抜きんでていた。彼は王宮外の誰にも姿を見せなかったばかりか、女のような生活をしていて、妾に囲まれて暮らし、紫色の衣やとても柔らかな羊毛を紡ぎ、女物の服を着ていた。顔も体全体も鉛白やそのほかにも遊女たちが使うようなもののおかげで、あらゆる贅沢好みの女たちよりも、さらに女っぽく装っていた。二　彼は意図的に女の声色を使い、宴席では無上の快楽が得られるまで飲み食いを楽しむことを止めず、また女とだけではなく男とも愛欲にふけった。というのも、彼は男女とも遠慮なく交わりを楽しみ、その行為にまったく恥じらいを感じていな

---

(1) メムノンはティトノスと女神エオスの間に生まれた英雄で、エチオピア王とされる、神話上の人物。トロイア戦争の際、叔父にあたるトロイア王プリアモスの救助に駆けつけたが、アキレウスによって殺される。クテシアスはここで、ギリシアの神話的世界をオリエントの歴史に接ぎ木して、現実に起こった事件として語っているのである。

(2) 「王の記録（*βασιλικαὶ ἀναγραφαί*）」が具体的に何を指しているのか、証言三＝断片五（三二・四）に登場する「王の書（*βασιλικαὶ διφθέραι*）」と同一の記録書であったのか、さらに「王の記録」をクテシアスが参照にしたのか、といった諸点については不明である。

(3) アッシリア王アッシュルバニパル（在位前六六八―六二七年）のこと。ただし、サルダナパロスは名こそアッシュルバニパルに由来するものの、以下でクテシアスが語るサルダナパロスの姿と史実のアッシュルバニパルの業績は必ずしも一致しない（たとえば、アッシュルバニパルは偉大な征服者であり、またアッシリア帝国最後の王でもない）。サルダナパロスはむしろ、ギリシア人の抱くオリエントの享楽的な王のイメージが肥大化して作られた、まったくの想像上の人物として理解すべきであろう。

かったのだ。……　四　サルダナパロスはこのような男だったので、彼は恥ずべき最期(1)を迎えただけでなく、史上最長の支配をほこるアッシリア帝国に決定的な終焉をもたらした。

第二十四章

一　アルバケスという名の、メディア生まれの男がいたが、彼は勇敢さと精神の気高さの点で秀でており、年毎に［首都］ニノスに送られてくるメディア人たちの将軍でもあった。彼は軍務にある間にバビロニア人の将軍と仲がよくなり、彼からアッシリア帝国を滅ぼすように焚きつけられた。二　この男の名前はベレシュスといい、バビロニア人らがカルデア人と呼んでいた祭司たちのなかでも、もっとも目立った存在だった。ベレシュスは占星術と神託にたいそう造詣が深く、多くの者たちに未来を正確に言い当ててみせた。彼の技術はたいへんな評判となっていたのだが、ベレシュスは友人となったメディア人の将軍にたいして、ずばりサルダナパロスの支配している全領土を治める運命にあると予言した。三　アルバケスはこの男をほめて、事が成就した暁にはバビロンの総督位をくれてやると約束した。そして彼は神の言葉に撃たれたかのように高揚し、ほかの部族の指導者とも同盟を結び、みなを宴席や社交の場へと熱心に誘って、友人関係を築いていった。四　アルバケスは王と直接対面し、その生活ぶりすべてを知りたいと願うようになった。そこで、さる宦官(2)に金の酒盃を手渡して、サルダナパロスへの面会を許された(3)。王の贅沢で女のような暮らしを追い求めている様をつぶさに観察すると、アルバケスは王を歯牙にもかけないようになり、カルデア人が彼にもたらした期待によりいっそう固執するようになった。五　ついにアルバケスはベレシュスと陰謀を協議し、アルバケスがメディア人とペルシア人を反乱へと導き、いっぽうベレシュスはバビロニア人が計画に加わるように説得して、また彼の友人であったアラビア人たちの首長も全軍決起にむけて仲間に入れることを決めた。

六　彼らの任期が明けると、別の引継ぎ部隊が到着し、前年の兵たちは慣例通り故郷へと復員することになった。そこでアルバケスは、メディア人にアッシリア王国を攻撃するように、またペルシア人には自由のために自分たちの共同統治に加わるように説得した。同様にベレシュスはバビロニア人たちを自由のために戦うように説き伏せ、アラビアに使節を派遣し、彼の知り合いで賓客でもあった、同地の首長に攻撃に加わるように仕向けた。七　一年が経つと、彼らはみな大軍を率いて、全軍でニノスへとやって来た。名目上は慣例通りに引継ぎを連れて来たことにして、その実アッシリア支配に終止符を打つことが目的だった。八　上述の四部族がすべて一堂に会し、その総数が四〇万人にものぼると、彼らは一箇所の宿営地に集結したのち、彼らの計画をもっとも有利に運ばせるための作戦会議を開いた。

第二十五章

一　サルダナパロスは反乱に気づくと、すぐにほかの部族から成る軍隊を彼らに差しむけた。当初戦闘は

(1) 断片一qでは、サルダナパロスの最期は「あらんかぎりの高貴な死」と形容されている。この正反対の評価は、引用者であるディオドロスとアテナイオスの価値判断の違いに起因すると考えられる。

(2) 断片一pαによれば、宦官の名はスパラメイゼスであった。

(3) このときサルダナパロスは、アルバケスにたいし白目をむくという奇行をしたことが知られている。断片一pαおよび断片一pγを参照。

平地で展開していたが、反乱軍が敗れ多くの兵を失うと、彼らはニノスから七〇スタディオン[1]離れた山へと追い詰められた。二　しかし反乱軍は再度、平地へと下りていき、戦闘配置につくと、サルダナパロスは反乱軍にたいし自軍を整列させ、敵陣に伝令を派遣し、サルダナパロスはメディア人アルバケスを殺した者に二〇〇タラントンの金子を、生け捕った者にはその倍額の報酬と、さらにはメディア総督の地位もくれてやろうと伝達した。三　同じくバビロニア人ベレシュスを差し出した者――その生死は問わない――にも報酬を与えると約束した。しかし、誰もこの布告に見向きもしなかったので、サルダナパロスは戦闘を開始した。サルダナパロス軍は多くの反乱兵を殺し、残りの大軍を山間部の陣地へと追いやった。

四　アルバケス軍はこの敗戦に士気が下がったが、仲間内の会議を開き、これからどうすべきかを話し合った。五　そこでは、いったん故郷へと戻り、要衝を押さえたうえで、ほかにも可能なかぎり戦争に必要な体制を整えるべきだという意見が多数派を占めた。しかしバビロニア人のベレシュスは、艱難辛苦の末に彼らの計画は完遂するとの神兆が示されていると言って、ほかにもできるかぎりの言葉を尽くして、危機を耐えるように全員を説得した。六　しかし、三たび戦闘が起こり、またも王軍が勝利すると、王は反乱軍の陣地を占拠し、敗残兵らをバビロニアの国境まで追い詰めた。アルバケスも目覚ましい活躍を見せ、多くのアッシリア兵を殺したが、自らも傷を負った。七　反乱軍側がこれほどまで立て続けに敗北したので、指揮官たちは勝利の望みを捨てて、それぞれの故郷へとばらばらに逃げる準備をした。八　しかしベレシュスは野外で一晩を明かし、天体の動きをじっくりと読んで、事態を悲観する者たちに、五日間耐えれば、おのずと助けがやってくるだろう、さすれば事態は一八〇度ひっくり返るであろうと告げた。彼は天文学の知識によって、このような神々から示された徴を読み取ったのである。ベレシュスは、彼らにこの日数だけ待って、彼の占星術と神々の恩寵に賭けてみるように訴えた。

第二十六章

一　彼らがみな呼び戻され、所定の日数を待っているところへ、バクトリアから王のもとへと送られた軍隊が自陣の近くにおり、足早に進軍しているとの知らせが届いた。二　アルバケス軍は急いでバクトリアの将軍たちとの会見にむかうことを決めたが、その際選り抜きの機動部隊を連れて行くことにしたのは、もし言葉だけではバクトリア軍を反乱に引き入れるよう説得できなかったとしても、武力で脅して、彼らを無理やり同じ目標に参加させるつもりだったからだ。三　ふたを開けてみると、最初に将軍たちが、それから全兵士が、自由にむけての訴えに耳を貸す態度を示し、みなで一箇所に陣を張ることにした。四　その時アッシリア王はバクトリア人が寝返ったことに気づいておらず、これまでの戦勝に気をよくし、緊張も解いて、麾下の軍勢にご馳走として供犠の肉や葡萄酒、そのほかの物資をふんだんに配った。そして全軍でお祭り騒ぎをしている最中に、アルバケス軍は脱走兵から敵陣の気の緩みや酩酊ぶりを知り、夜の奇襲をかけることにした。五　組織された者たちが秩序なき者たちを、準備した者たちが準備せざる者たちを攻撃したのであるから、反乱軍が敵陣を押さえ、多くの兵を殺すと、生き残った者たちを城市まで追いやった。六　そののち、王は妃の兄弟であるサライメネスを将軍に据え、自分は都市内の防衛に努めることにした。

（1）約一二・四キロメートル。

反乱軍は都市の前に広がる平野に軍を展開させ、二度の戦闘でアッシリア軍を破り、サライメネスを敗死させた。敵軍のうち、ある者は逃走中に殺され、またある者は城市内への退路をふさがれたためエウプラテス川(1)に身を投げざるをえず、こうしてわずかな者たちをのぞいて、皆殺しにあった。七　大量の兵が殺されたため、血と混ざり合った川の水は、相当な距離にわたってその色を変えた。王が城市内に包囲されると、多くの部族が反乱し、それぞれ自由を求めて敵陣へと寝返った。八　サルダナパロスは帝国全体が大いなる危機にあることを見て取ると、三人の息子と二人の娘に大量の金子を持たせて、もっとも忠実な部下であるパプラゴニア総督コッタのもとへと送り出した。そして、自身は手紙を携えた使者を支配下の全部族に送り、軍隊を招集し、包囲戦への準備を始めた。九　彼は父祖から受け継がれてきた、ある神託を手にしていて、それは川が都市にたいして敵しないかぎりは、誰も都市ニノスを武力制圧することはできないというものであった。サルダナパロスはこのようなことが起こるはずはないと考えて、この希望にすがって包囲戦に耐えながら、支配民から送られてくる軍隊を待つことにした。

第二十七章

一　反乱軍は戦勝に高揚して攻囲を厳しくしたが、強固な城壁を前にして、城市内に立てこもる者たちに危害を加えることはまったくできなかった。……王はあらかじめこの事態を予測していたため、都市内の者たちは籠城に必要なあらゆる物資を豊富に持っていた。それゆえ攻城戦は長引き、攻城軍は城壁に攻撃を加えたり、都市から外部へ通ずる道をふさぎながら、二年が経過した。三年目に止むことない大嵐が続き、エウプラテス川(2)が氾濫し、市街の一部が水に浸かり、二〇スタディオン(3)にわたって城壁が崩れた。二　この時点で、王は川が明らかに都市に敵している、神託は成就してしまったのだと考え、生きる望みを捨てた。しかし、敵軍の手に落ちるのは避けるために、宮廷内に薪の山をうず高く築き、その山の上にあらゆる金銀財宝と、さらには王の衣装もすべて積み、そして薪の山のなかに設えた小部屋に妾と宦官を閉じ込め、彼らを道連れに、自分自身も宮殿もろとも焼き尽くした。三　反乱軍はサルダナパロスの死に気づいて、崩れた城壁から突撃し、都市を制圧すると、アルバケスに王の衣装をまとわせて、彼を王として歓呼し、至高の権限を委ねた。

第二十八章

一　そして、王［となったアルバケス］が、ともに戦った指揮官らに、その戦功に応じて褒賞を与え、諸部族の総督(4)を任命していると、アルバケスがアジアの支配者になると予言していたバビロニア人のベレシュスが彼に近づいてき、自らの功績について思い出させて、当初の約束通り、バビロンの統治権を求めた。二　彼はまた、アルバケス軍がピンチにあったときに、ベロスにある誓いを立てていたことを打ち明けた。その誓いとは、以下の通りである――サルダナパロスを制圧し、宮殿が灰燼に帰した暁には、その灰をバビ

(1)都市ニノス（ニネヴェ）は、正しくはティグリス川沿いにある。四七頁註（7）を参照。

(2)正しくは、ティグリス川。

(3)約三・五キロメートル。

(4)原文では「サトラペス」。ただし、サトラペスはペルシア帝国の時代に始まった制度であるため、この用語の使用はアナクロニズムである。

ロンに持ち帰り、川沿いにあるベロスの神域近くに埋めて、塚を築こう。さすれば、エウプラテス川を航行する者たちにとって、アッシリアの支配を終わらせた男の永遠の記念碑となるであろう――。三　彼がこのようなことを願い出たのは、ある宦官――彼は〔宮殿から〕脱走してきたところを、ベレシュスがかくまっていた――から、〔宮殿とともに焼けた〕金銀について聞いていたからである。四　王宮に残った者たちがみな、王とともに焼死してしまったため、アルバケスはこの事実についてまったく知らなかったので、ベレシュスに灰を持ち帰ることを許可し、さらにはバビロンの免税特権も付与した。ベレシュスは船を調達するとすぐに、灰とともに大量の金銀をバビロンへと運んだ。しかし、王のもとに、ベレシュスがおこなっている悪事の密告があったため、王はともに戦った将軍たちを〔この事件の〕裁き手に任命した。五　ベレシュスが不正をおこなっていたことを認めたので、〔将軍たちの〕法廷は彼に死罪を言い渡したが、王は寛大な人物であったし、治世早々に穏やかならざることは避けておきたかったので、ベレシュスを無罪放免とし、さらには持ち出した金銀をそのまま持っていくことも許可した。同様に、もともとベレシュスに与えたバビロン総督の地位を取り上げることもしなかったが、これは、彼が以前にベレシュスから受けた恩恵は、のちの不正行為よりも価値あるものとの理由からだった。六　この寛大な処置について知れわたると、アルバケスは諸民族から絶大な人気と名声を獲得した。不正をなした者たちにはこのように対処する者こそが、王位にふさわしいと誰しもが考えていたのである。

七　アルバケスは都市に残った者たちにも、寛大な処分を下した。王は彼らに各自の財産を補償して、村々に住まわせたのち、都市〔ニノス〕を破壊した。それから、薪の山に残っていた金銀を集めたところ、数タラントンの量になったが、それをメディアのエクバタナに運んだ。八　かくして、アッシリア帝国はニノスから数えて三〇代、一三〇〇年以上も続いたのち、以上に述べたような経緯で、メディア人によって滅ぼされたのである。

出典　ディオドロス『歴史叢書』第二巻一・四―二八・七。

一c

セミラミス。クテシアスによれば、シリアの女神デルケトとシリア人の男との間に生まれた娘。彼女はニノス王の召使いであったシンマスによって育てられ、王の総督であったオンネスと夫婦となったのち、何人かの男児を生んだ。(1) ニノスは、セミラミスが夫とともにバクトリアを陥落させたことを知ると、すでに老齢に達していたにもかかわらず、セミラミスを妻とした。そして、彼女はニノスとの間に、ニニュアスと名づけられた男の子を生んだ。ニノスの死後、彼女は焼成煉瓦とアスファルトでバビロンに城壁を築き、ベロス神殿を建立した。息子ニニュアスによって謀反が企てられたのち、世を去った。享年六〇(2)、女王位にあること四二年間であった。

(1) 断片一b（五・一）によれば、ヒュアパテスとヒュダスペスの二人。

(2) 断片一b（二〇・二）によれば、享年六二。

出典　作者不詳『女傑伝』一。

—d

名前の転訛、とりわけ非ギリシア人の名前の変化した事例は、多々見出すことができる。たとえば、ダリエケス［王］はダレイオス、パルジリス［王妃］はパリュサティス、アタラ［女神］はアタルガティスと呼ばれている。ただし、クテシアスはアタラをデルケトと呼んでいる。

出典　ストラボン『地誌』第十六巻四・二七。

—eα

……いわゆる大魚座……クテシアスいわく、この大魚は、もともとバンビュケ(1)近在の湖に生息していた。デルケト——その地域に居住する者たちは、彼女をシリアの女神だと言う——が、夜中に湖に落ちたとき、大魚が彼女を助け出したと信じられている。(2)

出典　エラトステネス『星座譜《カタステリスモイ》』二八。

—eβ

「南の」と呼ばれる魚座……この魚は窮地に陥ったイシス(3)を助けたと信じられている。このお礼として、イシスは魚とその子らの似姿を、星々の間に配した……。それゆえ多くのシリア人は魚を口にしないし、金箔をかぶせた像をペナテス神だと言って崇拝する。以上のことは、クテシアスの史書による。

出典　ヒュギヌス『天文詩』第二巻四一。（ラテン語）

一 f

さあ、それでは ―― ヘルミッポスの権威に依拠するならば ―― 天球の内円から火炎帯を突き抜けて祭司ゾロアストレスよ、来たまえ。それと、クテシアスが歴史書の第一巻で説述している、かのバクトリア人も来たまえ。ゾスタリアノスの孫でキュロスの友人のパンピュリア人アルメニオスも、アポロニオスも、ダミゲロも、ダルダヌスも、ベルスも、ユリアヌスも、バエブルスも、こういった詐術に長けて、かつて名をとどろかせた者たちは全員来たまえ。(4)

出典　アルノビウス『異教の民に』第一巻五二・一。（ラテン語）

（1）エウプラテス川上流のシリアの都市。アスタルテ女神信仰の中心地。ヒエラポリスの名でも知られる。
（2）断片一 b （四・三）によれば、デルケトは魚によって助けられたのではなく、デルケト自身が魚に変身した。
（3）正しくは、デルケト。
（4）アルノビウスはかつてキリスト教徒を迫害する異教徒であったが、のちに自身が信徒となる。この箇所でアルノビウスは、異教の神々や奇跡（アルノビウスの視点では詐術）をなしたとされる宗教家たちを引き合いに出し、キリストの権能の至上性を論証しようと試みている。

―g
〔ニノスの死後〕王位はセミラミス〔シャミラム〕のものとなった。彼女は、クテシアス、ゼノン(1)、ヘロドトス、彼らの後輩史家ら、すでに多くの者たちによって書かれているような様式、大きさで、バビロン市を城壁で囲った。このの ちケパリオンは、セミラミスによるインド遠征とその失敗、撤退へと筆を進める。そして、セミラミスが息子たちを自分の手で処刑したときの状況、四二年間の統治後に、彼女自身が息子ニノス(2)によって殺された経緯へと続ける。

出典　エウセビオス『年代記』二九・三―一〇（Karst）。（アルメニア語）

―h
カウオン。メディアの地名。クテシアス『ペルシア史』第一巻に、「セミラミスは麾下の軍隊とともにそこから進発し、メディアのカウオンに到着した」とある。

出典　ビュザンティオンのステパノス『地理学辞典《エトニカ》』「*Χαύων*（カウオン）」の項。

―i
ニノスの王位を継いだ、かの有名なセミラミスはあちらこちらに堤(3)を築いており、それは洪水のためということになっているが、クテシアスの史書によれば、その実は生き埋めにされた彼女の愛人たちの墓であったという。

出典　ゲオルギオス・シュンケロス『年代記抜粋』一一九（Mosshammer）。

1k

上にあげた都市[4]にかんして、クニドスのクテシアスが異なる記述を残していることを、私は知らないわけではない。クテシアスによると、セミラミスとともにエジプトに渡った者たちの一部がこれらの都市を築いて、彼らの祖国にちなんだ名前をつけたという。これらの事実について、真実を正確に説明することは容易ではないが、歴史家の間に見られる齟齬を指摘しておいて、真相がどこにあるのかという判断は、読者諸賢にそのまま委ねておくことも、価値があることとしなければならない。

出典　ディオドロス『歴史叢書』第一巻五六・五―六。

（1）詳細不明。おそらくディノンの誤写か。

（2）正しくは、ニニュアス。

（3）ギリシア語原文の「χῶμα」は、堤にも塚（墓）の意味にもなる。

（4）在エジプトのバビロン、トロイアの二都市のこと。ディオドロスはこれより前に、両都市がアジアからの戦争捕虜によって建設されたとの伝承を紹介している。

――α

［カリマコスによれば(1)］クテシアスは、あたかも辰砂のように赤い水をたたえ、その水を飲んだ者は正気を失うというエチオピアの泉について書いている。

出典　カリュストスのアンティゴノス『奇異物語集成』一四五。

――β

クテシアスいわく、エチオピアには辰砂の色に似た泉があるとのこと。その水を飲んだ者は正気を失い、秘密にしておいた行為も白状してしまう。

出典　『フィレンツェ写本版奇談集』（伝ソティオン作品(2)）一七。

――γ

しかし、ここ［ガルス川］では、正気を失わないためにも、川の水をがぶ飲みしてはいけない。クテシアスが書いているのだが、エチオピアでは「赤い泉」から水を飲むと、同様の現象［正気の喪失］が起こるという。

出典　プリニウス『博物誌』第三十一巻九。（ラテン語）

一一δ＊［L］

［ニコラオスいわく］インド人との戦争後、セミラミスはメディアを移動していた折、高い山に登った。その山は一箇所をのぞき、周囲がぐるりと険しく、しかも岩肌が滑りやすく切り立っているために、登ることができなかった。彼女は山の頂上にすぐさま物見台を作らせ、そこから自軍を閲兵した。彼女がそこにテントを張ると、サティバラスという名の宦官が［前夫］オンネスの遺児ら(3)とともに、彼女にたいして陰謀を働かせた。計画はすべてサティバラス自らが立て、遺児らに次のように言った。もしニニュアスが王になれば、彼らは抹殺される危険がある。そこで彼らは先手を打って、ニニュアスと母親を殺して王位を奪うべきだ。ほかにも、いい年をした母親が節操もなく、毎晩のようにあれほど多くの若者たちを手当たり次第に追い求めているのに、それを見て見ぬ振りをしておくのは彼らにとって恥ずべきことであるとも言い加えた。

そこで彼らがどんな方法で殺したらよいかを問い尋ねると、サティバラスは別に大したことではない、自分が呼んだら（これが彼の任務である）山の頂きにいるセミラミスのところまで上がってきて、そして頂上から突き落とせばいいのだと言った。オンネスの子らはこれに賛同すると、とある神域で互いに誓いを取り

---

(1)本断片と断片四五eα、四五sα、六一aは、前三世紀の学者・詩人カリマコスの失われた驚異譚集成からの孫引きである。

(2)『フィレンツェ写本版奇談集』は、作者不詳の奇談集が書かれたギリシア語中世写本である。その作品はかつて、ソティオン（紀元前後の人）作『コルヌコピア――川・泉・湖についての奇談集』と同一視されていたが、現在は否定されている。

(3)断片一b（五・一）によれば、子供たちの名前はヒュアパテスとヒュダスペスであった。

交わした。しかし、彼らがこの約束を交わした祭壇の裏には、偶然にも一人のメディア人が横になって休んでおり、すべてを耳にしていたのだ。彼は事態を察すると、獣皮の上にすべてを書いて、人づてにセミラミスに渡した。それを読んだ彼女は、翌日山の頂きへと上って、オンネスの子らを呼び、――しばし熟考したすえに――武装してくるように命じた。(1)

サティバラスは、母親が彼らに武装してくるように言ったということは、彼らの計画が神によって導かれているのだと考えて、喜んで子供たちを探しに行った。しかし、子供たちが到着すると、セミラミスは宦官［サティバラス］に立ち去るように命じて、若者たちに話しかけた。「ああ、善良なる父より生まれし、不出来の息子たちよ。お前たちは悪意ある奴隷に説き伏せられて、この場所からわしを――神々から権力を任《まか》されたこのわしを――突き落して、自らの母親を亡き者にしようと企みおった。よいか、今わしはお前たちの手の内にいる。さあ、わしを崖から突き落せ。さすれば、お前たちは人々の間で名声を高め、母親のセミラミスとニニュアスを殺して王位に就くことができるのだぞ」。そして彼女は、同じようにアッシリアの臣民たちに呼びかけた。

（これについては、『演説の書』(2)を見よ。）

出典　ダマスコスのニコラオス『世界史』断片一（Jacoby）（コンスタンティノス・ポルピュロゲンネトス監修『奇襲論摘要』三・二四（de Boor））。

一m

というのも、軽蔑され、神によって憎まれた者であっても神であるとの評判を得るならば、もしかの好色で血に汚れた女、デルケトの娘セミラミスがシリア人の女神だと考えられるのならば、もしデルケトゆえに、シリア人らが鳩やセミラミスを崇敬するというならば（クテシアスの話にあるように、この女が鳩に生まれ変わるなどということは、起こりえない話であるが）、権力者や僭主が彼らの同時代人から神と呼ばれたとしても、何の驚くべきことがあろうか。

出典　アテナゴラス『キリスト教徒のための哀願』三〇。

一n

『ペルシア史』第三巻でクテシアスが言うには、アジアの支配者はみな、快楽の追求に余念がなく、とりわけニノスとセミラミスの息子ニニュアスはそうであった。この男は屋内にとどまり、贅沢な暮らしをしていたので、宦官や自身の妻以外の誰の前にも姿を現わすことはなかった。

(1)ここでのセミラミスの意図は、息子たちの謀反の意志を公にすることにあったと考えられる。

(2)コンスタンティノス・ポルピュロゲンネトス監修による同書は、現存していない。断片一gからこの事件の結末を推測するに、ここでセミラミスは息子たちの計画を臣民らに暴露したのち、彼らを処刑した。

出典　アテナイオス『食卓の賢人たち』第十二巻三八（五二八e―f）。

一〇α

［セミラミスの］のち、ニニュアスが王位を引き継いだ。彼についてケパリオンが記すところによれば、この人物は何も記録に値することをなしていない。それから、ケパリオンは、ほかの王についても逐一名をあげている。彼らは千年もの間支配し、権力は父から子へと渡っていった。実のところ治世が二〇年に満たなかった者は一人としていない。というのも、彼らは戦争を避け、苦労を嫌がり、女性のような暮らしをしていたおかげで、最大級の安全を確保していたからである。彼らは宮殿の内にいて、何も仕事をしなかった。妾や宦官をのぞいて、彼らの顔を面とむかって拝んだ者はいなかった。しかし、これらの王一人一人についてさらに知りたいと思う人がいるならば、クテシアスが彼らの名前を一人ずつあげている。それは、私が数えたところ、二三人(1)になった。しかし、異民族の言葉で書かれた僭主たち――彼らはあらゆる男らしい美徳や勇気を失って、臆病で女々しく、勝手気ままな性格であった――の名前を引き写して、何の面白味があろうか。

出典　エウセビオス『年代記』二九・一〇―二六（Karst）。（アルメニア語）

一〇β

四　……最初にニノスがそこ［アッシリア］に支配を確立したことは明らかであり、彼ののちにセミラミス、そして彼らの子孫が、デルケタデスの子ベレウスの時代まで、すべて代々支配してきた。五　というのもセミラミスの一族による世襲が、このベレウスの時代で止まったのである。ビオン(2)やアレクサンドロス・ポリュイストル(3)らがおおよそ記すところによれば、このとき、ベレタラスという名の庭師で、宮廷内にある庭の警備兼監督者であった男が、思わぬ方法で王位を収獲して、それを自らの家系に植えたのだ。以上の作家たちが伝えるところでは、サルダナパロスまで続いたところで支配が弱体化すると、メディア人アルバケスやバビロニア人ベレシュスが王を倒し、アッシリア人から権力を奪って、それをメディア人の手へと移したが、その時ニノスが最初にその地域を支配下に収めてから、一三〇六年かそれよりも少し長い年月(4)が経過していた。シケリアのディオドロスは、クニドスのクテシアスが記録している年数に同意している(5)。六　さて今度は、メディア人たちが支配し、すべては彼らの慣習に従って整えられていった。

---

(1) 断片一b（二三・一）の、アッシリア王国は三〇代続いたという記述と矛盾する。
(2) 同名異人が多数いるため、人物の特定は困難である。
(3) 前一世紀、ミレトス出身の民族誌作家。
(4) 断片一b（二一・八）によれば、一三六〇年以上。
(5) 断片一bのディオドロス『歴史叢書』はベレタラスによる王権簒奪に言及しておらず、クテシアスはむしろ、サルダナパロスの代までアッシリア王権の世襲は成功したと主張している（断片一b（二一・八）、一οα）。本断片でディオドロスおよびクテシアスに依拠する箇所は、アッシリアの統治期間にかんする情報のみであろう。

出典　アガティアス『ユスティニアヌス帝の治世（歴史）』第二巻二五・四―六。

一ｐα

サルダナパロスも似たような人物であった。彼はアナキュンダラクセスの子だと言う人たちもいるが、アナバラクサレスの子だと言っている人もいる。さて、生まれはメディアの人だが、サルダナパロスのもとで将軍の一人を務めていたアルバケスなる人物が、宦官のスパラメイゼスというのに取り計らってもらって、一目サルダナパロスの顔を拝む機会を得た。王が同意してくれたので、何とか謁見を許されたのである。そこで、このメディア人［アルバケス］が御前に参入していくと、彼は、鉛白を顔に塗り、女のように宝石を身に付け、妾たちと紫の羊毛を梳《す》き、彼女たちとともに両足を上げて寝そべり、眉毛も抜いて、女の衣装を身にまとい、髭も剃り落とし、軽石で顔を磨いている――そのおかげで、彼の肌は牛乳よりも白く、アイラインも引いていた――、そんな王を見た。アルバケスを見ると、彼は白目をむいた。ドゥリス(1)をはじめ多くの者が語るところによると、アルバケスは、こんな人物が彼らの王であったのかと腹を立て、サルダナパロスを刺し殺したという(2)。

出典　アテナイオス『食卓の賢人たち』第十二巻三八（五二八ｆ―五二九ａ）。

一ｐβ

軽蔑がもとで攻撃されることもある。たとえば、もし以下の話を記録する者たちが真実を語っているとするならば、何者かがサルダナパロスが女たちに交じって羊毛を梳いているところを見［て、殺し］たという。[3]しかし、サルダナパロスの場合、真相は別にあったのかもしれないが、ほかの人にはこのようなことも当てはまるだろう。

出典　アリストテレス『政治学』第五巻一〇・二二（一三一一b四〇―一三一二a四）。

一pγ

クテシアスがどこかの巻で書いていたことだが、サルダナパロスは白目をむいた。

出典　ポリュデウケス『オノマスティコン』第二巻六〇。

（1）前三世紀、サモス出身の歴史家。
（2）この箇所はクテシアスの記述とは異なる。断片一b（二七）、一qによれば、サルダナパロスはアルバケスとの戦争の結果、敗死した。
（3）本断片は断片一b（二四・四）との並行が見られることから、ヤコービ編以来、クテシアス断片史料集に収められている。しかし、本箇所でアリストテレスがクテシアスに依拠したか否かは断定しがたい。

一ρδ＊［L］

［ニコラオスいわく］サルダナパロスは、ニニュアスとセミラミスから始まる王国を継承して、アッシリアを支配した。彼は［首都］ニノスに住み、生涯を宮殿内で過ごした。以前の王たちのように、武芸に携わることや狩りに出かけることもせず、顔には化粧を塗り、アイラインも引いて、美や髪形を遊女たちと競い合い、あらゆる点で女みたいな暮らしぶりを送っていた。そのような折、以前から定められた制度に従って、諸部族の総督たち(1)が前述の兵力を率いて、宮殿前の城門のところに集まった。メディア総督であるアルバケスもそのなかにいた。彼は質素な生活を送り、誰よりも実務経験を積んでいた。また、狩猟や戦争にも熟達しており、すでに多くの輝かしい実績を築いていたが、それ以上に何か大事を成してやろうとの野望も抱いていた。そこで、アルバケスは王の暮らしぶりや習慣について聞き知ると、思案して、有能な人材が不足しているから、このような男がアジアを支配しているのだと考えるに至った。そこで、彼は［サルダナパロスの持つ］全権を奪う計画を立てた。

出典　ダマスコスのニコラオス『世界史』断片一（Jacoby）（コンスタンティノス・ポルピュロゲンネトス監修『美徳・悪徳論摘要』三二九・一六（Büttner-Wobst））。

一ρε＊［L］

［ニコラオスいわく］アッシリア王サルダナパロス治下のこと、メディア人アルバケスは王の暮らしぶりや

習慣について聞き知ると、思案して、有能な人材が不足しているから、このような男がアッシリアを支配しているのだと考えるに至った。当時、メディア人は、アッシリア人に次いで勇敢な民族であると見なされていた。このアルバケスは、バビロンの指揮官で、王宮の門前警備隊の同僚であったベレシュスと友人になった。ベレシュスはカルデア人の家系出身であった（カルデア人というのは祭司の一族で、たいへんな尊敬を受けていた）。アルバケスはこの人物と手を組んで、ともに「サルダナパロスの持つ」全権に挑んで、アッシリアの支配をメディア人の手に移す計画を立てた。バビロニア人たちは最良の天文学者であり、知恵、夢や前兆にかんする占い、そしておおよそ神事にかかわるすべてのことに秀でていた。さらに、ベレシュスが城門前でアルバケスとおしゃべりをしていたとき――その近くには飼い葉桶があり、二頭の馬がそこから餌を食べていた――、真昼時にその場で居眠りをした。その夢のなかで見たところでは、二頭の馬のうちの一頭が藁を口にくわえ、アルバケス――彼もまた眠っていたのだが――のところに運んで来ると、もう一頭の馬が尋ねた。「お前さんはなんでそんなことをするんだい。物好きなやつだなあ。藁をその男のところへ持って行くなんて」。そこでもう一頭が答えた。「わしはこの男が羨ましいんじゃよ。こやつはいずれ、目下サルダナパロスの支配しているすべての土地の主となるんだからさ」。この様子を見聞きしたバビロニア人「のベレシュス」は眠っていたメディア人「のアルバケス」を叩き起こした。ベレシュスは神々の知識が豊富だっ

（1）原文では「サトラペス」。ただし、サトラペスはペルシア帝国の時代に始まった制度であるため、この用語の使用はアナクロニズムである。

たので、夢の会話を理解すると、アルバケスをティグリス川沿い――この川はニノスの近くを流れており、その波が城壁に打ち寄せていた――へ散歩に誘った。彼らは川にむかいながら、友人たちがするようにあれこれとおしゃべりしているところで、ベレシュスが切り出した。「なあ、アルバケスよ。もしサルダナパロス王がお前さんをキリキア総督に任命したら、お前さんによい知らせをしたということで、わしに何をくれるかい」。そこで彼は答えた。「変なやつだなあ。何でお前はわしをからかっているのか。なぜ王はわしよりすぐれたほかの者たちを差し措いて、わしなんぞをキリキア総督にすることがあろうか」。そこでベレシュスは言った。「しかし万が一、王がお前さんにその地位を与えたとして――わしはそれなりの確信があって言っているわけだが――、わしはお前さんからどんなお礼を受け取ることになるのかね」。アルバケスは言った。「お前さんにそれなりの権限を分け与えてやるとなれば、文句はなかろう」。そこでベレシュスは続けた。「もし王がお前さんをバビロニア全土の総督に据えたなら、お前さんはわしをどうしてくれるのかい」。アルバケスは言った。「お願いだから、わしを馬鹿にするのもほどほどにしてくれないか。メディア人であるわしが、バビロニア人のお前さんにからかわれる筋合いなぞ、なかろうよ」。しかし、ベレシュスは続けた。「偉大なるベロスにかけて、わしはお前さんをからかうつもりで、こんなことを言っているわけではない。それなりの根拠があるのだよ」。するとアルバケスは言った。「万が一わしがバビロニアの総督になるようなことがあれば、わしはお前さんを全総督領の副総督にしてやろう」。そこでバビロニア人は言った。「ああ、わしはお前さんを疑う理由はない。さあ、教えてくれ。もしお前さんが、目下サルダナパロスの支配している土地すべての王になったならば、お前さんはわしに何をしてくれるのかね」。アルバケスは言った。「ほれ、見たことか。もしサルダナパロスが、お前がこんなことを話しているところを聞いたら、お前さんとわしがどんなひどい仕打ちに遭うか、よく分かっているだろう。一体お前さんはなぜこんな無駄口ばかりを叩いているのかね。馬鹿も休み休みにしてくれないか」。そこでベレシュスはアルバケスの手をしっかりと握って、言った。「この右手、これはわしにとってもかけがえのないものだが、それと偉大なるベロスにかけて、わしは冗談を言っているわけではない。わしには神々のことがよく分かるのだ」。そこでアルバケスは言った。「ならば、わしはお前にバビロンとそれに付随するすべてを、免税特権も付けて、くれてやろう」。ベレシュスがこの確約を得るため、彼の右手を要求すると、アルバケスも進んで手を差し出した。そして、ベレシュスは言った。「よいですかな、お前さんが王になるのは間違いないのですよ」。そして、彼らは約束を交わしたのち、門のところへと戻り、通常業務に帰った。その後アルバケスは、もっとも忠実な宦官の一人と知り合い、彼に王と面会させてはくれないか、自分の主人がどんなお方なのか、とても知りたくなったのだと頼んだ。宦官は彼に、それは無理難題をおっしゃっている、というのも今まで誰も王のお目通りがかなったことはないのだからと答えた。アルバケスはそのときは黙って引き下がった。しかし、それからしばらくしてから、今度はもっとしつこく頼み、見返りとしてそれなりの金銀は支払うつもりだとも言った。その宦官はかなり人がよかったし、彼をがっかりさせるようなことはしたくなかったので、ついにはアルバケスに根負けした。そして、タイミングを見計らって、そのことを彼の主人に切り出してみると約束した。……[欠]……サルダナパロスの暮らしていたその宮殿は、やがて彼の死に場所ともなった。

出典　ダマスコスのニコラオス『世界史』断片三（Jacoby）（コンスタンティノス・ポルピュロゲンネトス監修『奇襲論摘要』四・二三（de Boor））。

一q

しかし、クテシアスいわく、［サルダナパロスは］戦争に打って出て大軍を集めたにもかかわらず、アルバケスに敗れ、宮殿内で焼身自殺して息絶えた。彼は薪を四プレトロン(1)の高さに積み上げて、その上に一五〇脚の金の寝椅子を置き、同じく金でできた、それと同数のテーブルを置いた。薪の内部には一〇〇プース(2)の長さの木でできた部屋を設え、そこに寝椅子を置いて、横になった――彼自身や妻だけではなく、妾たちも別の寝椅子に横たわった――。旗色が悪いのを見て取ると、三人の息子と二人の娘は事前に、三〇〇〇タラントンの金を持たせて、ニノス(3)にいる王のもとへと送っておいたのだ。彼は大きな太い木の梁で部屋に天井を作ると、大量の厚い木端を円形に撒いて、逃げ道を断った。薪の上には一〇〇〇万タラントンの金、一億タラントンの銀、衣服、紫衣、それからあらゆる衣装を置いた。それから薪に火をつけるように命じると、火は一五日間も燃え続けた。人々は煙を見ると驚き、サルダナパロスは犠牲式を執り行なっているのだと思った。宦官たちだけが何が起こっているのかを知っていた。こうして、サルダナパロスは途方もなく享楽的な人生を送って、あらんかぎりの高貴な死(4)を迎えた。

出典　アテナイオス『食卓の賢人たち』第十二巻三八（五二九b―d）。

二

もしクテシアスが言う通り、アッシリアはギリシアよりも、何年も歴史が古いとするならば、……

出典　アレクサンドレイアのクレメンス『雑録』第一巻一〇二・四。

三

戦艦を用いた歴史上最初の人物は、ピロステパノスによればイアソンであって、ヘゲシアスはパラロス、(5) クテシアスはセミラミスであった……と言う。

出典　プリニウス『博物誌』第七巻二〇七。(ラテン語)

(1) 約一二〇メートル。
(2) 約三〇メートル。
(3) この事件はニノスで起きており、「ニノスにいる王」とはすなわちサルダナパロス自身を指すので、この箇所は明らかな誤りである。断片一b(二六・八)によれば、子供たちの派遣先はパプラゴニア総督コッタであった。したがって、「ニノスからパプラゴニア」と補う読みもある。
(4) 断片一b(二三・四)では、サルダナパロスの死は「恥ずべき最期」と形容されている。この正反対の評価は、引用者であるアテナイオスとディオドロスの価値判断の違いに起因すると考えらえる。七五頁註(1)参照。
(5) アテナイの英雄で、ポセイドンの息子。

四

ベロッソス著[1]『バビロニア史』第一巻によれば、ロオス月の第十六日に「サカイア」と呼ばれる祝祭があり、バビロンではそれが五日間にわたって祝われる。そこでは、主人たちが召使いから命令を下されるという風習があり、召使いの一人が一家の主となり、王のような格好をしてゾガネスと呼ばれるという。クテシアスもまた、『ペルシア史』第二巻でこの祝祭のことを述べている。

出典　アテナイオス『食卓の賢人たち』第十四巻四四（六三九c）。

メディア史

五

第三十二章

四　クニドスの人クテシアス……が主張するところでは、彼はおのおのの出来事を「王の書」[2]――ペルシア人はそれに、ある種の様式に従って、古代の事跡を順に書き残している――から綿密に調べ、歴史書を編み、それをギリシアのやり方で発表した。[3]

五　このクテシアスいわく、アッシリア帝国が滅亡したのち――以前述べたように、アルバケス王がサルダナパロスを破った――、メディア人がアジアを支配した。六　アルバケスが二八年間統治したのち、彼の

---

(1) 前三世紀バビロニアの歴史家で、三巻本の『バビロニア史』を著わした。

(2)「王の書(βασιλικαὶ διφθέραι)」については、七頁註(2)を参照。

(3) 証言三と一部重複。

息子のマウダケスが王位を継ぎ、五〇年間アジアを統治した。彼の後はソサルモスが三〇年間、アルテュカスが五〇年間、アルビアネスと呼ばれている王が二二年間、アルタイオスが四〇年間統治した。

第三十三章

一　アルタイオスの治世には、以下のような理由からメディア人のもとでカドゥシオイ人にたいする大戦争が勃発した。パルソンデスという名のペルシア人がいたが、彼は勇気や知力、そのほかの徳の点でも尊敬され、王の友人かつ宮廷会議のメンバーのなかでももっとも影響力のある男だった。二　パルソンデスは王が下したある決定に心を痛め[1]、歩兵三〇〇〇人と騎兵一〇〇〇人とともに、カドゥシオイ人の国へと亡命し、その地で彼は、カドゥシオイ人のなかの最有力者に自らの姉妹を嫁がせた。三　今や王に反旗を翻し、彼は全部族民に自由を求めて立ち上がるよう説得すると、その勇敢さゆえに将軍に選ばれた。彼は自らにむけて大軍が徴集されているのを知ると、カドゥシオイ人の全軍を武装させ、二〇万人を下らない全兵力を率いて、カドゥシオイ人の国へと至る通路をふさぐように陣を敷いた。四　アルタイオス王は八〇万の軍勢で彼にむかったが、パルソンデスが戦闘に勝利し、五万人以上の敵兵を殺し、残った軍勢をカドゥシオイ人の国から追い出した。これゆえ土地の者からも実力を認められた彼は、王として選ばれると、続けざまにメディアを侵略してはあらゆる地域を破壊した。五　彼の名声はたいへん高まり、彼が老いて今際《いまわ》の際にあるときには、王位継承者をそばへと呼んで、カドゥシオイ人のメディア人にたいする憎しみをけっして終わらせはしないようにと呪詛の言葉をかけた。もし彼らが休戦協定を結ぶようなことになったら、それは彼の子孫とカドゥシオイ人全員にとっての破滅を意味するだろうとも言った。六　このような理由からカドゥシオイ人は常にメディア人に敵対し、キュロスがアジアの支配権をペルシア人の手へと移すまでは、メディア人に服属することはなかった。

第三十四章

一　アルタイオスの死後、アルティネスがメディアを二二年間統治し、その後アスティバラスが四〇年間統治した。アスティバラスの治世にパルティア人がメディアから離反し、彼らの土地と都市［の統治］をサカイ人に委ねた。二　その結果、サカイ人のもとでメディア人にたいする何年にもわたる戦争が勃発し、少なからぬ回数の衝突が起こり、両軍に多数の戦死者が出たのちに、彼らはついに以下のような条件で和平に合意した。すなわち、パルティア人はメディアに服属し、［サカイとメディアの］両国は以前所有していた領土を統治し、将来にわたって互いに友人かつ同盟者とすることになった。

三　当時サカイ人の国を統治していたのは女性だったが、彼女は軍事に専心し、勇気の面やその行動の点でも、ほかのサカイ人女性を大きく凌駕していた。彼女の名前はザリナイアといった。この民族では概して女性たちが勇敢で、男性たちとともに戦争の危険へと身を投じるのであるが、ザリナイアは伝えられているところでは、どんな女性にも美しさで引けを取らず、物事を計画する力も、いざ実行した際の細部においても驚くべきものがあった。四　ザリナイアはサカイ人の国を隷属させようとの不敵な考えを抱く近隣の異民族を打ち破り、自国の大部分を開発し、少なからぬ都市を築き、つまりは自国民の暮らしぶりを豊かにした

（1）この理由については、断片六bで詳細に語られる。

のである。五　これゆえに彼女の死後、土地の者たちはザリナイアの功績に感謝し、その徳を記念して、それまで自国にあった記念物をはるかに凌ぐような墓を建てた。彼らは一辺の長さが三スタディオン、高さが一スタディオン、(1) 頂上で一点に集まるような三角錐のピラミッドを造営したのである。そして、墓の天辺には巨大な金製の像を置き、英雄にふさわしい敬意を払い、そのほかの点でも、彼女の祖先に認められていたものよりも大きな敬意が、彼女には払われた。六　メディア王アスティバラスが老境に達してエクバタナで死去すると、彼の息子アスパンダス(2) ——ギリシア人たちは彼のことをアステュアゲスと呼ぶ——が王位を継いだ。彼がペルシア人キュロスに戦争で敗れると、王国はペルシア人の手へと渡った。

出典　ディオドロス『歴史叢書』第二巻三二・四—三四・六。

六

クテシアスいわく、王の総督であったナナロスはバビロニアを治めていたが、女物の服とアクセサリーを身に着けていた。彼は王の奴隷だったが、一五〇人の女性を宴会に参加させ、竪琴を弾いて歌を歌わせたという。彼女たちは彼が食事をしている間、竪琴を弾いて歌うのである。

出典　アテナイオス『食卓の賢人たち』第十二巻四〇（五三〇d）。

六b＊［L］

—［ニコラオスいわく］メディア王で、アッシリア王サルダナパロスから権力を継いだアルバケスの治世(3)に、メディアにパルソンデスという名の人物がいた。彼は男らしく力強かったので高く評価されていた。見識や見目の美しさで、とりわけ宮廷や出身国であるペルシアでも称賛の的となっていた。彼はまた、野獣狩りや戦闘——接近戦であろうと、戦車からであろうと、馬上からであろうと——においてもすぐれていた。パルソンデスはバビロニア人ナナロスがど派手なアクセサリーを身に着け、イヤリングを着けて体毛もきれいに剃り上げ、女みたいに弱々しくしているのを見てから、アルタイオスにナナロスから統治権を取り上げ、自分に譲ってほしいと訴えた。この男のことをそれほど蔑んでいたのである。しかしアルタイオスは、アルバケスとの間に結ばれた約束事を無効にして、バビロニア人に不利益をおよぼすことにためらいを感じた。パルソンデスは二度、三度とアルタイオスのもとを訪ね、その度に同じ返答を聞くにおよんで何も言わなくなった。しかし、このことをナナロスが見逃すことはなかった。ナナロスはパルソンデスの意図を知ると、パルソンデスを引っ捕らえて来た者には莫大な褒美を取らせると、自国の商人たちに約束した。というのも、王の軍隊には多くのバビロニア人商人たちが従軍していたのである。

（1）一辺の長さは五三〇メートル、高さは一七七メートル。
（2）ポティオスによる摘要（断片九）では、アステュイガスの名で登場する。
（3）正しくは、第六代メディア王アルタイオスの治世。以下に続く本文ではこの誤りが解消されていることから、この箇所は注意不足による単純なミス（最終引用者であるビザンツ時代の学者による可能性が高い）だったと考えられる。

二　あるとき不幸にもパルソンデスは狩猟中に王とはぐれ、バビロンからさほど遠くない平野へと馬でやって来た。そこで彼は自分の伴の者たちを近くの森へと忍び込ませ、彼らにわめき叫んで、野生の動物たちを平野へと誘い出すように命じた。この作戦で彼は多くの猪や鹿を捕まえた。しかし、最後に野驢馬を追いかけている途中に、彼は伴の者たちとも完全にはぐれて、馬に乗ったまま一人でバビロンにやって来てしまった。そこではちょうど、商人たちが王に納める品々の準備をしていた。彼は商人たちを見ると、喉が渇いていたので何か飲み物をくれないかと頼んだ。商人たちはパルソンデスを見ると喜んで彼に近寄って飲み物を注ぎ、馬の世話もするからと昼食に誘った。彼は一日中狩りをした後だったので、この提案を喜んで受け入れ、そして彼が捕まえた驢馬を王のもとに送り届け、まだ森のなかにいる彼の召使いにも、自分の居場所を伝えてくれるように頼んだ。商人たちはすべてその通りにすると約束し、パルソンデスを長椅子に休ませた。商人たちは彼の前にあれこれと食事を並べ、極上の葡萄酒——彼を酔わせてやろうと、わざと水を少な目で割った——もどうぞと注いだ。たらふく飲み食いしたところで、パルソンデスは王の軍隊のところへお暇するので、馬を引いてくるように言った。しかし、商人たちは美女を何人か連れてくると、彼の前に立たせて、ここで休んで一晩女たちと楽しんでから早朝に出発すればよかろうと提案した。パルソンデスは美女たちを見ると、そこにとどまって一晩を明かすことにした。女と寝たこともあり、また疲れもたまっていたために、眠気が彼を捕えた。商人たちは彼のお相手をした女を起こすと、一斉に彼の上へと飛びかかって縛り上げ、ナナロスのもとへと連行した。

三　ナナロスはパルソンデスを見ると（パルソンデスはすでに酔いから醒めて、自分がどんな困難にあるかに気づいた）、尋ねた。「パルソンデスよ、お前やお前の家族の誰かがこれまでに、私のせいで何か被害をこうむったことがあるのか」。パルソンデスは、ないと答えた。「では、何か。お前はこの先、害をこうむるとでも考えていたのか」。彼は「そんなつもりはない」と答えた。「それでは、なぜお前のほうから先に私に不正を加えてきて、おかま呼ばわり[1]して、私には領地を治める資格がない、自分のほうがすぐれているなどと言って、アルタイオス様に私の領地を要求したのか。私はアルタイオス様に深く感謝しているぞ。アルバケス様からわれわれがいただいた領地[2]を召し上げろなどという提案に心を動かされなかったのだからな。お前はなぜ、こんなことをしたのか。頭がおかしいのか」。パルソンデスはまったく素直に答えた。「私は自分こそが［バビロニア統治者の］権利にふさわしいと考えていたのです。私のほうがあなたよりも――体毛も処理し、アイラインを引いて、肌に鉛白を塗るようなあなたよりも――勇敢であるし、王のお役に立つことができるからです」。そこで、ナナロスは言った。「お前のようなご立派な男が、食欲と性欲に負けたせいで、自分よりも劣った人間に捕まったことは恥ずかしくないのか。私がどんな女よりも肌がすべすべで色白になったお前を見るのに、大した時間はかからないのだぞ」。そこで、彼はベロスとモリス（バビロニア人はアプロディテをこう呼ぶのである）に誓いを立てた。

（1）原文では「ἀνδρόγυνος［両性具有の］」。ただし、文脈上明らかにナナロスを非難する語として使われており、差別的ながらこの訳語を当てることにした。

（2）アルバケスからベレシュスに与えられた、バビロニア統治権のことを指す（断片一b（二八・四―五）を参照）。すなわち、ナナロスはベレシュスの子孫ということになる。

そして、ナナロスはすぐに女の歌い手たちを世話する宦官を呼んで、こう言った。「この男を連れて行き、頭以外の体毛を剃り、軽石で肌をこすれ。日に二度体を洗って、卵黄をすり込め。目の下にはアイラインを引いて、女みたいに髪の毛を編むのだ。歌の歌い方や、キタラーやリュラーの弾き方も教えてやれ。そうすれば女みたいになって、ほかの女の歌手といっしょに私に仕えてくれるだろうし、女たちと暮らしていれば、そのうち肌もすべすべになって、女の服も着れば女の技芸も身に付くというものよ」。ナナロスがこのように言うと、宦官はパルソンデスを連行して、頭髪をのぞいた体毛をすべて剃り上げ、命じられたことを教え、屋内で生活するようにさせた。主人が命じたように、体も日に二度洗い、肌を磨いて、女みたいな暮らしをさせた。すると、しばらくしてパルソンデスは肌が白くすべすべの女みたいな男になり、女の歌手よりもはるかに美しい声で歌い、キタラーも弾くようになった（彼が宴会でナナロスのために奉仕しているところを見ても、誰もそれが本当は男だと気づかなかっただろう）。いっしょに演奏する者たちのなかで、パルソンデスがずば抜けて優雅だった。

四　メディア王アルタイオスはあらゆる場所でパルソンデスを捜索し、生死を問わず彼を見つけ出した者には褒美を用意していたが、狩りの最中にライオンか何か別の獣の餌食にでもなったのだろうと思うようになり、たいへん勇敢な男を失った悲しみに打ちひしがれた。パルソンデスがこのような生活をバビロンで送るようになってから七年目に、ナナロスは自分の宦官の一人をひどく鞭で打ち、肉刑を与えた。そこでパルソンデスはこの人物に大きな期待を抱かせて、彼にメディアにいるアルタイオスのもとへと逃亡し、「あなたの友人、名高き勇士、パルソンデスは生きて辱めを受けている、女の歌手たちとともに暮らしているのです」と、王に自分の現状をすべて伝えてくれるように説得した。この宦官が王にこの話を伝えると、王は喜びながらも、大きなうめき声をあげて言った。「あの高貴な男に何てひどい仕打ちをするのだ。わしの知っているパルソンデスが、どうして敵から体を女のように扱われるのに耐えられようか」。

そして彼は、すぐにもっとも信頼の置ける「アンガロス」(彼らは王の特使のことを、このように呼ぶのである)[1]をバビロニアに派遣した。

五　特使は到着すると、パルソンデスを差し出すように求めたが、ナナロスは何も知らないと突っぱねて、彼がいなくなってから見かけたことは一度もなかったと言い放った。アルタイオスがこのことを聞くと、彼は最初の特使よりもはるかに大物で強力な特使を派遣した。その際、バビロニア風のごまかしは諦めて、女の歌手や宦官に委ねられたパルソンデスを送り返すように、さもなくばナナロスの首を刎ねるぞと手紙に書いて命じた。以上のことを書いた上で、アルタイオスはこの特使に、もしナナロスがパルソンデスを手放さなかったら、彼の腰帯をつかんで[2]刑場にしょっ引けと命じておいた。二人目の特使がバビロンに到着し、こ

(1) ヘロドトス『歴史』第八巻九八によると、ペルシアの早馬による伝令制度は、ペルシア語で「アンガレイオン」と呼ばれた。また、ディノン「断片」九(*FGrH* 690)によると、メディア王アステュアゲスが宴席に呼び入れ、キュロスによる王国打倒を予言した人物は、「アンガレス」(おそらく個人名ではなく、役職名か)といった。これらはいずれも、共通の単語から派生した関連語であろう。しかし、その起源については、オリエントの諸言語に由来するとも、ギリシア語の「アンゲロス(伝令)」が崩れた形とも説明される。

(2) 相手の腰帯をつかむことは、ペルシアの慣習で死刑判決を象徴する。クセノポン『アナバシス』第一巻六・一〇、およびディオドロス『歴史叢書』第十七巻三〇・四を参照。

のことをすべて伝えると、ナナロスは自分の命が心配になって、パルソンデスを手渡すと約束し、さらには特使に弁解して、パルソンデスが先に自分にひどい仕打ちをしたのであって、彼はそれにたいし正当に報復したまでだと王には説明させてもらう、というのももし主人である王が彼のことを守ってくれていなかったら、[1]もっとひどい被害をこうむっていたところだったのだからと言った。こののち彼は特使を宴席へと招いて、歓待した。食事が並べられると、女の歌い手たち総勢一五〇人が入ってきたが、パルソンデスもそのなかにいたのである。女たちはキタラーを弾き、竪笛（アウロス）を吹きリュラーを演奏していたが、パルソンデスの美しさと技術――彼は女だと思われていたのである――が、ずば抜けていた。彼らが食事で腹を満たすと、ナナロスは特使に、容姿や音楽の技量から判断して、どの女が一番だと思ったかを尋ねた。すると、特使はためらうことなく「この人です」と言って、パルソンデスを指さした。ナナロスは手を叩いて、しばらくの間笑ってから言った。「それでは、あなたは彼女を連れて行って、一夜をともにしたいですか」。そこで彼は「本当にそうしたいものですよ」と言った。「しかし、彼女をあなたに差し上げるわけにはいきません」とナナロス。「それなら、なぜそんなことを聞いてきたのですか」と特使。しばし沈黙したのち、ナナロスは言った。「彼女こそ実は、あなたが探しに来られたパルソンデス本人なのですよ」。特使は信じられなかったが、ナナロスは真実だと誓った。

　そこで特使が言った。「私は驚いていますよ。あの勇敢だった男がどうやって女の姿にされたまま生きながらえ、よしんば相手を殺すことができなかったとしても、自分で命を絶つこともしなかったのだろうか。しかし、王はこの事実を聞いてどう受け止めなさるだろうか」。するとナナロスは言った。「王には簡単に説明してみせますよ、私は何も悪いことをしたわけではないのですとね」。このような会話を交わしたのち、彼らは寝室へと下がっていった。

六　翌日、バビロニア人［ナナロス］はパルソンデスを有蓋馬車に乗せて、特使とともに送り返した。彼らが王都スサに到着すると、特使は彼を王に引き合わせた。アルタイオスはしばらくの間頭が真っ白になった。彼が目にした人物は、男ではなく、女だったからだ。「おお、哀れな男よ。お前はどうして今日まで自らを殺めることもしないで、このような屈辱に耐えてきたのか」と王は言った。パルソンデスは答えた。「殿よ。必要こそは神々よりも強しということわざがあります。私がこのような屈辱を受けてまで、生きて耐え忍んだのは、それはあなた様にお目にかかる機会、そしてあなた様のお力を借りてナナロスに復讐する機会を手にするためです。もし私が死んでしまっていたなら、このようなことは望むべくもないでしょう。さあ、殿よ。どうか私の二つ目の願いを聞き入れてください、私のためにあの極悪人に裁きをお与えください」。そこでアルタイオスは、バビロンに赴いたときに、そのようにすると約束した。それから間もなくして、パルソンデスは男らしさを取り戻し、王もバビロンに行くことになった。王は毎日パルソンデスから、ナナロスにたいする復讐を実行してくださいと声高に頼まれていたのだ。そして、ナナロスは王を迎えると、自分は正しいことをしたのだと主張した。「やつは何も不正をこうむっていないにもかかわらず、あの男が

(1) 原文では、「王が自分の右手を差し出してくれていなかったなら」。

(2) メディアの王都はエクバタナ。スサが首都になるのはペルシア時代のことなので、この記述はアナクロニズムである。

先にあなた様の前で私を誹謗中傷したのです。やれ、私を殺してしまえだとか、バビロンの統治権を寄こせなどとぬかして」。アルタイオスは、パルソンデスの願いはもっともなことだと言った。「判決を下し、どのような罰を与えるかは、お前ではなく、わしが決めることだ。裁きはわしの手のうちにあるのだ。一〇日後にお前にふさわしい罰について最終的な通達をする」。ナナロスはこの言葉を聞くとひどく恐ろしくなり、宦官のうちの最有力者であったミトラペルネスのもとに逃げた。そしてナナロスは、もし宦官ミトラペルネスがアルタイオスに、彼の命とバビロンの統治権を救ってくれるように頼んだ場合には、彼には金一〇タラントン、金杯一〇個、銀杯二〇〇個、銀貨一〇〇タラントン、そのほか高価な衣装を与えると、そして王には金一〇〇タラントン、金杯一〇〇個、銀杯三〇〇個、銀貨一〇〇〇タラントンと多くの衣装、そしてほかにもたくさんの美しい贈物を渡すことを約束した。そこで宦官は王のもとに赴き――彼は第一等の地位にあった――、彼に何度も請うて、あの男は死罪には値しない、パルソンデスを殺したわけではなく、ただ自身が不当な扱いを受けひどい迷惑をこうむった仕返しに、パルソンデスを不当に扱ったのだと主張した。続けて、「たとえ彼が死罪に値するとしても、お殿様、私の言葉に耳を傾け、彼のために命乞いすることをお許しください。ナナロスはあなた様に大量の金銀を、そしてパルソンデスには償いとして銀一〇〇タラントンをお渡しするつもりです」。王はこの言葉に心を動かされ、［無罪放免の］決定をナナロスに伝えた。ナナロスは王に拝礼したが、パルソンデスは頭を振って言った。「金を最初に発見し、人類にもたらした奴を呪ってやる。そいつのせいで私はバビロニア人の笑いぐさになっているのだ」。宦官はパルソンデスが不服なのを見て取ると、「まあ、君。そうかっかしなさんな。ここはひとつ私を信じて、ナナロスと仲直りしたらよいじゃないか。これが殿も望んでおられることですぞ」と言った。しかしパルソンデスは、可能ならばと、宦官とナナロスに復讐する機会を窺っていた。そして時が来ると、彼は復讐を実行した[1]。（これについては、『戦略論[2]』を見よ。）

出典　ダマスコスのニコラオス『世界史』断片四（Jacoby）（コンスタンティノス・ポルピュロゲンネトス監修『美徳・悪徳論摘要』三三〇・五（Büttner-Wobst））。

六c＊［L］

ἐξεκεκλήκει［彼は呼び出す］——宴席から立たせる。「夜が来ると、彼はナナロスの奴隷を外へと呼び出した（ἐξεκεκλήκει）た」。

出典　『スーダ辞典』「ἐξεκεκλήκει」の項。

（1）その後の展開は、ほかの断片よりある程度推測できる。パルソンデスは宴席でナナロスを泥酔させることにより、復讐を遂げたと思われる（断片六cおよび断片六d）。しかし、パルソンデスの怒りはなお収まらず、ナナロスを無罪放免にしたアルタイオス王にたいしても反乱を起こし、カドゥシオイ人を巻き込んで、彼らの国をメディアから独立させた（断片五（三三））。

（2）コンスタンティノス・ポルピュロゲンネトス監修による同書は、現存していない。

六d＊［L］

σφοδροῦ［過度の］――壮大な、行き過ぎた。「酒量は度を越し（σφοδροῦ）、罠を仕掛けていたパルソンデスは、自身はあまり酒を飲まずに、彼らの杯にはたくさんの酒を注ぐよう奴隷に言った」。

出典『スーダ辞典』「σφοδροῦ」の項。

七

ザリナイア。彼女の兄弟で最初の夫であり、サカイ人の王であったキュドライオスが死ぬと、この女性はパルティア人の土地を統べるメルメロスという男と結婚した。ペルシア王(1)が彼らにむかって遠征すると、彼女は戦って傷を負い、逃げた。ストリュアンガイオスに追われたが、彼女は彼に懇願し命を救われた。それから間もなくして、彼女の夫が彼［ストリュアンガイオス］を捕えて殺そうとした。彼女は助命を願ったが、聞き入れられなかったので、捕虜の何人かを逃がし、彼らの助けを得てメルメロスを殺した。そして、彼女は自らの土地をペルシアに引き渡し、彼［ペルシア王］と同盟を結んだ。以上がクテシアスの記録するところである。

出典　作者不詳『女傑伝』二。

七b［L］

サカイ人のことを知れ。かのサコス［楯］を発明した民のことを。
彼らの国では、女たちも男たちに交じって戦う。
クテシアスやそのほか数えきれないほどの者たちが記録している、
「サカイの女たちは馬上から戦う」と。
また「ストリュアンガイオスなるメディアの男が
サカイの女を馬から撃ち落とした」とも。

出典　ツェツェス『千行史略《キリアデス》』第十二巻八八七―八九二（八九三―八九八（Kiessling））。

七c＊［L］

ἐπρυτάνευσε［彼は調達する］――［彼は］提供する、供給する。「彼女［ザリナイア］は友情と同盟(2)のために贈物を贈ったが、それはストリュアンガイオスが調達した（*ἐπρυτάνευσεν*）ものであった」。

出典　『スーダ辞典』「*ἐπρυτάνευσε*」の項。

---

(1) 正しくは、メディア王。
(2) 断片七で示唆される、メディア＝サカイ間同盟。

八a

ストリュアンガイオスとかいうメディア人の男が、サカイ人の女を馬上から打ち落とした――サカイ人の国では、アマゾン族のように女性も戦うのである――。そして、彼はそのサカイ人が、実は若くて美しい女性であると分かると、命を奪わずに逃がしてやった。のちに和平が締結されると、彼はこの女性に恋い焦がれるものの、けっきょくうまくは行かなかった。そこで彼は食を断って死のうと考えた。しかし、その前に彼は彼女に手紙を書いて、このように非難した。「私はあなたを助けてあげたし、あなたは私に助けてもらった。そして、私はあなたのせいで身を滅ぼした(1)」。

出典　デメトリオス『文体論』二一三。

八b

……［欠］……あなたは、汚点を残した」。そこで、彼は言った。「よし、ではまずは私がザリナイアに手紙を書こう」。そして彼は以下のような手紙を書いた。

「ザリナイア様へ。ストリュアンガイオスより。私はあなたの命を救い、あなたは私によって命を救われました。しかし、あなたのゆえに私は身を滅ぼし、自殺をしたのです。というのも、あなたは私の気持ちに応えようとはしてくれなかったからです。私は自らこの苦難、この愛を選んだわけではなく、愛が私を滅ぼしたのです。この神［エロス］は、あなたに、そしてすべての人にも等しく現われます。この神が恵み深く訪れた者には、数えきれない喜びと、この上ない恩恵がもたらされます。しかし、この神が怒りながら訪れた者——ちょうど今の私のように——には、数えきれないほどの災いをもたらし、ついには人々を完全に駄目にして、身を亡ぼしてしまうのです。私は死をもって、このことの証人になります。私はあなたのことをこれっぽっちも恨まないでしょうし、むしろ、あなたのために精一杯の祈りを捧げるつもりです。もしあなたが私にたいして適切に接してくれていたなら、……［欠(2)……］

出典　パピュルス（*P. Oxy.* 2330）。

八c＊［L］

［ニコラオスいわく］サカイ人の王であるマルマレス(3)の死後、ストリュアンガイオスは長い間ひそかにザリナイアに恋い焦がれていたし、また彼女も彼に想いを寄せていた。ストリュアンガイオスが、サカイ人が王

(1)証言一四aと重複。

(2)本パピュルスは、現存するクテシアス史料中、唯一のオリジナル作品（他者による改変が加えられていない断片）である。したがって、本断片は史家の文体研究にとってはすこぶる貴重な史料と見なされてきた。他断片との整合性から、本パピュルスがクテシアスに由来することは間違いないが、しかしパピュルス中には作者名が明記されていないことや、ほかに伝存するクテシアスのオリジナル作品との比較ができないことなどから、この史料を重要視しすぎることには慎重になるべきとの立場も一方では見られる。

(3)断片七においては、メルメロスの名で登場する。

宮を構える都であるロクサナケの近くに来たとき、ザリナイアは彼に会いに行った。彼女は彼を目にすると、大喜びで挨拶し、衆人の環視するなか口づけした。そして、いっしょに彼の馬車に乗り込んで、おしゃべりしながら王宮へとやって来た。ザリナイアはまた、彼に従ってきた軍隊も丁重にもてなした。その後、ストリュアンガイオスは自陣に戻るためザリナイアと別れたが、彼女のことを想っては、ため息をついた。この状況に我慢ができなくなったストリュアンガイオスは、もっとも信用できる宦官に相談することにした。宦官は彼を励まして、臆病な気持ちをかなぐり捨て、ザリナイアに気持ちを伝えるように助言した。これに説得されたストリュアンガイオスは、彼女のもとへと飛び出していった。彼女も彼を温かく迎え入れてくれたが、ストリュアンガイオスはなかなか切り出せず、ため息をついたり顔色を変えながらも、ようやく勇気を振り絞って、激しい愛によって彼女にたいする想いに焦がれていると告白した。しかし、ザリナイアは彼の気持ちをやさしく拒み、次のように話した。このようなことは彼女にとって恥ずかしいことだし、傷つくことである。ストリュアンガイオスはアスティバラス(1)の娘であるロイタイアという、聞くところによるとザリナイア自身だけではなく、ほかの多くの女性よりもはるかに美しい女性を妻としているのだから、このような恋愛は彼にとってはなおさら恥ずべきことであるし、得にはならないことである。敵だけではなく、このような事柄にたいしても、何かが心に襲いかかったならば、男らしく振る舞わなければならない。遊女からでも得られるような、つかの間の快楽のために、長い間――ロイタイアも感づいてしまうだろう――思い悩んだりしてはいけない。この思いはどこかへとやってしまい、何か別のものを追い求めればよい。それなら彼女から拒まれるものは何もないのだから、と。

ザリナイアがこう言うと、ストリュアンガイオスはしばらくの間沈黙してから、挨拶をして席を立った。彼ははげしく気落ちして、宦官に泣きついた。けっきょく手紙を書くことにし、自分は自殺するから、この手紙を何も言わないでザリナイアに手渡すように宦官に約束させた。以下がその手紙の内容である。「ザリナイア様へ。ストリュアンガイオスより。私はあなたの命をお救いし、そしてあなたの今ある幸せは私のおかげなのです。しかし、あなたは私を殺し、すべてがどうでもよく私に思わせたのです。もしあなたが正しく行動されていたなら、あなたは善を受け、幸せであってしかるべきでしょう。しかし、もし正しく行動されなかったなら、あなたは私が味わったのと同じ苦しみを受けなければなりません。私をこのようにさせたのは、あなたなのですから」。こう書いたのち、彼は手紙を枕の下に置き、男らしくハデスの国へと赴くために、自分の剣を持ってこさせた。しかし、宦官は…［欠］(2)…

(1) 第八代メディア王。断片五（三四・一）を参照。

(2) ザリナイアとストリュアンガイオスの恋物語は、諸断片の情報をつなぎ合わせることにより、おおよそ以下のように復元される。メディアとサカイの間に戦争が起こると（断片五（三四）、七）、メディア王アスティバラスの娘婿であったストリュアンガイオス（断片八c）は、サカイ人の女王ザリナイアを戦闘中に落馬させた（断片七b、八a）。ザリナイアが助命を乞うと、彼女の美しさに心奪われたストリュアンガイオスは、彼女を傷つけることなく逃がした（断片七、八a）。その後、ストリュアンガイオスはザリナイアの夫で、サカイ王兼パルティア人の首長であったメルメロス／マルマレスの手に落ち、処刑されそうになった。ザリナイアは助命を訴えたが、夫の説得に失敗したため、夫を殺し、ストリュアンガイオスの命を救った（断片七）。その後ザリナイアはメディアとの間に休戦協定を締結させた（断片七、七c）。ザリナイアへの恋冷めやらぬストリュアンガイオスは思い↙

出典　ダマスコスのニコラオス『世界史』断片五（Jacoby）（コンスタンティノス・ポルピュロゲンネトス監修『美徳・悪徳論摘要』三三五・二〇（Büttner-Wobst））。

ペルシア史

八d＊［L］

一　［ニコラオスいわく］アジアでは、メディア王［アスティバラス］が死去すると、息子のアステュアゲスが王位を継いだ。彼は、アルバケス以後でもっとも高潔な王だったとの評判である。アステュアゲスの治世には大きな変革が起きた。以下に記すような理由から、メディアからペルシアへと覇権が移りわたったのである。二　メディアには貧乏人が食にありつくために、富裕者のもとへ行き、自らの身を委ねるという習慣があった。そうすることによって貧乏人は衣食を賄うことができるのだが、同時に奴隷のごとき扱いを受け

↙切って彼女に思いを伝えるも、謝絶されてしまう（断片八a、八c）。そこでストリュアンガイオスは自殺を決意し、その前にザリナイアに宛てた手紙を書き、彼女の態度を非難する（断片八a、八b、八c）。ストリュアンガイオスの相談相手となっていた宦官は自殺を思いとどまらせようとするが、その結末がどうなったかは、写本が欠損しているために、残念ながらわれわれの知るところではない。

ることにもなる。しかし、もし引き受け手が彼を養うことができないならば、彼にはまた別の者のところへと渡り歩くことも許されている。

三　さて、キュロスという名のマルドイ族(1)出身の青年が、王宮の使用人――彼は王宮の美化を任されていた――のもとへとやってきた。キュロスはアトラダテスの息子で、父は貧しさから盗賊を生業としていた。母はアルゴステという名で、山羊を飼って暮らしていた。四　キュロスは日々の糧を得るため、かの使用人に身をあずけると、王宮の清掃を担当することになったが、そこでの彼の働きぶりは真面目であった。すると、監督官はキュロスにもっと立派な服を与え、王の身の周りの清掃をさせるために、屋外から宮廷内へと連れてきて、そこの責任者にキュロスを引き合わせた。ところが、これがひどい男で、キュロスを何度も鞭で折檻したのである。そこでキュロスはこの男から逃げ出して、燭台持ち係りのところに転がり込んだ。燭台持ちはキュロスをかわいがり、殿様用の燭台を持つ係りの一人にするために、彼を王のそばへと連れていった。五　ここでもキュロスは頭角を現わすと、今度はアルテンバレスのところへ移った。アルテンバレスは酌小姓たちの元締めで、王が酒を飲むときには、彼自身が盃に酒を注いだ。アルテンバレスはキュロスを温かく迎え入れ、王のホモトラペゾス［陪食人］たち(2)に酒を注ぐ係りに命じた。しばらくすると、アルテンバレスはキュロスの適切で心配りが行き届いた接待や、酒盃を差し出す際の優雅な身のこなしに気づくようになり、また王もアルテンバレスに、この見事に酒を注ぐ青年の素性を尋ねた。アルテンバレスは答えて、「殿様。あなた様の奴隷であるあの男は、マルドイ族出身のペルシア人で、食い扶持を求めて私のところへ身を寄せてきたのです」と教えた。六　アルテンバレスはそのとき、すでに高齢だった。あるとき熱を出したので、病が癒えるまで郷里に帰る許しを願い出た。アルテンバレスが言うには、「私の代わりとして、殿様も高く買っておられたこの男（キュロスのことを指す）が酒を注ぎましょう。私は宦官で［子供もおりませぬので］、あの青年を養子にとる心積りをしております。むろん、キュロスの御酌が、主人であるあなた様のお気に召せばの話ですが」。するとアステュアゲスは、それを認めてやることにした。そこでアルテンバレスはあれこれと指示を出し、まるで息子かのごとくキュロスに愛情をかけてから、帰郷した。キュロスは王のそばで盃を出し、昼夜を問わずに酒を注ぎ、分別をしっかり弁えながらも堂々とした振る舞いを見せた。

七　アルテンバレスはこの病気がもとで世を去ったが、その前にキュロスを養子にとっていた。そこでアステュアゲス王は、キュロスをアルテンバレスの息子と見なし、彼の全遺産やほかにも多くの贈り物をキュロスに持たせた。以後キュロスは力をつけ、その名はあまねく知れ渡るところとなった。

八　アステュアゲス王には、淑やかで見目も麗しい娘がいた。彼はメディア全土を嫁資につけて、娘(3)をメディア人のスピタマスに嫁がせた。九　いっぽうキュロスは、マルドイ族の地から父アトラダテスと母アルゴステを呼び寄せた。両親も、今や立身出世を果たした息子のところで世話になることにした。そのとき母

(1) ヘロドトス（『歴史』第一巻一二五）、クルティウス・ルフス（『アレクサンドロス大王伝』第五巻六―一七・一八）によれば、マルドイ族はペルシア人のなかでも、好戦的な遊牧民であった。

(2)「ホモトラペゾス（ὁμοτράπεζος）」はギリシア語で「食卓を供にする者」の意で、ペルシアの身分としてギリシア語文献にしばしば登場する。

(3) 断片九によれば、娘の名前はアミュティス。

は、マルドイ族の地で山羊を飼っていた時分に、キュロスを身ごもったまま神殿で横になっていたときに見た夢について彼に打ち明けた。「キュロスよ。そのときお胎のなかにあなたを宿していた私は、放尿した夢を見ました。あふれ出した尿は、大河のようになって流れだし、やがてアジア全土を水に浸して、海へと流れ出たのです」。この話を聞いた父は、バビロニアのカルデア人[1]に相談するよう命じた。そこでキュロスは彼らのなかでももっとも博識な占い師を連れてくると、夢について説明した。すると占い師は、その夢がまたとない吉兆をあらわしており、アジアにおける最高の栄誉がキュロスにもたらされるであろうと予言した。しかし、アステュアゲスの耳に入れないためにも、このことは極秘としておかなければならない――「お前さんがひどい殺され方をするだけではなく、夢判断をした、わしも始末されることになりかねんからな」――とも忠告した。そこで彼らは、この壮大無比な夢を、誰にも口外しないとの約束を交わした。

一〇　その後のキュロスは飛ぶ鳥を落とす勢いで、自分の父をペルシアの総督に就け、母には富と権力の点でペルシア女性の間で筆頭の地位を与えた。

一一　そのころカドゥシオイ人[2]はアステュアゲス王と敵対関係にあり、その首長はオナペルネスといったが、彼は自分の民を裏切って王の側に通じていた。彼はアステュアゲスのもとに使者を派遣し、寝返りの相談をしたいので、信頼の置ける人物を寄こしてはくれないかと頼んだのだ。そこでアステュアゲス王は何かと彼を助けるためにキュロスを派遣することにしたが、その際、四〇日を期限としてエクバタナにいる自分のもとへと戻ってくるようにと命じた。夢判断をした例の占い師は、カドゥシオイ人のところへ行くようにキュロスの背中を押し、あれこれと励ました。一二　キュロスは生来、誇り高く大志を抱くような人物であったが、神助を借りた今、ペルシア人らを反乱に立たせ、アステュアゲスに挑んで彼の支配を止めなければならない、そして神勅に精通している、かのバビロニア人を信じるよりほかないとの思いが、胸の内に湧いていた。彼らは互いを励まし合っていた。バビロニア人は、キュロスにはアステュアゲスを倒し、彼の王権を奪うように運命づけられている、自分にはそのことがよく分かるのだと言っていた。そして、キュロスもバビロニア人にむかって、事がうまく運び、もし自分が王になれたなら、彼を存分に引き立ててやるぞと約束していた。キュロスは、かつてアルバケスがサルダナパロスを倒し、その地位を奪ったときのことを思い出しては、「奴が頼みにしていたメディア人たちが、ペルシア人に比べすぐれていたわけでもないし、アルバケスがわしよりも賢かったというわけでもない。アルバケスのときのように、テュケー〔幸運〕とモイラ〔運命〕はわしに微笑んでくれている」と考えていた。[3]

一三　カドゥシオイ人の国の山中でこのようなことに思いをめぐらしていると、鞭打たれた傷跡のある男が糞尿の入った樽を背負って歩いてくるところに出会った。何かの前触れかもしれないと直感したキュロスは、このことをバビロニア人に伝えた。彼は、その男がどこの出身で、何者かを尋ねるように言った。キュ

（1）カルデア人については、断片一b（九・四および二四・二二）を参照。彼らは占星術と神託を得意としていた。
（2）カスピ海南西に居住する民族。
（3）実際、ここまでのキュロスとアルバケスの物語展開は非常によく似ている。アルバケスにたいするベレシュスの役割を、同じカルデア人であった夢占い師がキュロスにたいしても果たしているのである。

ロスが問いただすと、男はペルシア人で、名はオイバラスだと答えた。それを聞いたキュロスは大いに喜んだ。というのも、オイバラスとはギリシア語になおすと「アガタンゲロス〔吉報をもたらす者〕」という意味だからである。さらに、バビロニア人はキュロスに、そのほかの徴もまた素晴らしい、「まず、あの男はペルシア人でお前さんと同国人じゃし、馬の糞尿を運ぶというのは、その名が示す通り、富と権力を予兆しておる」と言った。そこでキュロスはすぐにこの男を呼びとめて、自分についてくるように言った。オイバラスもそれに従った。一四 それからキュロスは、カドゥシオイ人の国のオナペルネスのもとへやって来ると、裏切りの計画について約束を取り交わしてから、メディアへ戻った。キュロスはオイバラスの素質を見抜き、またバビロニア人が彼と話し合うように指示したこともあって、オイバラスに馬、ペルシア風の衣装、それと従者を与え、彼をそばに置くようにした。その後もキュロスはだんだんとオイバラスと打ち解けて、相談を持ちかけるような間柄にもなった。そんなある日、ペルシア人がメディア人に虐げられ、とくに彼らの資質が劣っているわけでもないのに、そうであるのを見て、心を痛めている、という言葉がオイバラスの口から出た。一五 オイバラスは言った。「キュロス様。メディア人が自分たちより強い者を支配しているからといって、奴らを倒してやろうなどという大胆不敵な考えを持つ人物が、今の世の中にはおりませぬ」。キュロスは言った。「オイバラスよ、そんな人物がいないとどうして言えるのかね」。「おそらくはいましょうが、その人物はひどく臆病にかられて、その力があるにもかかわらず、踏み出せずにいるのです」。そこでキュロスは鎌をかけた。「もし剛毅な男が現われたら、どうすればメディアを打ち倒せるのだろうか」。オイバラスは答えた。「まずはカドゥシオイ人を味方に引き入れることで、彼らもペルシア人に協力してくれるでしょう。彼らはペルシア人に親近感を抱いていますし、何よりもメディアを憎んでいます[1]。次に、四〇万人ほどいるペルシアの民を奮い立たせて、武器を取らせるのです。彼らはメディア人に苦しめられてきたのですから、応じるのに吝かではないでしょう。反乱の際には、岩が多く山がちなペルシアの地形も彼らには好都合でしょう。メディア人が攻めてこようとも、奴らは手酷く撤退するでしょう」。そこでキュロスは尋ねた。「もし、実行力のある男が現われたなら、お前にはともに命を賭す覚悟はあるのか」。オイバラスは答えた。「神にかけて、もちろんですとも。とりわけ、その人物があなた様であったならば。あなたの父上はペルシアの支配者ですし、あなた自身も『神聖不可侵で[2]』それだけの実力の持ち主です。たとえあなた様ではなかったとしても、別の誰かが出てくるのでしょう」。

一六　この会話ののちキュロスはオイバラスに計画の全体像を明かし、彼を参謀とした。オイバラスが思慮深く勇敢な男であり、自分にすべての望みを託しているのに気づいたからである。オイバラスもキュロスの計画に賛同し、さらに彼を奮い立たせては、適切な助言を与えた。すなわち、まずは父アトラダテスのところに使者を送り、口実としては王のために、対カドゥシオイ人の準備をするのだとし、その実は離反にむけてペルシア人たちを武装させるように伝えなければならない。それから、アステュアゲスのもとへ行き、ペルシアに帰郷するということで数日の暇乞いをしなければならない。理由は、王の健勝と父の快癒を願っ

（1）カドゥシオイ人は第六代メディア王アルタイオスの時代より、メディアに敵対している。断片五（三三・六）を参照。

（2）この箇所は前後の文脈と合わず、テクスト伝承上の誤りだと考えられる。

て――というのも彼は病におかされているので――供犠をおこないたいのだということにしておく。「暇乞いができたら、後は何事にも勇敢に立ちむかうだけです。キュロス様、人生の一大事をなすにあたって、自らの命を危険にさらすこと、そして必要ならば何も行動を起こさない者もこうむること［死］をこうむることは、恐れることではありません」。一七　キュロスは彼の男気を喜び、さらに彼を勇気づける意味もあって、母の見た夢とそれについてバビロニア人が下した夢判断の内容を打ち明けた。すると、オイバラスはたいへん頭の切れる男なので、キュロスを焚きつけて、アステュアゲスに夢の内容をばらされないためにも、バビロニア人を監視すべきだと忠告した。「本当は殺してしまうのが最善の手なのですが、それはあなた様が我慢ならないようでしたら」。キュロスは答えた。「そんなことは、とんでもない」。

一八　その後、オイバラスとバビロニア人はキュロスと食卓をともにし、いっしょの時間を過ごした。バビロニア人が夢のことをアステュアゲスに密告しないかと恐れていたペルシア人［オイバラス］は、夜中にセレネー［月］に先祖供養の儀式をおこなうふりをして、供犠の羊、神酒、従者、敷布、そのほか必要な物をキュロスに願い出た。さらにキュロスに、従者たちが自分の言うことを聞くように命令してくれと頼んでおいた。キュロスは指示通りにしたものの儀式には参加しなかったが、オイバラスがそうなるように仕組んでおいたからである。オイバラスは夜のうちに、ご馳走を食べるときに下に敷くふかふかした藁のマットや、そのほか様々に用意しておいた。また、テントのなかにはかなり深い穴も掘っておいた。準備万端が整ったところで、バビロニア人にご馳走を振る舞い、酒を飲ませた。そして、落とし穴の上には彼のための寝床をしつらえておいて、バビロニア人が寝床に入ったすきに深い穴へと突き落とした。それから従者も投げ込んだのである。一九　早朝キュロスが出立する頃には、オイバラスも戻ってきた。しばらく進んだところで、バビロニア人はどうしたのかとキュロスが尋ねた。最初オイバラスは、バビロニア人は二日酔いで寝坊していると言った。しかし、キュロスのいらいらが収まらないので、とうとう真相を告白し、始末しておいた、というのも、これがキュロスと彼の子孫にとって、唯一の救いの道だと思われたからだと言った。キュロスはオイバラスのしたことにひどく落ち込み、それ以上に怒りを覚えて、彼を二度と自分のそばに近寄らせなかった。しかし、やがて考えをあらためて、彼をそばに置いて、同じ事柄について参謀として用いた。バビロニア人の妻が夫のことについて尋ねに来たときには、彼は賊に殺されて、キュロス自ら葬儀を上げたと言った。

二〇　その後、キュロスがアステュアゲス王のもとへ戻ると、オイバラスはキュロスに事前に取り決めていた手順——ペルシアに使者を派遣し、若者たちに武器を取らせ、犠牲を捧げ病身の父を見舞うという口実でアステュアゲスに休暇を願い出る——を説明し、彼を勇気づけた。二一　キュロスはそれに従った。武器はすでに用意されており、キュロスはアステュアゲスのために供犠をおこない、体調のすぐれない父を看病するのだからと言って、王にペルシアへの帰郷を願い出た。しかし、キュロスのことを気に入っていた王は、彼を手もとに置いておきたかったので、帰郷の許しを出さなかった。キュロスはがっかりして、オイバラスにうまく行かなかったと報告した。オイバラスはキュロスを励まし、日を置いてもう一度王に同じことを願い出れば、今度は成功するでしょうと言った。そのときは今回よりも熱心に王の機嫌を取らなければならない。休暇を願い出るときには、自分で直接するのではなく、間に誰かを挟まなければならないとも忠告した。

二二　キュロスは王のもとへ行き、今度はもっとも信頼の厚い宦官に頼んで、機会を窺って自分の代わりに王に帰郷の許しを願い出てもらうようにした。そこで、キュロスはアステュアゲス王がいい気分で酒に酔っ払っているところを見計らって、例の宦官に話を切り出すよう合図を送った。「殿様、あなた様の奴隷であるキュロスが以前あなた様にお願いしたことを認めてくださるように申しております。つまりは、あなた様がキュロスにとって恵み深くあられるように、殿様のために供犠を捧げ、それと同時に病身の父上を看取ることを許していただきたいとのことです」。アステュアゲスはキュロスを近くに呼び、にっこり笑って五ヵ月を期限に彼に休暇を与え、六ヵ月目には戻ってくるように命じた。二三　キュロスは頭を下げて礼をすると、自分が戻ってくるまでの代理として、ティリダテスを王専属の酌小姓に指名した。そして、喜んでオイバラスのところへ戻っていった。オイバラスはキュロスに、すぐに従者を呼んできて、出発するように促した。そして、オイバラスは夜の間に準備を整えて（彼がその仕事の責任者だったのだ）、夜が明けるのを待ってペルシアへむかった。

二四　キュロスに夢判断をした例のバビロニア人の妻は、夫がまだ生きている時分に、キュロスが話した夢の内容を夫から聞いていた。夫が殺されたのち、彼女は夫の兄弟といっしょに暮らすようになった。その夜、閨での会話で、彼女は新しい夫からキュロスが実力を蓄えてペルシアに戻ったと聞かされた。そこで彼女は、前の夫に聞かされていた夢の内容とその意味——キュロスがいずれペルシアの王となるだろうこと——を教えた。二五　夜が明けると新しい夫は、周囲に気遣いながらアステュアゲス王のもとへと参じた。宦官を通じて面会を申し出ると、彼は妻から打ち明けられた話を包み隠さずに伝えた。すなわち、キュロスには彼女の亡夫である占い師によって、キュロスが見た夢について、彼が王になるだろうことが予言されていること、これゆえキュロスはペルシアに出発したこと、そして自分自身も最近この話を妻から聞いたことを述べ、事細かに夢の内容とその意味を教えた。ひどく不安にかられたアステュアゲス王は、このバビロニア人の男に、「わしは、どんな手を打ったらよいのだろうか」と尋ねた。「キュロスが戻ったら、できるだけ早う殺してしまうのです。これしか残る道はございませんとて」というのが、彼の返答だった。

二六　アステュアゲス王は、このバビロニア人を送り返してからのち、いっそう彼の言葉が気がかりになってきた。夕方に酒を飲みながら、踊り子や琴奏者の妾をはべらせていた。そのうちの一人が次のような歌を歌った。「獅子は猪を前足で押さえていたが、自らのねぐらに潜り込むのを許してしまった。そこで力を蓄えた猪は、やがて獅子の悩みの種となり、今はまだ力劣るが、やがて力強き者を屈服させることになろう」。妾がこのように歌うと、アステュアゲス王はこの歌詞が自身のことを暗示しているように思えた。そこで、すぐに三〇〇人の騎兵をキュロスのもとに派遣して、連れ戻すように、そしてもしキュロスが従わないなら、刎ねた首を持って来るように命じた。二七　騎兵たちが出発しキュロスに追いつくと、アステュアゲス王の命令を伝えた。しかし、キュロスは頭の回転が速く、オイバラスからの助言もあって、次のように答えた。「殿のお呼びとあらば、どうして戻らないことがございましょうか。しかし、今はみなさんと食事をして、朝方に発つことにしましょう」。騎兵たちはこの提案を受け入れた。そこでキュロスはペルシア風に料理されたたくさんの供犠の羊や牛を騎兵たちに切り分け、酒もふるまって饗応した。しかし、それに先立って父のもとに使者を派遣し、王命だと偽って、一〇〇〇人の騎兵と五〇〇〇人の歩兵を集めて、彼らをヒュルバという［ペルシアへの］途上に位置する町にむかわせるように、またそのほかのペルシア人にも急いで武装させるように指示を伝えた。真相はひた隠しにしておいたのである。二八　晩餐ののち、騎兵たちが酔って寝てしまうと、キュロスとオイバラスは馬に乗り、すぐにその場から離れた。まだ夜の明けきらないうちにヒュルバにたどり着くと、キュロスは兵士たちを武装させ、父のもとから合流した兵士たちを戦闘隊形に整列させた。さらに自身も右翼に、オイバラスは左翼に陣取った。二九　アステュアゲス王のもとからやってきた兵士たちは、明け方に酒気が抜けると、事の重大さを覚ってキュロスを追いかけた。彼らがヒュルバまでたどり着き、敵軍が隊列を組んでいるのを発見すると、戦闘が起こった。まずはキュロスが武勇を示し、三人のペルシア兵とともに、二五〇人近くもの騎兵を殺した。残りの騎兵はアステュアゲス王のところまで退却し、一部始終を報告した。

三〇　アステュアゲス王は腿を打ちながら叫んだ。「わしとしたことが、悪人に善意をかけてやってもしょうがないと、重々承知しておったのに。うまい言葉によって、足元をすくわれてしまうとは。わしはみすぼらしい山羊飼いであったキュロスのやつに目をかけてやったのに、あのマルドイ族の男がわしにとってこれほどの災いの元となろうとは。ああ、しかしキュロスは今、奴が望んでいる地位を手にすることはできないのだ」。そこで、アステュアゲスはすぐに将軍たちを呼んで、兵を招集するように命じた。一〇〇万もの歩兵、二〇万の騎兵、三〇〇〇台の戦車が結集したところで、彼はペルシアへと軍を進めた。三一　すでにかの地では、すべての事情を知ったアトラダテスの指揮で、兵士たちは武器を手にしていた。その数、軽装歩兵三〇万、騎兵五万、鎌戦車一〇〇台。兵士たちが一堂に会すると、キュロスは彼らに呼びかけた。

（これについては、『演説の書』[1]を見よ。）

三二　その後、キュロスと父はともに軍隊を戦闘配置につかせ、オイバラスを将軍に指名した。オイバラスは思慮深く、実行力もある男だったのだ。彼は先んじて隘路と高地に守備隊を置き、城壁の外にいる一般市民たちを安全な場所に移し、防御に適したところに砦を築いていった。三三　しばらくして、アステュアゲスは軍隊を率いて到着し、人気のなくなった郊外に火をつけた。そしてキュロスと父アトラダテスに使者を派遣し、脅しをかけたり、以前の乞食生活を罵ったりして、自分のもとへ帰ってくるように命じた。頑丈な足枷をはめるだけだからとも言った。「しかし［これ以上抵抗して］捕えられれば、みじめなお前たちには惨たらしい死が待ち受けておるぞ」。キュロスは答えた。「アステュアゲスさんよ。お前さんは神々の恐ろしさを知らないようだな。神々が山羊飼いたちをこの反乱に駆り立てたことも理解できていないとは。われわれは最後まで、神々のご意志に従うまでよ。お前さんがわしたちによくしてくれたのも、神々のご意志に導かれただけのことだ。さあ、軍隊を引き揚げて、ペルシア人を自由にさせてくれるよう頼もうぞ――ペルシア人はメディア人よりも力強いのだから――。メディア人が奴隷にされて、お前さんがすべてを失うことにならないようにな」。以上のキュロスの言葉を、使者はアステュアゲス王に伝えた。

三四　アステュアゲス王は怒りにわななき、軍隊を投入して、戦闘配置につかせた。自身も馬に乗り、二〇〇〇〇人の槍部隊を従えて、前衛に出た。相対するキュロスは、アトラダテスを右翼に、オイバラスを左翼

（1）同書は断片一－1δでも参照されるが、現存していない。

に配し、キュロス自身はペルシア軍の精鋭部隊とともに中央に陣取った。そして、両軍が激しくぶつかり合い、キュロス率いるペルシア人は非常に多くの敵兵を殺した。この様子に、アステュアゲス王は玉座で嘆いた。「ああ、テレビン喰い(1)のペルシア人どもが、これほどまで勇敢だとは」。そして、自軍の将軍たちに使者を送り、もし負けた場合にはどうなるか分かっているだろうなと脅した。

三五　代わる代わるやって来る敵の大軍に疲弊したペルシア軍は、圧倒されて街まで退却し、その前で戦った。キュロスとオイバラスは、城壁内に戻って来た兵士たちを、倒した敵の数では自分たちのほうが勝っているぞと鼓舞し、女子供をパサルガダイ（［そのあたりで］もっとも高い山である）に疎開させるように指示した。彼らは翌日に再度突撃をかけて、決着をつけることにした。「勝利しようが敗れ去ろうが、人はみな、いずれは死ぬのだ。むろん、いずれ死ぬなら、勝利して祖国を解放してから死ぬほうが、よっぽどましではないか」。三六　このように言うと、みなの胸の内には、メディア人にたいする怒りと憎しみが湧いてきた。翌朝には城門を開いて、キュロスとオイバラスの指揮下に攻撃をかけた。アトラダテスは老人たちと、城壁の守備に回った。そこへ、重装歩兵と騎兵から構成されるアステュアゲス王直属の大軍が攻撃を仕掛けた。アステュアゲス王の指揮により、一〇万の部隊が包囲し都市を占拠すると、全身に傷を負ったアトラダテスがアステュアゲス王のもとに引きずり出された。いっぽうキュロスの部隊は勇ましく戦ったが、女子供が避難しているパサルガダイまで退却を余儀なくされた。

三七　キュロスの父［アトラダテス］が御前に連れてこられると、アステュアゲスは彼に話しかけた。「そなたは、私にとって尊敬すべき、よき総督であった。そして、今のこの状況が、そなたと息子さんからのお返しです」。老いた父［アトラダテス］は事切れる寸前だった。「殿様。どこぞの神様が息子にこのような大それた考えを吹き込んだのか、私には見当がつきません。しかし、どうか私を辱めてくださるな。このような状態では、私の命はほどなくして、あなたの目の前で尽きるでしょう」。すると、アステュアゲス王は彼のことを哀れに思って言うには、「むろん、私はそなたを辱めるつもりはない。もし息子さんがそなたの言うことに耳を貸していれば、こんなことにならなかったと承知しておる。そなたの葬儀の件は、私が責任を持とう。そなたは、息子さんの世迷い事には賛成しておらんかったのだから」。三八　間もなくしてアトラダテスが死ぬと、手厚く葬られ、アステュアゲスはパサルガダイへむけて隘路を突き進んだ。あたり一面、切り立った崖と急峻な山々に囲まれていた。隘路の真ん中で、オイバラスが一万の重装歩兵とともに侵入を警戒していた。そこを通過するなど、ありえないことのように思われた。

三九　それに気づいたアステュアゲスは、一〇万の兵に山を取り囲むように指示した。兵士たちは山の登り口を発見して、登攀を開始し、山頂を押さえた。オイバラスとキュロスは、全軍を率いて、夜間に一段低い、別の山へと逃げた。四〇　アステュアゲス軍は敵軍の後をたどって、すでに二つの山の中間地点まで追いついた。そこから、王軍は山を登りながら敵軍めがけて攻撃を始め、果敢に戦った。いたるところが絶壁で、野生のオリーブの木がこんもりと茂っていた。ペルシア軍は、そここでキュロスやオイバラスに発破

（1）松の一種。「テレビン喰い」はペルシアの土地の貧困を象徴している。断片一七（三・一二）では、ペルシア王が即位に際し、キュロス時代に立ち帰る儀式の一つとして、テレビンの木をかじるという手続きが紹介されている。

をかけられて、よりいっそう勇敢に戦った。オイバラスは麾下の兵士に、彼らの妻子や老いた両親のことを思い起こさせ、彼らをメディア人に引き渡して、惨殺や凌辱を許しては、恥だぞと声をかけた。この言葉を聞くと、兵士たちは士気が高まって、鬨の声をあげて山を下り、矢が底をついていたので、代わりに無数の石を飛ばして、敵を山から追い出した。

四一　キュロスのほうは、どうしたことか、幼い時分に山羊を追い立てながら暮らしていた頃に住んでいた父親の小屋にたどり着いた。そこで、キュロスは供犠を捧げた。小麦を見つけると、その下に杉と月桂樹の枝を置き、火をつけたのである。彼の姿は疲れ切って、万策尽きた男のそれだった。そのとき突然、彼の右手から雷鳴がとどろき、(1)キュロスは拝礼した。吉祥を予示する鳥たちが小屋の屋根に止まって、キュロスにパサルガダイへ行くように示した。四二　その後、キュロスの部隊は夕食をとり、山中で一夜を明かした。翌日、鳥のお告げを信じ、すでに山を登ってきている敵に対峙するように、山を下って行った。彼らは長時間にわたって勇敢に戦った。アステュアゲスは五万人の兵士を山に配置し、登攀を怖がる者や、山を下って逃げる者たちを殺すように命令した。メディア人と同盟軍は仕方がなく、ペルシア軍へと突撃していった。四三　敵の大軍に参ったペルシア軍は、彼らの妻たちが避難していた山頂のほうへと逃れた。しかし、妻たちは自分たちの服をたくしあげて叫んだ。「おめおめと、どこへやってきたんだい、弱虫さんどもが。お前さんたちは出て来た場所(2)に、また入ろうってのかい」。以後、ペルシア大王がパサルガダイを訪問する折には、ペルシア人の女性たちにおのおの二〇アッティカ・ドラクマ相当の金を取らせるという風習は、この故事に由来する。四四　ペルシア人たちは、自分たちの見聞きした光景にわれを恥じ、敵にむかって突進してゆき、一回の突撃で彼らを山から追い出し、少なくとも六〇〇〇〇人の敵兵を倒した。にもかかわらず、アステュアゲスは包囲を解こうとはしなかった。

（これについては、『武勇と戦術の書』[3]を見よ。）

四五　その間も様々なことが起こり、ついにキュロスはアステュアゲスの陣屋に入り、彼の玉座に座って王笏を手に取った。ペルシア人たちの拍手喝采のなか、オイバラスはキュロスの頭にキダリス[4]を載せた。「アステュアゲスよりも似合っていますよ。神があなたの人徳ゆえに、この王冠を授けたのです。メディア人よりもペルシア人のほうが、支配者たるにふさわしいのです」。オイバラス指揮のもと、あらゆる財宝がパサルガダイに運び込まれ、その管理者たちも決められた。ペルシア軍が個人のテントを訪れて、手にした財宝もおびただしい量になった。四六　アステュアゲスが敗走したという知らせは、その後すぐに四方へ広まった。いずれかの神によって権力を奪われたのだとも噂された。諸国の民は反乱に立ち上がった。まず、

（1）右手からの前兆は吉祥だと考えられた。プルタルコス『テミストクレス伝』一三・三、プルタルコス『ソクラテスのダイモニオンについて』二六（五九四e）を参照。
（2）子宮のこと。
（3）コンスタンティノス・ポルピュロゲンネトス監修による同書は、現存していない。
（4）古代ペルシアの王冠のこと。ギリシア語ではほかに、キタリス、ティアラ、キュルバシアとも表記される。この王冠にかんする図像資料、文献史料の情報は一致を見ず、硬い材質でできた鋸歯状の切れ込みのある王冠を想起させる一方で、ターバンのような柔らかい素材で作られた被り物とも理解できる。

ヒュルカニア人[1]を治めるアルタシュラスが、五万の兵力を率いてキュロスのもとへ参じ、敬礼して、もし彼が命令すれば、ほかにも多くの軍隊が従うだろうと言った。その後、パルティア人、サカイ人、バクトリア人など、次々とすべての民族が、われ先にとキュロスのもとに集まり、アステュアゲスのところにはわずかな者たちだけが残った。その後ほどなくして、キュロスが攻撃を仕掛けると、アステュアゲスはあえなく負けてしまい、捕虜としてキュロスの面前に連れて来られた[2]。

出典　ダマスコスのニコラオス『世界史』断片六六（Jacoby）（コンスタンティノス・ポルピュロゲンネトス監修『奇襲論摘要』二三・二三（de Boor））。

九

一　さて、クテシアスはアステュアゲスについて、まず何よりも、彼とキュロスとは血がつながっていないと言う。クテシアスはまた、アステュアゲスをアステュイガスとも呼ぶ。アステュイガスはキュロスの前から逃れてエクバタナへ行き、宮殿の「羊の頭」[3]に隠れた。彼の娘アミュティスとその夫スピタマスがアステュイガスを匿ったのである。キュロスはエクバタナに到着すると、アステュイガスを見つけ出すために、オイバラスに命じてスピタマスとアミュティス、さらには彼らの子供たちのスピタケスとメガベルネスを拷問にかけて詰問するように命じた。アステュイガスは自分のせいで子供たちが拷問にかけられてはならないと、自ら名乗り出た。彼は捕らえられると、オイバラスによってしっかりと足枷につながれたが、すぐ後にキュロス自身によって解放され、父親のごとく尊敬された。いっぽう娘アミュティスは当初、母親のように敬意を受けていた。しかし、夫スピタマス――彼はアステュイガス捜索にかんして、何も知らないと嘘をついたのである――が処刑された後は、キュロスによって妻に迎えられた。クテシアスはキュロスについて以上のように記すが、これはヘロドトスの記述とは異なる。(4)

二　キュロスはバクトリアに戦争を仕掛けたが、戦いの勝敗はつかなかった。バクトリア人たちはアステュイガスがキュロスの父になったと知り、アミュティスが母であり妻にもなったと聞くと、進んでアミュティスとキュロスに服従した。

三　キュロスはサカイ人に戦争を仕掛けて、サカイ人の王アモルゲスを捕らえた。アモルゲスはスパレトラの夫でもあった。スパレトラは夫アモルゲスが捕まると、軍を集め、三〇万人の男子と二〇万人の女子の

(1) カスピ海南東に居住する民族。

(2) 本断片はメディア王国滅亡の最終過程について、かなり端折った記述をしている。断片九(一)によれば、アステュアゲスは捕縛直前まで抵抗を見せており、またサカイ人、バクトリア人にたいしては、キュロスはアステュアゲスを捕縛してから、軍事遠征による制圧を試みている(したがって、早い段階での自発的服従はなかったとされている)。

(3) この語が何を意味しているかは不明だが、おそらく宮殿の一室の名だと思われる。

(4) クテシアス『ペルシア史』とヘロドトス『歴史』およびクセノポン『キュロスの教育』との異同は、大小あわせると、ほぼ無限に存在する。本書では煩を避けるため、それらの指摘は控えたい。詳細は、阿部拓児(二〇〇七)「フォティオス『文庫』におけるクテシアス『ペルシア史』摘要――キュロスからクセルクセスの治世まで」『西洋古代史研究』七、一七―三六頁の註を参照。

軍勢を率いてキュロスと戦った(1)。スパレトラはキュロスを破り、多くの者たちとともに、アミュティスの兄弟パルミセスや彼の三人の子供たちを捕虜にした。それゆえのちに、アモルゲスは解放され、パルミセスらも解放された。

四　アモルゲスを同盟軍として、キュロスはクロイソスと都市サルデイスに遠征した。オイバラスの計画で、ペルシア人の姿をした木偶《でく》が城壁の上に掲げられると、住民は恐怖に陥り、都市は占領された。神霊が現われてクロイソスを惑わしたために、占領前に(2)クロイソスの息子は捕虜として捕らえられたという。クロイソスがよからぬことを考えたので、息子が目の前で殺された。そして息子の母はこの不幸を目の当たりにすると、城壁から身を投げて自殺した。

五　サルデイス占領後、クロイソスは市域にあるアポロンの神殿に逃れた。神殿内で三たびキュロスに足枷につながれたが、三度とも気づかれずに逃れた。たとえ神殿の扉が封印されていて、オイバラスが監視の任に当たっていても、逃げた。クロイソスと一緒につながれていた捕虜たちは、彼らがクロイソスを逃がすという裏切り行為をしたとして、打ち首にされた。クロイソスは王宮に連行され、もっと厳重につながれた。しかし、雷と嵐が巻き起こると、彼はふたたび逃げ出し、ついにキュロスによってしぶしぶ解放された。それからキュロスはクロイソスを厚遇して、彼にエクバタナ近郊のバレネ(3)という大都市――五〇〇〇人の騎兵と一万人の軽装歩兵、投槍兵、弓兵が駐屯していた――を与えた。

六　それから、キュロスが宦官ペテサカス――彼はキュロスのもとで有力であった――をペルシアに遣わして、バルカニオイ人(4)の地からアステュイガスを連れ出したことについて、クテシアスは筆を進める。というのも、キュロスもアステュイガスの娘アミュティスも父親に会いたがっていたからである。オイバラスはペテサカスに指示して、アステュイガスを砂漠に放置し、飢えと渇きで殺すように命じた。これは実行された。(5) 夢によってこの罪が明らかになると、ペテサカスは、アミュティスのしつこい要求に応じて、復讐のためにキュロスから彼女に引き渡された。アミュティスはペテサカスの目玉をえぐり出し、皮膚を剝ぎ、磔刑に処した。

オイバラスは、たとえキュロスがそのようなことは許さないと強く言っても、ペテサカスと同じ目に遭うのではないかと恐れ、一〇日間断食し自殺した。アステュイガスは立派に葬られた。彼の遺体は砂漠で野獣に食べられることなく、そのままの姿で残っていた。というのも、クテシアスいわく、ペテサカスが回収しに戻ってくるまで、ライオンが遺体を守っていたのだという。

七　キュロスはデルビケス人(6)の地に遠征した。アモライオスが彼らの王であった。待ち伏せしていたデルビケス人が象を駆り立て、キュロス軍の騎兵を追い払った。キュロス自身も落馬し、あるインド人（という

(1)サカイ人の国では男子のみならず、女王を筆頭に女性も戦争に参加する。断片五（三四・三）、七b、八aを参照。
(2)ここでは記述の時系列が逆転している。ただし、この逆転がクテシアスによるのか、要約の際にポティオスによってもたらされたのかは不明である。
(3)正確な位置は不明。
(4)カスピ海東部に居住か。
(5)オイバラスはこれより先にも、キュロスが信頼を寄せていたバビロニア人の占い師を暗殺しており（断片八d（一八））、潜在的な危険人物を排除する傾向が見られる。
(6)カスピ海東部に居住する民族。

のもデルビケス人はインド人と同盟していて、彼らから象を手に入れた）が地面に倒れていたキュロスを襲い、腰の下あたりの腿を槍で突いた。キュロスはその傷がもとで死んだ。だが、攻撃されて間もなくはまだ息があったので、側近がキュロスを抱きかかえ、自陣へ運んだ。その戦争で多くのペルシア人が死に、同様にデルビケス人も死んだ。その数、実に一万人にものぼった。

アモルゲスはキュロスの様子を聞くと、二万人のサカイ人騎兵とともに急いで到着した。そこで、ペルシア軍とデルビケス軍の戦闘が勃発し、ペルシア人とサカイ人の連合軍が力ずくで勝利した。デルビケス人の王アモライオスと彼の二人の息子たちは殺された。三万人のデルビケス人と九〇〇〇人のペルシア人が死に、デルビケス人の国はキュロスに降伏した。

八　死の直前、キュロスは長男カンビュセスを王にし、弟タニュオクサルケスをバクトリア人、コラムニオイ人(1)、パルテュオイ人(2)、カルマニオイ人(3)の地の支配者にして、これらの地域に免税特権を定めた。スピタマス(4)の子供たちにかんしては、スピタケスをデルビケス人の、メガベルネスをバルカニオイ人の総督に任命した。キュロスは子供たちに、あらゆる点で母に従うように命じ、アモルゲスとの友好関係や互いの関係を握手による盟約で結ばせた。互いに良好な関係を維持する者たちには幸あれと祈り、不正に手を出した者たちは呪わんと言った。これだけ言うと、彼は傷を受けてから三日目に死んだ。治世は三〇年間であった。ここで、クニドスのクテシアスの第十一巻が終わる。

出典　ポティオス『文庫』第七十二項三六a九―三七a二五。

九a

［クテシアス］いわく、アステュアゲスはキュロスに打倒され、
しかし彼によってバルカニア総督に任命された(5)。
キュロスの偉大なる将軍オイバラスは、
サルディスに木偶を打ち立てて、
それに服を着せて、夜のうちにとても長い竿に括りつけた。
かくしてオイバラスはリュディア人を混乱へと陥れ、都市を占領したという。
その後、クテシアスはクロイソスの捕縛についても語る。
キュロスはペテサカスをアステュアゲスのもとへと送った。
参上して、アミュティスとアステュアゲスの機嫌を伺うためであった。
アステュアゲスの娘、アミュティスは気づいたのである。
この第一宦官、不幸なるペテサカスが、
アステュアゲスを罠にかけたことに。

(1) 中央アジアのステップに居住。
(2) パルティア人のこと。イラン高原東北部に居住。
(3) イラン高原南部に居住する民族。
(4) 王妃アミュティスの先夫。
(5) 断片九では言及されていない、新たな情報である。

そこで彼女はペテサカスの目をえぐり、生きたまま皮膚を剝いだ。
そして、彼を杭に突き刺し、鳥の餌にしてしまった。

出典　ツェツェス『千行史略《キリアデス》』第一巻九〇―一〇三（八七―一〇〇（Kiessling））。

九b

クテシアスの史書第九巻によると、「明け方、アクロポリスの前で、長い木の棒の先端に括りつけられたペルシア兵の人形を遠目に見、そこらじゅうにペルシア兵がいて、すでにアクロポリスは占領されたものだと勘違いしたリュディア人たちは、逃げ出した」。

出典　アレクサンドレイアのテオン（アイリオス・テオン）『予備練習《プロギュムナスマタ》』七（Patrilon）（二・一一八・二七―一一九・二（Spengel））。

九c

サルディス攻囲中、キュロスは自ら城壁に、それと同じぐらいの長さの木竿をたくさん打ち立てた。夜の間に、髭が生え、ペルシア風の衣装を着、背中には箙《えびら》、手には弓を持った人形を竿の先端に括りつけ、それをアクロポリスの城壁の周りから突き出るように設置した。そして、夜明けとともに、彼は都市のアクロポリスとは別の地点を攻撃した。クロイソスの軍隊がキュロス軍の攻撃をかわしているときに、振り返って、遠目にアクロポリスの上に掲げられた人形を目にし、叫び出した者たちがいた。彼らはアクロポリスがすでにペルシア軍によって占領されてしまったものだと勘違いし、全員が恐怖に捕らわれてしまったのである。そこで、リュディア軍は城門を開け、あちらこちらへと逃げ出した。かくしてキュロスはサルデイスを制圧したのである。

出典　ポリュアイノス『戦術書』第七巻六・一〇。

九d＊［L］

バレネ――アグバタナ近郊のメディアの都市。

出典　ビュザンティオンのステパノス『地理学辞典《エトニカ》』「*Βαρήνη*（バレネ）」の項。

一〇a

クテシアス『ペルシア史』第十巻によれば、その地域[1]には、ミレトス産の羊毛に柔らかさで引けを取らない毛を持つ駱駝が生息しており、祭司やそのほか有力者は、その駱駝の毛から織られた着物を身に着けるという。

（1）カスピオイ人（カスピ海西岸に居住）の地。

出典　アポロニオス『奇談集』二〇。

一〇b

カスピオイ人の地では山羊は驚くほど白く、角を持たず、また体も小型で鼻は低い。駱駝のほうが数が多く、その最大のものは最大級の馬と同じぐらいの体をしており、とりわけ美しい毛を持つ。というのも、その毛並みははなはだ柔らかく、肌触りの点ではミレトス産の羊毛にも引けを取らないのだ。そのため、祭司であったり、カスピ海地方で一番の金持ちや最有力者たちは、この毛から織られた着物を身に着ける。

出典　アイリアノス『動物奇譚集』第十七巻三四。

一一

デュルバイオイ［デュルバイア人］——バクトリアやインドにまでまたがる地に住む民族。クテシアス『ペルシア史』第十巻によれば、「その南方に広がる地はデュルバイア人のものであり、彼らの土地はバクトリアやインドにまで広がる。彼らは幸福な民であり、豊かで正義感が強い。けっして他人を不当に扱ったり、殺したりすることもない。道端で金、外衣や銀、そのほか［金目］のものを見つけた場合にも、彼らは拾うことなく、そのままにしておく。小麦を原料とするパンを作ることも、口にすることもしないし、もし供犠用でなかったなら、そうすることも考えないし、……。彼らはかなりおいしい大麦——それはギリシア人たちが作るものと似ている――を作り、またハーブ入りの団子も食す」。

出典　ビュザンティオンのステパノス『地理学辞典《エトニカ》』「Δυρβαῖοι（デュルバイオイ）」の項。

一二

コラムニオイ(1)［コラムニア人］――ペルシアの野性の民。クテシアスの『ペルシア史』第十巻によれば、「この野性の民族は足がかなり速く、追いかけて鹿を捕まえることさえできる」。さらにクテシアスは、この民族についてほかにもいろいろなことを書き記している。

出典　ビュザンティオンのステパノス『地理学辞典《エトニカ》』「Χωραμναῖοι（コラムナイオイ）」の項。

一三

九　第十二巻はカンビュセスの即位によって始まる。カンビュセスは王位に就くと、父親の遺体を葬るために、宦官バガパテスを遣ってペルシアに運び、そのほかも父親が定めたように取り仕切った。ヒュルカニア人アルタシュラス(2)はカンビュセスのもとでもっとも有力であり、宦官ではイザバテス、アスパダテスやバ

(1) 原語の綴りは「コラムナイオイ」。断片九（八）にあわせて、「コラムニオイ」に表記を修正した。

(2) 断片八d（四六）によれば、彼はアステュアゲス敗戦後、メディア側からキュロス率いるペルシア側に最初に寝返った↙

ガパテス――彼はペテサカスの死後、キュロスのもとでも力を持っていた――が有力であった。

一〇　カンビュセスは、エジプトとエジプト王アミュルタイオスにたいし遠征し、[1] アミュルタイオスを破った。エジプト王の有力宦官コンバピスが、エジプト総督の地位を条件に、橋をキュロス側に明け渡すなど、そのほかもエジプトの国益を裏切ったのである。というのも、これらのことについてカンビュセスがコンバピスのいとこイザバテスを通して申し合わせたため――カンビュセスものちに自ら口頭で確認した――こうなったのである。カンビュセスはアミュルタイオスを捕虜にしたが、何ら危害を加えることはなく、ただ、彼が自身で選んだ六〇〇〇人のエジプト人とともにスサに移住させた。カンビュセスは全エジプトを支配下に置いた。この戦争で五万人のエジプト人と七〇〇〇人のペルシア人が戦死した。

一一　あるマゴス僧（名はスペンダダテスといった）――彼は過失を犯し、タニュオクサルケスによって鞭打たれた――がカンビュセスのもとを訪れて、王にたいして謀反を企んでいると王弟タニュオクサルケスを中傷した。叛心の証拠として、もしタニュオクサルケスを召呼しても、彼は参じないであろうとも述べた。さてカンビュセスは弟を呼び寄せた。しかし弟は別に用事があったために、その場に残っていなければならなかったので、上洛を引き延ばした。マゴス僧はいっそう大っぴらに彼を中傷した。王母アミュティスはマゴス僧の話すことを怪しいと思い、息子カンビュセスに耳を貸さないよう忠告した。カンビュセスは信じていない振りをしていたが、実際は完全に信じていた。

一二　カンビュセスが三たび弟を呼びつけると、弟はやって来て彼に挨拶をした。それにもかかわらず、王は弟を殺害しようと、アミュティスに知られないよう計画を実行に移そうとした。事は極まった。マゴス僧は王と共謀して、次のように計画した。マゴス僧はタニュオクサルケスとすこぶる似ていたので、王に次のように具申した。王弟を公然と非難したという理由で公衆の面前でマゴス僧の打ち首を命じ、その一方でタニュオクサルケスを暗殺し、マゴス僧が王弟の服を着れば、衣装から彼はタニュオクサルケスと思われるであろうと。この計画は実行された。タニュオクサルケスは牡牛の血を飲み干して殺され、[2] マゴス僧は彼の服を着て、タニュオクサルケスだと勘違いされた。

一三　しばらくの間、誰にも気づかれなかったのであるが、アルタシュラス、バガパテス、イザバテスは別であった。というのも、彼らにだけはカンビュセスが事情を打ち明けていたのだ。カンビュセスはほかの者たちといっしょにタニュオクサルケスの筆頭宦官であったラビュクソスを呼んだ。彼はタニュオクサルケスの振りをして座っていたマゴス僧を指して「お前はこの男がタニュオクサルケスだと思うか」と尋ねた。ラビュクソスは驚いて「ほかの誰だと思うのでしょうか」と答えた。このように側近の者を騙せるほどに、マゴス僧の姿格好はタニュオクサルケスに似ていたのである。それからマゴス僧はバクトリアに派遣され、[3]

↙人物である。

(1) エジプト遠征の直接的な原因については、断片一三aで説明される。

(2) 牡牛の血は、すばやく凝結することから窒息を引き起こすと考えられていた。ヘロドトス『歴史』第三巻一五およびプルタルコス『テミストクレス伝』三一に、牡牛の血による自殺の事例が登場する。

(3) 王弟タニュオクサルケスはバクトリアを統治していた。断片九（八）を参照。

そこでタニュオクサルケスとして、すべてを取り計らった。五年が経ち、マゴス僧スペンダダテスはティベテスという名の宦官を打擲《ちょうちゃく》すると、彼はアミュティスに事の真相を告げ口した。彼女はカンビュセスのもとからスペンダダテスを呼びつけた。しかし、カンビュセスが彼を手放さなかったので、彼女はカンビュセスを呪いながら、毒を仰いで死んだ。

一四　カンビュセスは供犠を捧げたが、犠牲獣が喉を切られても血が流れなかったので、不安になった。彼の妻ロクサネが頭のない子を産んだので、彼はさらに不安になった。マゴス僧たちは、彼は王位継承者を残さないであろうと、その前兆を解説した。母が夜、夢枕に立ち、弟を殺したことについて脅したため、カンビュセスはますます不安になった。彼はバビロンに行き、気晴らしにナイフで木切れを彫っていると、(1)筋肉に届くぐらいに腿をナイフで切ってしまい、一一日目に彼は死んだ。治世は一八年間であった。

一五　宦官バガパテスとヒュルカニア人アルタシュラスはカンビュセスが死ぬ前に、マゴス僧スペンダダテスを王に擁立しようと計画した。カンビュセスが死ぬと、彼は王になった。宦官イザバテスはカンビュセスの遺体をペルシアへ運んだ。マゴス僧スペンダダテスがタニュオクサルケスの名で統治しているときに、イザバテスはペルシアから戻り、すべてを陸軍に告発し彼の正体を暴くと、自分は聖域に逃れたが、そこで捕らえられて打ち首にされた。

一六　その後、七人のペルシア人貴族がマゴス僧スペンダダテスにたいし手を組んだ。七人とはオノパス、イデルネス、ノロンダバテス、マルドニオス、バリッセス、アタペルネス、そしてヒュスタスペスの息子ダレイオスであった。彼らが互いに信義を宣言すると、アルタシュラス、それからバガパテスも仲間に加わった。バガパテスは宮殿のすべての鍵を持っていた。バガパテスのおかげで七人は宮殿に入ると、マゴス僧がバビロニア人の妾と同衾しているところを発見した。彼らを見るとマゴス僧は跳び上がったが、武器がまったく見当たらなかったので（というのもバガパテスがこっそりとすべての武器を持ち出していたのだ）、マゴス僧は金の腰掛け(2)を壊して、その脚を手にとって戦った。しかし、けっきょく彼は七人に刺されて死んだ。治世は七ヵ月であった。

一七　日の出とともに、ダレイオスの馬が策略と工夫によって最初にいなないたので、あらかじめ互いに取り決めていたことに従い、七人の中からダレイオスが王になった。(3)

一八　ペルシア人は、マゴス僧スペンダダテスが殺された日に、マゴス殺しの祭を祝う。(4)

（1）アイリアノス『ギリシア奇談集』第十四巻一二にも、ペルシア王は旅行中、木板を小刀で削って退屈しのぎにするとの記述が見られる。

（2）ペルシア大王が金の腰掛け（踏み台）を使っていたという逸話は、クテシアスののちに『ペルシア史』を著わした前四世紀のギリシア語史家ディノン「断片」二六（*FGrH* 690）の記述にも確認できる。

（3）この経緯はヘロドトス『歴史』第三巻八四―八七に詳しい。同所によれば、六人のペルシア人貴族（七人のうちの一人オタネスは王位を辞退している）は一同騎乗して遠出をし、日の出とともに最初にいなないた馬の主が王位に就くことを取り決めた。ダレイオスの馬丁オイバレスは、ダレイオスの馬が気に入っていた牝馬の臭いを嗅がせることにより（嗅がせ方には二通りの伝承がある）、最初にいななかせることに成功した。これにより、ダレイオスが王位に就いた。

（4）ヘロドトス『歴史』第三巻七九に詳しい。祭の日には、一般のペルシア人は盛大に祝うが、マゴス僧たちは戸外に姿を現わすことを禁じられているという。

一九　ダレイオスは滑らかな山に[1]自分の墓を造るように命じ、墓は造られた。ダレイオスはそれを見学したいと願ったが、カルデア人と両親に諫められた。そこでダレイオスの両親が登ることを望んだが、両親を引き上げていた祭司たちが蛇[2]を見ておののき、綱を手放したので[3]、両親は転落して死んだ。ダレイオスは大いに嘆き、綱を引いていた四〇人の首を刎ねた。

二〇　ダレイオスはカッパドキアの総督アリアラムネスに命じて、スキュティアに渡り、男も女も捕虜とするように言った。アリアラムネスは五十櫂船三〇隻で渡り、彼らを捕虜にした。スキュティア王の兄弟マルサゲテスも捕らえた。マルサゲテスは、悪事を働いたことにより自分の兄弟であるスキュティア王によって繋がれていたところを、アリアラムネスに発見された。スキュティア王スキュタルケス[4]は怒ってダレイオスを罵倒するような書簡を送ったが、ダレイオスも同じ調子の返事を送った。

二一　ダレイオスは八〇万の軍勢を招集し、ボスポロス海峡とイストロス川[5]に架橋して、スキュティアに侵入し、一五日間行軍した。ダレイオスとスキュティア王は互いに弓を贈りあった。スキュティア王が贈った弓のほうが強かった。それゆえ、ダレイオスは引き返し、橋を渡ると、全軍が渡りきる前に急いで橋を落とした。ヨーロッパに置き去りにされた八万人の軍隊が、スキュタルケスの手にかかり死んだ。ダレイオスは橋を渡ると、カルケドン人の家屋と神殿に火をつけた。というのも、住民たちが彼らの側にあった橋を落とそうとしたから、またダレイオスが途中、渡河のゼウスを祀って建てた祭壇を、カルケドンの住民が破壊したからである。

二二　ダティス[6]はメディア艦隊を指揮してポントス［黒海］から帰還し[7]、島嶼部とギリシアを荒らした。

マラトンではミルティアデスが会戦して、ペルシア軍を破った。ダティス自身も斃れたが、ペルシア人が要求しても、彼の遺体は返還されなかった。

二三　ダレイオスはペルシアに戻り供犠を執り行ない、三〇日間病床にあったのち他界した。享年七二、治世は三一年間。アルタシュラスも死んだ。宦官バガパテスも七年間ダレイオスの墓守りをしたのち、死んだ(8)。

(1) 写本では「二重の山に（ἐν τῷ δισσῷ ὄρει）」。ここではランファンの校訂「滑らかな山に（ἐν τῷ λισσῷ ὄρει）」に従った。ディオドロス（『歴史叢書』第十二巻七一・七）によれば、ダレイオスの墓所の「岩は滑らかであった」。また、実際にダレイオスの墓が作られたナクシェ・ロスタムの岩肌は垂直に切り立っており、その表面は平らに削られている。

(2) この箇所には写本の欠落があると考えられる。A写本（ヴェネチア・聖マルコ図書館所蔵ギリシア語写本四五〇）のみ、この欠落を埋めるために「蛇（ὄφεις）」の語を補う註を付している。この欠落を埋めないと、祭司たちが両親を見ておののいたかのごとく訳さなければならず、意味が通らない。

(3) ナクシェ・ロスタムの壁面を登るためには、何らかの引揚げ装置を使用しなければならない。したがって、ここで祭司らが手放したのは引揚げ装置のウインチであったと考えられる。

(4) スキュタルケス（Σκυθάρχης）とは、ギリシア語で「スキュティアの指導者」という意味。

(5) 現在のドナウ川。

(6) メディア出身の軍人。ヘロドトス『歴史』第六巻九四を参照。

(7) ここではダティスによる黒海遠征の経緯が省略されている。

(8) ヒュルカニア人アルタシュラスはキュロス時代からの、宦官バガパテスはカンビュセス時代からの有力家臣であった。

二四　ダレイオスの息子クセルクセスが即位し、アルタシュラスの子アルタパノスが、父が先王のもとで振るったがごとく、クセルクセスのもとで権力を持った。大マルドニオス[1]も有力であった。宦官ではナタカスが最有力であった。

クセルクセスはオノパス[2]の娘アメストリスと結婚し、子ダレイアイオス、その二年後に第二子ヒュスタスペス、それからさらにアルタクセルクセス[3]、二人の娘——そのうち一人は祖母の名を取ってアミュティス、もう一人はロドグネ——が生まれた[4]。

二五　クセルクセスはギリシアに遠征した。その理由としては、前述したようにカルケドン人が橋を落とそうとしたこと、ダレイオスが建てた祭壇を破壊したこと、またアテナイ人がダティスを殺し、遺体を返還しなかったことが挙げられる。

二六　しかしまず、クセルクセスはバビロンに行き、ベリタナス[5]の墓を見学しようとした。マルドニオスのおかげで彼は墓を見ることはできたが、［石板に］書かれているように、油で棺桶を満たすことはできなかった[6]。

クセルクセスはエクバタナにむけて進軍したが、バビロニア人が反乱し、その地の将軍ゾピュロスが彼らに殺害されたという報を耳にした。これらの事件について、クテシアスはこのように記すが、それはヘロドトスの記述とは異なっている[7]。ヘロドトスがゾピュロスについて記すことを、ゾピュロスの家で騾馬が仔を産んだことを別にして、そのほかについては、クテシアスはアミュティスの夫でクセルクセスの娘婿メガビュゾスがしたこととして伝える。つまり、バビロンはメガビュゾスによって征服されたのである[8]。クセルクセスはメガビュゾスに多くの贈物とともに、六タラントンの目方がある金の碾臼《ひきうす》を与えた。これはペルシアで、王からの贈物のうちでもっとも名誉がある。

二七　クセルクセスは戦車をのぞいて八〇万の陸軍と一〇〇〇隻の三段櫂船から成るペルシア軍を集め、アビュドスに架橋し、ギリシアに進軍した。ラケダイモン人デマラトスは、すでに以前からクセルクセスに近侍していたのだが、遠征路でも彼に従い、ラケダイモン進軍を思い止まらせようとした。クセルクセスはテルモピュライにおいて、アルタパノス麾下の一万人の軍勢でラケダイモン将軍レオニダスを攻撃した。多

(1)この「大マルドニオス」に対応する「小マルドニオス」なる人物は、クテシアス『ペルシア史』に登場しない。このマルドニオスが、断片一三（一六）に登場する「七人」のうちの一人と同一人物であるとするならば、「大マルドニオス」とは「老マルドニオス」という意味かもしれない。

(2)断片一三（一六）に登場する「七人」の一人。

(3)原文の綴りは、「アルトクセルクセス（Ἀρτοξέρξης）」。以下、本訳文では一般に知られる「アルタクセルクセス」の表記で統一する。

(4)クセルクセスの子としては、ここに登場する人物以外に、アカイメニデス（断片一四（三六―三九））とアルタリオス（断片一四（四一―四二））がいる。本書巻末に付載の系図もあわせて参照されたい。

(5)古代（神話上）の王の名と思われるが、詳細は不明。

(6)このエピソードについては、断片一三bを参照（ただし、ベリタナスの墓は「古代のベロス」の墓になっている）。

(7)ヘロドトス『歴史』第三巻一五〇によれば、バビロンはダレイオス治下に反乱している。

(8)ヘロドトス『歴史』第三巻一五〇―一六〇によれば、反乱を起こしたバビロニア人たちは、本来生殖能力を有さない騾馬が仔を産むような奇跡が起きないかぎり、ペルシア人がバビロンを征服することはないであろうと挑発する。ところが、ゾピュロスの家でこの奇跡が起き、これに勇気づけられたゾピュロスは、奸計によってバビロンを征服する。

くのペルシア軍兵士が殺されたが、いっぽうラケダイモン軍は二人ないし三人が戦死した。クセルクセスはさらに二万人の兵で攻撃を命じたが、今度もペルシア軍が負けた。そこで、ペルシア軍は戦争にむかうように鞭打たれたが、鞭打たれた者たちも負けた。翌日、クセルクセスは五万の軍勢で攻撃を命じた。しかし、これも成功しなかったので、戦争を中断した。

テッサリア人トラクスとトラキスの有力者たち(1)カリアデス、ティマペルネスが軍勢を引き連れて到着した。クセルクセスは彼らとデマラトスとエペソス人ヘギアスを招集し、包囲しないかぎりラケダイモン軍を破ることはできないと知った。二人のトラキス人に先導され、四万人のペルシア軍は難所を通過すると、ラケダイモン軍の背後へ回った。包囲されると、勇敢に戦ったすべてのラケダイモン軍兵士が戦死した。

二八　クセルクセスは、今度はマルドニオスを指揮官に任じて一二万人の軍隊をプラタイアへ派遣した。テバイ人がクセルクセスをプラタイアへむかわせたのである。ラケダイモン人パウサニアスが三〇〇人のスパルタ人、一〇〇〇人のペリオイコイ、そのほかの国から来た六〇〇〇人を率いて会戦し、ペルシア軍が力負けした。マルドニオスは傷を負い、退散した。

二九　このマルドニオスは、クセルクセスによってアポロンの聖域(2)を掠奪するために派遣されたが、クテシアスいわく、大粒の雹に襲われて死んだ。それゆえクセルクセスは大いに悲しんだ。

三〇　クセルクセスはアテナイ本国にむかった。アテナイ人は一一〇隻の三段櫂船に乗り込み、サラミスに逃げた。クセルクセスは人気のなくなった都市を征服して、アクロポリス以外の場所に火をつけた。というのもアクロポリスにはまだ数人が残って抵抗していたのだ。最終的に、彼らも夜陰に乗じて逃れたので、ペルシア人はアクロポリスも焼きつくした。

そこからクセルクセスはヘラクレイオンと呼ばれるアッティカのもっとも狭い地域(3)へ進軍し、徒歩で渡れるように、サラミスまで土手を積み上げた。アテナイ人テミストクレスとアリステイデスの計画で、クレタから弓兵が呼ばれて参じた。(4)そこで、ペルシア人とギリシア人の間で海戦があったが、オノパスの(5)麾下、ペルシア軍は一〇〇〇隻以上の戦艦を持ち、いっぽうギリシア軍は七〇〇隻の戦艦を有していた。ギリシア軍が勝利し、五〇〇隻のペルシア戦艦が破壊された。クセルクセスは逃亡したが、これもアリステイデスとテミストクレスの計画と策略によるものであった。残りすべての戦闘(6)で、ペルシア軍一二万人が死んだ。

三一　クセルクセスはアジアへ渡り、サルデイスへ進軍し、いっぽうメガビュゾスをデルポイの神殿掠奪

(1)テッサリア地方の都市。

(2)デルポイの神域のこと。ヘロドトス『歴史』第八巻三五を参照。

(3)ヘラクレイオンとはヘラクレスの聖域があった場所だと考えられるが、その位置は同定されていない。また、この箇所は「アッティカとサラミスの間のもっとも狭い海峡」という語を、ポティオスが誤って省略した可能性がある。プルタルコス『テミストクレス伝』一三・一では、これと同じ地点を指すものとして、「これはヘラクレイオンの背後の丘で、ここではアッティカ本土とサラミスの島の間には、ほんの一衣帯水の隔たりしかない」(柳沼重剛訳)と説明されている。

(4)ペルシア戦争の段階でクレタの弓兵が島外で活動していた可能性は低く、したがってこの箇所はアナクロニズムである。

(5)クセルクセスの岳父。

(6)どの戦争を指すのか、詳細は不明。

にむかわせた。メガビュゾスが辞退を願い出たので、宦官マタカスがアポロンを冒瀆し、すべてを掠奪するために派遣された。彼はこれらを成し遂げると、クセルクセスのもとへ帰ってきた。(1)(2)

三二　クセルクセスはバビロンからペルシアへ戻った。メガビュゾスは自分の妻アミュティス——前述したように、彼女はクセルクセスの娘である——が不倫しているという噂を流した。アミュティスは父に注意され、貞淑にしていると約束した。(3)

三三　アルタパノスはクセルクセスのもとで有力であったのだが、有力宦官のアスパミトレスとともに、クセルクセス殺害を企んだ。彼らはクセルクセスを暗殺し、息子アルタクセルクセスに、同じくクセルクセスの息子であったダレイアイオスが殺したのだと信じ込ませた。ダレイアイオスが参上すると、アルタパノスによってアルタクセルクセスの宮殿へと連行された。ダレイアイオスは、自分は父親を殺していないと声を大にして否定したが、処刑された。

出典　ポティオス『文庫』第七十二項三七a二六—四〇a五。

一三a

カンビュセスのエジプト侵攻もまた、クテシアスによれば、女が原因であった。というのも、閨をともにするならエジプト女が一番との説を耳にしたカンビュセスは、エジプト王アマシスに使者を送って、妻にするから王女の一人をよこしてくれと要求した。アマシスは、娘が正妻の地位を持たずに、妾として扱われるのではないかと疑い、自分の娘を送ることはしなかった。その代わりに、アマシスはアプリアスの娘であるネイテティスを与えたのである。アプリアスはキュレネ人との戦争に敗れたためにエジプト王の地位を追われ、アマシスによって殺害された人物であった。[4] カンビュセスはネイテティスに喜び、いたく興奮していたところ、彼女から事の一部始終を打ち明けられた。ネイテティスからアプリアスの仇討ちを頼まれたカンビュセスは、エジプト侵攻を心に決めたのであった。[5]

出典　アテナイオス『食卓の賢人たち』第十三巻一〇（五六〇d―e）。

（1）断片一三（二四）で言及されている有力宦官ナタカスと同一人物と考えられる。ポティオスもしくは写字生の誤りであろう。

（2）クテシアス『ペルシア史』では、デルポイのアポロン神殿が二度掠奪されている。しかし、クセルクセス撤退後におこなわれた二度目の掠奪は不自然であり、この掠奪はデルポイのアポロン神殿ではなく、ディデュマのアポロン神殿の誤りとも解釈できる。ヘロドトス『歴史』第六巻一九ではイオニア反乱の際にディデュマが破壊されているが、カリステネス「断片」一四二（*FGrH* 124）では、クセルクセスの治下に破壊されたと伝えられている。

（3）断片一三（二四）。

（4）この間の経緯については、ヘロドトス『歴史』第二巻一六一―一六九に詳しい。

（5）アマシスはカンビュセスの戦争準備中に死去したため、実際にカンビュセスと戦ったのはアマシスの後継者であった。ヘロドトス『歴史』第三巻一〇を参照。

一三b＊［L］

ダレイオスの息子クセルクセスは、古代のベロスの墓を暴くと、オリーブ油に浸かった遺体が置かれたガラス製の棺桶を見つけた。しかし、棺桶の油は満杯にはなっておらず、縁から一パライステ分[1]、足らなかった。棺桶の横には小さな石板が立てられており、そこには次のように書かれていた。「墓を暴いておきながら、棺桶の油を満たさぬ者には、災いあるべし」。これを読んだクセルクセスは恐ろしくなって、即刻油を注ぐように命じた。しかし、棺桶は満杯にはならなかった。そこでクセルクセスは再度油を注ぎたすように命じた。しかし油量はいっこうに上昇せず、ついにクセルクセスは注いだ油を無駄にしただけで、注ぐのを止めてしまった。墓を閉じると、クセルクセスは心穏やかならずも、その場を後にした。しかし、その石板は予言を的中させたのである。七〇万もの兵を集めてギリシア人に戦いを挑んだクセルクセスは、敗走したあげく、国に戻ってからも、夜中に寝床で自分の息子[2]に喉を切られるという、世にも悲惨な最期を迎えたのであった。

出典　アイリアノス『ギリシア奇談集』第十三巻三。

一四

三四　アルタクセルクセスはアルタパノスの熱望によって即位したが、今度は彼がアルタパノスの陰謀の標的となった。計画の仲間として、アルタパノスはメガビュゾス——彼は自分の妻アミュティスが不倫しているのではないかと疑って、悩んでいた――を選んだ。彼らは互いに決行を誓ったが、メガビュゾスが計画のすべてを暴露したので、アルタパノスは彼自身がアルタクセルクセスを殺害する予定だった方法で殺された。(3) クセルクセスとダレイアイオス殺害の協力者であったアスパミトレスはもっとも下劣で苦痛を伴う処刑方法で殺された。すなわち、彼は飼い葉桶に入れられて殺されたのである。(4) アルタパノスの死後、彼の仲間とそのほかのペルシア人との間で戦争が起こり、アルタパノスの三人の息子が戦死した。メガビュゾスも重傷を負い、アルタクセルクセス、アミュティス、ロドグネ(5)と彼らの母アメストリスは嘆き悲しんだが、コスの医者アポロニデスの懸命な治療によって一命を取り留めた。

三五　バクトラ(6)とその地の総督である、また別のアルタパノス(7)がアルタクセルクセスから離反し、両者相

---

(1) 約七・四センチメートル。

(2) 断片一三(三三)によれば、クセルクセスの暗殺実行犯はアルタパノスとアスパミトレスという二人の有力家臣であった。

(3) ポンペイウス・トログス『地中海世界史』第三巻一・八、およびディオドロス『歴史叢書』第十一巻六九によれば、剣による刺殺。

(4) この処刑方法については、断片二六(一六)に詳しい。

(5) クセルクセスとアメストリスの娘。アルタクセルクセス一世、アミュティスの姉妹。

(6) バクトリアの首都。

(7)「また別のアルタパノス(ἄλλος Ἀρτάπανος)」とは、アルタパノスの同名異人とも、アルタパノスのごとき別の悪漢とも解釈できるが、文脈からはこのいずれであったかは判断できない。

譲らない戦争が起きた。二度目の戦闘時に風がバクトリア人の顔にむかって吹いて、アルタクセルクセスが勝利し、バクトリア全土が彼に服従した。[1]

三六　エジプトが離反した。リビア人イナロスとあるエジプト人が離反を計画し、戦争の準備をしていたのである。イナロスの求めに応じ、アテナイ人が四〇隻の艦隊を派遣した。アルタクセルクセスは親征を計画したが、友人たちに諫められたので、弟アカイメニデスの麾下に四〇万の歩兵軍と八〇隻の艦隊を派遣した。イナロスはアカイメニデスと戦って、エジプト軍が勝利した。アカイメニデスはイナロスに撃たれて戦死し、彼の遺体はアルタクセルクセスのもとへ移送された。イナロスはまた海上でも勝利し、アテナイから派遣された艦隊四〇隻の提督であったカリティミデスが名を揚げた。五〇隻のペルシア艦隊のうち二〇隻が乗組員ともども捕縛され、三〇隻が破壊された。

三七　続いてメガビュゾスがイナロスの反乱鎮圧に派遣された。メガビュゾスは、以前の戦闘で生き残った者に加えて、別に二〇万の軍勢とオリスコス麾下の三〇〇隻の艦隊を指揮した。これで、艦隊を別にしても五〇万人の軍勢になった。アカイメニデスが斃れたときに、彼が率いていた四〇万人のうち一〇万人がともに戦死したのである。激しい戦闘が起こり両陣営から多数の戦死者が出たが、エジプト軍の戦死者のほうが上回った。メガビュゾスはイナロスの腿に傷を負わせ、彼を撃退し、ペルシア軍が力ずくで勝利した。イナロスはビュブロス[5]（ビュブロスはエジプトの要塞都市である）へ逃げ、カリティミデスとともに戦死せずに生き残ったギリシア人たちも逃げ込み、ビュブロスをのぞいたエジプト全土がメガビュゾスに屈した。

三八　ビュブロスは難攻不落なように思われたので、メガビュゾスは、彼らが王からいかなる処罰も受けず、ギリシア人は彼らが望むときに帰郷できるという条件で、イナロスおよびギリシア人——六〇〇〇人かそれ以上——と和約を締結した。サルサマスをエジプト総督に据えると、メガビュゾスはイナロスとギリシア人らを捕らえて、アルタクセルクセスのもとへ連行した。というのも、弟アカイメニデスが殺されたことによって、アルタクセルクセス(6)はイナロスにたいしてひどく怒っていると見て取ったからである。メガビュゾスは事件の経過と、イナロスとギリシア人に保障を与えてビュブロスを占領したという事情を説明し、王に彼らの身の安全を熱心に訴えて、約束させた。ついに、イナロスとギリシア人にはいかなる害も加えてはならないとする通達が、軍隊にもたらされた。

(1)この箇所は、文脈が不明瞭になっている。おそらくポティオスが必要以上に情報を圧縮したためと思われる。
(2)ポティオスの原文では「リュディア人」イナロス。しかし、エジプトの反乱であることや、イナロスはリビア人であったというヘロドトス『歴史』第三巻一二、第七巻七、およびトゥキュディデス『歴史』第一巻一〇四・一の記述を考慮して、「リビア人」と修正するランファン底本の校訂に従った。
(3)ヘロドトス『歴史』第三巻一五は、エジプトで反乱を起こした人物として、イナロスとアミュルタイオスの名を挙げている。
(4)ヘロドトス『歴史』第三巻一二で言及される、パプレミスの戦い。
(5)ビュブロスの位置および実在性は不明。トゥキュディデス『歴史』第一巻一〇九・五によれば、イナロスらが包囲された場所は、ナイル・デルタの川中島であるプロソピティス島であった。
(6)写本ではクセルクセスだが、むろんアルタクセルクセスの誤り。

三九　アメストリスは、[1]息子アカイメニデスのことでイナロスとギリシア人に復讐できないことを耐えがたく感じた。そこで彼女は王に復讐を請うたが、王は首を縦に振らなかった。次に彼女はメガビュゾスに詰め寄ったが、彼は王母の要求を拒絶した。そこで自分の息子に圧力をかけると、彼女は復讐に成功した。事件から五年が経過したのち、アメストリスは王からイナロスとギリシア人の身柄を引き受け、イナロスを三本の杭で磔刑にかけた。また、彼女の捕らえることができた五〇人のギリシア人を刎頸《ふんけい》に処した。

四〇　メガビュゾスはいたく落胆し、喪に服し自国シリアに戻ることを願い出た。彼は処刑を逃れたギリシア人たちを前もって秘密裏にシリアに送っており、自分が帰郷すると王に離反した。騎兵をのぞいても、[2]一五万人にも上る戦力を集めた。ウシリスが二〇万の軍勢を率いてメガビュゾス鎮圧に派遣された。戦闘が起こり、メガビュゾスとウシリスは互いに攻撃を仕掛け、ウシリスは槍でメガビュゾスの腿を突き、指二本分の深さの傷を負わせた。いっぽうメガビュゾスも同様に槍でウシリスの腿を傷つけ、次に肩を突いた。ウシリスは落馬したが、メガビュゾスはウシリスをかばい、彼を連れて帰り、助けるよう部下に命じた。ペルシア軍からは多くの戦死者が出た。メガビュゾスの息子ゾピュロスとアルテュピオスが勇敢に戦い、メガビュゾスは圧倒的な勝利を収めた。メガビュゾスは懸命にウシリスを治療して、申し出を受け入れて彼をアルタクセルクセスのもとへ帰した。

四一　アルタリオスの子メノスタネスが、新たな軍勢とともにメガビュゾス鎮圧に派遣された。アルタリオスはバビロン総督で、アルタクセルクセスの兄弟である。[3]両軍が激突し、ペルシア軍は敗退した。メノスタネスはメガビュゾスの攻撃を肩に受け、頭に矢が刺さったが、致命傷には至らなかった。しかし、メノスタネスは部下とともに撤退し、メガビュゾスは輝かしい勝利を収めた。

四二　アルタリオスはメガビュゾスに使節を送り、王と和約を結ぶように忠告した。メガビュゾスも和約を望んでいることを明かしたが、自身は王のもとには帰らずに自国にとどまるという条件を提示した。このことが王に伝えられると、パプラゴニア人の宦官アルトクサレスと王母アメストリスはすぐに和約を結ぶように進言した。そこで、アルタリオス自身とメガビュゾスの妻アミュティスとアルトクサレス——すでに二〇歳になっていた——、またウシリスの子でスピタマスの父ペテサスが派遣された。彼らはさまざまな宣言や交渉でメガビュゾスを満足させ、ようやく王に謁見するよう説得した。メガビュゾスが到着すると、王はついに過去の過ちに赦免を与えた。

四三　王が狩猟に出かけた際、ライオンに襲われた。ライオンが飛び跳ねた瞬間に、メガビュゾスは槍を投げてライオンを始末した。アルタクセルクセスは自分よりも先にメガビュゾスが槍を投げたことに怒って、彼を打ち首にするように命じた。王母アメストリス、メガビュゾスの妻アミュティス、そのほかの者たちの

(1) 写本ではアミュティス。しかし、アルタクセルクセスおよびアカイメニデスの母はアメストリスであり（断片一三（二四））、これは明らかな誤り。

(2) 写本では「騎兵と歩兵を含めずして」と書かれているが、これは明らかに誤りである。「歩兵」を削除した。

(3) 本書巻末に付載の系図を参照。ただしクセルクセスとアメストリスの子供たちを紹介する箇所（断片一三（二四））では、アルタリオスの名前や彼の母親にかんする言及は見当たらないため、アルタリオスはクセルクセスの異母兄弟の可能性がある。

嘆願により彼は処刑を赦されたが、「紅海」[1]のキュルタという町に追放された[2]。宦官アルトクサレスもまた、アルメニアに追放された。というのは、彼はしばしば王の面前でメガビュゾスを公然と擁護していたからである。

五年の流刑生活を送ったのち、メガビュゾスは「ピサガス」に扮して逃れてきた。ペルシア語では重い皮膚病《レプラ》患者のことを「ピサガス」と呼び、罹患者には誰も近寄って来ない。かくして彼は逃れてくると、妻アミュティスと家族のもとへ戻り、何とかメガビュゾス本人だと認識してもらえた。アメストリスとアミュティスの説得を受けて、王はメガビュゾスと和解し、以前と変わらず彼をホモトラペゾス［陪食人］とした。七六歳でメガビュゾスが死ぬと、王は大いに落胆した。

四四　メガビュゾスの死後、彼の妻アミュティスはしきりに男性と交わるようになった[3]。母アメストリスも、彼女より先に同様のことをしていた。アミュティスが病に伏せたとき、病状は軽度で深刻ではなかったのだが、コスの医者アポロニデス[4]が彼女に恋をし、子宮が原因の病気だから、男性と関係を持てば快復するだろうと診断した[5]。アポロニデスの作戦は功を奏し、アミュティスと恋仲になったが、彼女が衰弱していったので彼は関係から遠ざかった。死の床で彼女は、アポロニデスにたいする復讐を母に依頼した。母はすべての事情を、すなわち彼がどのように恋仲になったのか、どのようにアミュティスを侮辱した上で遠のいていったのか、娘がどのようにアポロニデスの復讐を望んでいたかについて、王アルタクセルクセスに打ち明けた。王は母が好きにするように任せた。そこで、彼女はアポロニデスを捕らえて鎖につなぎ、二ヵ月間拷問にかけた。その後アミュティスが死ぬと、アポロニデスを生き埋めにした。

四五　メガビュゾスとアミュティスの子ゾピュロスは、両親の死後、王から離反してアテナイへ去った。というのも、彼の母がアテナイを贔屓にしていたからである。彼は仲間たちとカウノス(6)へ入港し、都市を明け渡すよう命じた。カウノス人たちは、ゾピュロスには都市を明け渡してもよいが、彼に随行して来たアテナイ人には渡すつもりはないと伝えた。ゾピュロスが入城すると、カウノス人アルキデスが彼の頭上に石を落とし、こうしてゾピュロスは死んだ。彼の祖母アメストリスはカウノス人アルキデスを磔刑に処した。

四六　アメストリスは長寿をまっとうし、またアルタクセルクセスは四二年間統治して世を去った。ここで歴史書の第十七巻が終わり、続いて第十八巻が始まる。

---

(1)「紅海（エリュトラー海）」は現在の紅海のみならず、ペルシア湾およびインド洋の一部も含む。

(2)ヘロドトス『歴史』第七巻八〇によれば、「紅海」の島々はペルシアの流刑島として利用されていた。

(3)これより以前にも、アミュティスの不貞については二度言及されている（断片一三（三二）および断片一四（三四））。

(4)アポロニデスは以前、アミュティスの夫メガビュゾスが重傷を負った際の担当医であった（断片一四（三四））。

(5)ヒッポクラテス『生殖について』四、『婦人病について』七は、性交と女性の健康との関係について論じている。ヒッポクラテスはアポロニデスと同じくコス出身であり、したがってアポロニデスはコス学派の学説を根拠にこのような発言をしたと推測できる。いっぽうクテシアスはコス学派とはライバル関係にあるクニドス学派の出身であり、ここでのアポロニデスの悲惨な最期に、コス学派とクニドス学派の対立を読み取ることも可能である。

(6)小アジア南西部の都市で、デロス同盟に加盟していた。

出典　ポティオス『文庫』第七十二項四〇a五―四一b三七。

一四a

キュルタイア――「紅海」の都市。アルタクセルクセスはメガビュゾスをこの地に追放した。典拠はクテシアス『ペルシア史』第三巻[1]。

出典　ビュザンティオンのステパノス『地理学辞典《エトニカ》』「*Κυρταία*（キュルタイア）」の項。

一四b＊［L］

ビュブロス――……ナイル河畔にもまた[2]、ビュブロスなる都市がある。非常に堅固な都市。

出典　ビュザンティオンのステパノス『地理学辞典《エトニカ》』「*Βύβλος*（ビュブロス）」の項。

一四c＊［L］

ピッサタイ――白レプラ患者のこと。

出典　ヘシュキオス『辞典』「*πισσᾶται*（ピッサタイ）」の項。

一五

四七　アルタクセルクセスが死に、王子クセルクセスが即位した。クセルクセスはダマスピアが生んだ唯一の嫡子である。ダマスピアはアルタクセルクセスと同じ日に死んだ。バゴラゾス[3]がクセルクセスの両親の遺体をペルシア[4]へ送り返した。アルタクセルクセスには一七人の非嫡出の息子がいたが、その中にはバビロニア人のアログネが生んだセキュンディアノス[5]、また同じくバビロニア人のコスマルティデネが生んだオコスおよびアルシテスがいた。オコスはのちに王になった[6]。今述べた子らに加えて、アルタクセルクセスの子供には同じくバビロニア人のアンディアが生んだバガパイオスとパリュサティスもいた。このパリュサティスはアルタクセルクセスとキュロスの母[7]となった。父親は存命中、オコスをヒュルカニア総督とし、また彼

---

(1)「第三巻」というのは、明らかな誤りである。ポティオスによる摘要に従えば、「キュルタ(イア)」は『ペルシア史』第十四巻から第十七巻の間に登場する。あるいは、ステパノスはここで、証言一六で言及される、パンピレによる三巻本の『クテシアス梗概』を典拠としているのかもしれない。

(2)この項では、フェニキアの都市ビュブロスにも言及されている。

(3)ここでは明記されていないが、先王の遺骸をペルシアに移送するのは宦官の仕事であったという先例に鑑みると、バゴラゾスは宦官であったと考えられる。

(4)より詳しくは、ナクシェ・ロスタムのこと。

(5)ディオドロス『歴史叢書』第十二巻七一・一では、ソグディアノスの名で登場する。

(6)ダレイアイオス／ダレイオス二世のこと。

(7)アルタクセルクセス二世と小キュロスのこと。この兄弟はのちに王位をめぐって対立する。

にパリュサティスという名の妻を与えた。パリュサティスはアルタクセルクセス[1]の娘でオコス自身の姉妹[2]である[3]。

四八　セキュンディアノスは宦官パルナキュアス――彼はバゴラゾス、メノスタネスやそのほか数人に次ぐ高官であった――を味方に付け、ある祝祭日[4]にクセルクセスが宮殿で沈酔したすきに、侵入して彼を殺した。それはクセルクセスの父の死から四五日後の出来事であった。そこで、親子の遺体はともにペルシアに送られた。事実、まるで息子の死を待っていたかのように、父母の遺体を載せた馬車引きの騾馬は出発しようとしなかったのである。息子の遺体が積み込まれると、騾馬はひたむきに走った。

四九　セキュンディアノスが即位し、メノスタネス[5]は彼の「アザバリテス」[6]となった。バゴラゾスは「ペルシアへ」[7]赴いていたが、セキュンディアノスのもとへ戻ってきた。彼らの間に以前からあった敵意がくすぶり出し、王の同意なしに彼の父の遺体を捨てたという口実で、バゴラゾスは王命によって石打の刑に処された。軍はこの事件を深く悲しんだので、王は贈物を下賜した。しかし、軍はセキュンディアノスの兄弟クセルクセスとバゴラゾスを殺したことで、セキュンディアノスを憎んだ。

五〇　セキュンディアノスはオコスに使者を派遣して、呼び寄せた。彼は約束したものの、セキュンディアノスのもとに赴くことはなかった。そのようなことが何度か起きた。ついにオコスのもとに大軍が集まり、周囲は彼の即位を期待した。まずセキュンディアノスの騎兵隊長アルバリオスとエジプト総督アルクサネスが離反しオコスのもとへ参じた。アルメニアから宦官アルトクサレスがオコスのもとへ到着し[8]、彼らはオコスの意思に反し、彼にキタリス[9]をかぶせた。

王になると、オコスは名をダレイアイオスに変えた。(10) 妻パリュサティスの提案で、オコスは裏切りや誓いの言葉でセキュンディアノスを追い詰めた。メノスタネスはセキュンディアノスに、ダレイアイオスの誓約を信用しないように、また騙そうとする人たちと手を結ばないように何度も注意した。それにもかかわらず、

(1) 写本ではクセルクセスだが、明らかな誤り。
(2) 異母兄弟の関係にあたる。
(3) 以上のアルタクセルクセスの婚姻・親子関係については、本書巻末の系図を参照。
(4) アテナイオス『食卓の賢人たち』第十巻四五（四三四d）によれば、ペルシア王が酩酊を許されたのは、ミトラの祝祭日のみであった。
(5) メノスタネスはクセルクセスの孫で、セキュンディアノスおよびダレイオス二世（ダレイアイオス）の従弟、すなわち彼らの父（アルタクセルクセス一世）の弟（アルタリオス）の子にあたる。断片一四（四一）および本書巻末の系図を参照。
(6) ペルシア語の *hazarapatis* をギリシア語の音に置換した語であるとするならば、「千人隊長（ギリシア語でキリアルコス）」という意味になる。
(7) バゴラゾスはこのとき、アルタクセルクセス、ダマスピア、クセルクセスの遺体をペルシアへと運んでいた。文脈から写本にはない語を補った。
(8) アルトクサレスはかつてアルタクセルクセスの前でメガビュゾスを擁護したために、アルメニアに追放されていた（断片一四（四三））。
(9) ペルシアの王冠のこと。詳しくは一三七頁註（4）を参照。
(10) 一般にダレイオスと表記されるが、ポティオスの原文に従い、訳文中ではダレイアイオスと表記する。

彼は信用してしまい、捕らえられて灰の中に投げ込まれ、[1] 六ヵ月と一五日の治世ののち死んだ。

五一　オコス、またの名をダレイアイオスは単独で王位に就いた。三人の宦官が宮廷で影響力を持っていた。もっとも力を持っていたのはアルトクサレス、次いでアルティバルザネス、三番目にアトオスであった。しかし、彼は主に妻の意見に従った。この妻からダレイアイオスは即位の前に二人の子を得ていた。娘アメストリスと息子アルサカスで、[2] アルサカスはのちにアルタクセルクセスと名を改めた。[3] 王妃となったのちに、パリュサティスはまた別の息子を産み、名を太陽からとりキュロスと名づけた。それから、彼女はアルトステスなど、次から次へと一三人の子を産んだ。史家［クテシアス］はこのことについて、彼自身がパリュサティス本人から聞いたと主張する。[4] しかし、子供たちのうちほかの子たちは夭折した。成長した子は、ここで言及した人物と、オクセンドラスという名の四男だけである。[5]

五二　王ダレイアイオスの同父同母の兄弟アルシテスとメガビュゾスの子アルテュピオス[6]が王から離反した。彼らの鎮圧にアルタシュラスが派遣され、アルテュピオスと戦った。アルタシュラスは二度の戦闘で敗れた。その後ふたたび戦闘が起こり、彼はアルテュピオスを負かし、さらには賄賂によって彼のもとにいたギリシア人を引き抜いたので、アルテュピオスのもとには三人のミレトス人［傭兵］しか残らなかった。アルシテスは姿を見せなかったので、けっきょくアルテュピオスはアルタシュラスから出された宣言と保障を受け入れて、王に投降した。

アルテュピオスを処刑しようとした王に、パリュサティスはしばらくの間は殺さないように意見した。アルシテスを投降させるための手段に使えるだろうとの理由からである。アルシテスを騙して捕らえた後、あ

郵 便 は が き

料金受取人払郵便

左京局
承 認

2176

(差出有効期限
2020年12月31日
ま で)

6 0 6 - 8 7 9 0

(受 取 人)

京都市左京区吉田近衛町69
京都大学吉田南構内

京都大学学術出版会
読者カード係 行

▶ご購入申込書

書　名	定　価	冊　数
		冊
		冊

1．下記書店での受け取りを希望する。

都道　　　市区　店
府県　　　町　　名

2．直接裏面住所へ届けて下さい。

お支払い方法：郵便振替／代引　　公費書類(　　　)通　宛名：

送料　ご注文 本体価格合計額　2500円未満380円／1万円未満：480円／1万円以上：無料　　代引の場合は金額にかかわらず一律230円

京都大学学術出版会
TEL 075-761-6182　学内内線2589 / FAX 075-761-6190
URL http://www.kyoto-up.or.jp/　E-MAIL sales@kyoto-up.or.jp

お手数ですがお買い上げいただいた本のタイトルをお書き下さい。

（書名）

本書についてのご感想・ご質問、その他ご意見など、ご自由にお書き下さい。

■お名前

（　　歳）

■ご住所

〒

TEL

■ご職業

■ご勤務先・学校名

■所属学会・研究団体

■E-MAIL

●ご購入の動機

A.店頭で現物をみて　B.新聞・雑誌広告（雑誌名　　　）

C.メルマガ・ML（　　　）

D.小会図書目録　E.小会からの新刊案内（DM）

F.書評（　　　）

G.人にすすめられた　H.テキスト　I.その他

●日常的に参考にされている専門書（含 欧文書）の情報媒体は何ですか。

●ご購入書店名

都道府県　　市区町　　店名

※ご購読ありがとうございます。このカードは小会の図書およびブックフェア等催事ご案内のお届けのほか、広告・編集上の資料とさせていただきます。お手数ですがご記入の上、切手を貼らずにご投函下さい。各種案内の受け取りを希望されない方は右に○印をおつけ下さい。　案内不要

西洋古典叢書

月報 138

2018＊第6回配本

レムノス島／カベイリオン

2019年3月
京都大学学術出版会

女王セミラミスの「楽園」

奥西　峻介

クテシアス『アッシリア史』によると、アッシリアの女王セミラミスは、メディア遠征の途上、バギスタノンという山の麓に公園を造り、山の摩崖に肖像と碑文を刻ませたという（断片一b（第十三章一―二））。

この話は史実ではなく、バギスタノンの肖像および碑文はアケメネス朝ペルシアのダレイオス一世のものであり、「バギスタノン（Βαγίστανον）」という山名は古代ペルシア語「バガスターナ（*Bagastāna-）」の訛りで近代ペルシア語の「ビーソトゥーン（Bīsotūn）」のことだと言われる。

バガスターナの前半の「バガ」は「神」ないし「天子」の意味で、後半の「スターナ」は地域を表わす接尾辞だから、全体で「神座」ほどの意味になり、ゼウスを勧請する山というクテシアスの記述と一致する。しかし、この語は今のところ実在が確認できないうえに、ビーソトゥーンの語源とするには音韻史上の無理がある。

古代語の「バガ」は、中世語では「バイ」となって、ササン朝の王の称号にも使われ、それが現代語では異形態「ビー」となりうる。いっぽう、「スターナ」は現代語では「スターン」となって、アフガニスタンなど国名や地名によく見られる。だから、古代ペルシア語「バガスターナ」が現代に伝わっていたら、「ビースターン（*Bīstān）」になったはずである。古代サカ族の国「サカスターナ（Sakastāna-）」は中世語「サギスターン（Sagistān）」などを経て、現代語では「スィースターン（Sīstān）」と呼ばれる。

ビーソトゥーンは、文字通りには「無柱」という意味である。中世のアラブ史家らは「ベヘストゥーン（Bihsutūn）」とも呼んだが、これは「良柱」という意味である。これらの命名はペルセポリスに関係したものだろう。

ペルセポリスとは、アレクサンドロス大王による破壊の後に使われ出したギリシア語名で、それがアケメネス朝時代にどう呼ばれていたか不明である。唯一無比のものであったから、名前がなかったのかもしれない。ササン朝時代には神聖な巡礼地であったらしく、その地を訪れたサカ侯が碑文を刻んで、「サドストゥーン（Sad-stūn）」すなわち「百柱」と呼んでいる。当時は現代よりも数多くの石柱が立っていたのだろう。このペルセポリスとビーソトゥーンは一種の「対」を形成していたのである。

ペルセポリスは、構造や装飾などから推認すれば、政庁や宮殿というよりは、王が新春に再生の儀礼を行なう神社のようなものであった。それは、アケメネス朝の諸王墓があり、ササン朝の王らが戦勝や王権神授の記念レリーフを刻んだ聖地ナクシェ・ロスタムに向かって造営されている。そして、両者を結ぶ延長線上にビーソトゥーンがある。その方角はザグロス山脈を伝ってイラン高原に進出したペルシア人の故国を指すらしい。ペルセポリスが本宮だとすれば、ビーソトゥーンは奥の院に当たるものだった。だから、ダレイオスは、自分がペルシアの王権を獲得した正当性をきわめて詳細に長々と、ペルシア語、エラム語、アッカド語の三ヵ国語で碑文に刻む場所に選んだのだと思われる。

ビーソトゥーンは、メディアの首都エクバタナの真西に位置し、東から見た山容はM字形で、ペルシアの新春すなわち春分には、太陽がその谷間に沈むのが遠望された。その彼方から祖先霊であり守護霊であるフラワシが有翼円盤に乗って来訪し、王権や恩寵をもたらすと考えられたようで、昔から聖なる山域だったのである。その山中には有史以前の人跡も発見されている。

ダレイオスは碑文を神に向けて刻んだのではないかと思われる。もとから人間が読むことを期待していなかったのかもしれない。それが証拠に、碑文は判読しがたい位置にあるし、造刻されて百年も経ぬ間に、作成者も内容も忘れ去られていた。少なくとも、ペルシア語の楔形文字は、おそらく儀礼的碑文専用のもので、あまり普及しなかった。当時から、日常の生活にはより軽便なアラム文字ないしアラム語が使われ、日本で漢文を読み下すように、専門職がアラム語の文書をペルシア語に同時通訳的に翻訳し、その逆にペルシア語の言葉をアラム語で記録していたと思われる。クテシアスの時代には碑文が読めるペルシア人もなく、彼も伝説のアッシリア女王が刻んだなどという荒唐無稽を書いたのだろうが、その山が聖域であるという古代の信仰が当時も人々の間にあったことがバギスタノンという地名の顚末から推測できる。

クテシアスが伝えるセミラミスの碑文には、女王が配下に土砂を運び積み上げさせた山を使ってバギスタノンの絶崖の上に立ったと刻まれている。もちろん、ダレイオスの碑文の内容と一致するところは片鱗もない。しかし、ビーソトゥーンの岩壁の登頂が一種の難行または試練だったと思わせる伝承がある。ペルシアの神話伝説の集大成であるフェルドウスィーの『王書』などが語る石工ファルハードの悲恋の説話である。彼は身分不相応にも、ササン朝の王ホスロウ二世の想い人であるアルメニアの王女シーリーンに懸想し、恋敵の王にビーソトゥーンに階段を彫るという難題を課せられた。昼夜を置かぬ奮励で王命を果たして、婚姻を願い出ると、王女死亡の便りが来た。石工はそれが虚偽だとも気づかず、山頂から身を投げたのだった。岩山にはファルハードが打ち込んだ鑿が残っていると言われる。

ビーソトゥーンの崖下にセミラミスが造ったという大きな公園も灌漑のための泉も、現地には痕跡さえもない。しかし、これもクテシアスの全くの妄想とは言いがたい。

ここで一般に「公園」と訳される原語は「パラデイソス(παράδεισος)である。この語は古代ペルシア語「パリデーダ(*pari-dēda-)」、あるいはメディア語系の「パリデーザ(*pari-dēza-)」の借用語で、原義は「土塀で囲まれた(所)」である。パラデイソスの様子はクテシアスの同時代人クセノポンが『アナバシス』(一・四・一〇等)に詳しく述べている。そこには川が流れさまざまな植物が茂っていた。中央の水流を挟んで立木が列をなし、草花が咲き乱れる後世のイスラム庭園の原型である。そのような囲苑で、ペルシア王が獣を狩ったとクセノポンは伝える。その狩猟とは、娯楽というよりはむしろ儀礼で、トーテムを殺すことによる再生あるいは生命力の回復を象徴していたと思われる。このペルシア語「パリデーダ」も現存の史料には見当たらないが、同系のアヴェスタ語に音韻が対応する「パリダエーザ(pairi.daēza-)」がある。この語は屍体を処理する場所や業病者の収容所、物忌み時の女性の隔離場など禁忌の施設の形容に用いられるから、パリデーダが文化的「異界」を指したことは間違いない。諸言語に借用されて、パラダイスなど「楽園」の意味になったのももっともである。

ビーソトゥーンの碑文からしばらく西へ行くと、同じ山塊の麓にターケ・ボスタンの遺跡がある。崖壁の基部に人工的に整えられたアーチの洞が大小二つある。大洞の奥壁にはササン朝の王の騎馬像と王権授与図のレリーフがある。王権を授受する王の傍らでは、水の女神アナーヒターが灌地礼を行なっているから、この洞穴に水源があったのだろう。現在も洞の前には山の湧水が溜まった大池がある。大洞の左右の横壁には、王の狩猟が浮き彫りにされている。左のレリーフでは、王は舟上に立ち、弓で水場を逃げるイノシシを狩っている。右壁では、騎乗の王が野を走るシカを射ている。いずれも、狩場は幕か壁で囲まれていて、それがパラデイソスであるとわかる。王は多くの従卒と楽隊を伴っており、矢を射るところの王とともに射箭後に後光が差す王も同一画面に描かれていて、狩猟による王権更新の儀礼であることを示している。もちろん、現実の狩りの様子ではあるまい。水上と陸上の場面があるのは、その権威が全世界に及ぶことを象徴しているのであろう。

この遺跡がアケメネス朝時代にどのような状態であったかは全くわからない。しかし、伏流水が地表に現われる山地と平地の境界すなわち山麓に洞穴や岩溝があって、そこから水が流れ出す地形は、女性を連想させるのか、豊穣の象徴となり、神聖な場所と見なされたり、その水が名水として珍重されたりする民俗は、世界中に時代を超えて観察されるから、アケメネス朝時代にも何らかの聖所であったのだろう。そのような場所で猟の儀式を行なうのが太古の習俗であったらしい。その模式図がターケ・ボスタンの浮き彫りである。「原」は、崖下の泉の象形で源を意味するが、それが平野の意味ももつのは、原義が猟野であるが、「邍」の宛字に使われたからだと言われるが、果たしてどうだろうか。山腹の岩陰に隠れて、崖下の泉に来る獣を狙った先史人の思考が投影されているようにも思える。

クテシアスの時代には、ダレイオス一世の偉業も忘れ去られていたのだから、古代にあったかもしれないパラデイソスや狩猟の儀礼は、漠然たる伝説としてしか残らなかっただろう。それが水の女神アナーヒターへの連想で、伝説に彩られた女王に仮託されていたのではあるまいか。

プルタルコス「アルタクセルクセス伝」などに言わせれば、クテシアスの記事は、事実からほど遠い作り話が多いそうである（証言一一d—e）。確かに、登場人物も出来事も事実とは齟齬していることが少なくない。しかし、逆に、支配者や主人公が交代しても変わらぬ普遍の一端を伝えているかもしれないのである。

（比較民俗学・イラン学／大阪大学名誉教授）

連載

西洋古典雑録集 (12)

ギリシア神秘主義の系譜 (1)

フランスの哲学者ベルクソンは、『道徳と宗教の二源泉』のギリシアの神秘主義について述べたところで、プラトン哲学の最初のインスピレーションはピタゴラス派の思想に、そしておそらくオルペウス教にまで遡るだろうと言っている。ピタゴラスについては、プラトン自身が『国家』において、魂の浄めと不死を説くその生き方をホメロスに勝るものとみている（六〇〇B）ことからしても、その影響について理解できるが、一方のオルペウス教については、その存在がよく分からないこともあって、両者の関係は十分に明らかではない。

ここでオルペウス教とは何かについて簡単に説明しよう。オルペウス（あるいはオルフェウス）はホメロスやヘシオドスよりも古い伝説上の詩人で、竪琴の名手だったとか、死んだ妻のエウリュディケを探しに冥界まで降りていったとかいう話はよく知られている。そのオルペウスが創設したという密儀宗教がオルペウス教である。伝統的な神話とは異なる独自の宇宙生成論（コスモゴニアー）を有し、来世信仰を伴っている。古くはプラトンが言及しているが（『国家』三六三D）、これによればオルペウスの弟子であるムサイオスと彼の息子（エウモルポス）が伝えるその教説は、正しく生を送った人間にあの世における全時間を酩酊した状態で過ごすことを約束しているという。この永遠の酩酊（methē aiōnios）という表現は賞賛よりは、むしろ揶揄しているようにみえるが（プルタルコス『キモンとルクルスの比較』一参照）、冒頭に記したように、オルペウス教についてはその実態がよく分かっていない。イギリスの古典学者E・R・ドッズは『ギリシア人と非理性』において、これに先立つI・M・リンフォースの研究を受けて、古典時代にオルペウス教という宗派ないし共同体があったことを、もはや自信をもって主張できなくなったと告白している。

オルペウス教についての古い言及は、ヘロドトス『歴史』（第二巻八一）にもある。その部分を訳出してみよう。「エジプト人は羊毛を神殿内に持ち込んだり、ともに埋葬したりしない。それは不敬なことだからである。彼らはその点で、いわゆるオルペウス教［やバッコス教］と一致しているが、これらは［エジプト人や］ピタゴラス派のものでもある」（括弧で囲んだ部分を読まない写本もある）。このように、前五世紀のヘロドトスはオルペウス教とピタゴラス派の関連について知っていたわけであるが、リンフォースによれば、その細かな内容を記した文献（冥界や宇宙生成論の具体的記述）は古典期に存在せず、その大部分がローマ時代のものだとされる。

ところが、南イタリアのヒッポニオンから黄金版（前四〇〇年頃のもの）、クリミア半島の都市オルビアで骨片板などのオルペウス教関連の遺物が発見され、特に後者には「オルペウス教徒」と「ディオ［ニュソス］」と引っ掻いた文字が見られ、前五世紀頃に書かれたものとして同定された。さらに、一九六二年にはギリシア北部テサロニキの近郊にあるデルヴェニで発掘された墓の一基から、焼き焦げたパピルスの巻子本が発見され、炭化したパピルスを丁寧に剥がすなかに現れたのは、オルペウス教の神統記に関連する資料で、その詩行について寓意的な解釈が施されていた。デルヴェニ・パピルスの正式の校訂本が刊行されたのが二〇〇六年で、発見から実に四四年が経過している。いずれにせよ、このパピルスが書かれたのは前四〇〇年頃のものとされている。つまり、これらは前五世紀にまで遡ることになり、もしかすると前六世紀にすでに存在していた可能性もあるのである。

プラトンは肉体を魂にとっての墓場（いわゆるソーマ＝セーマ）とする説について何度か言及しているが、『クラテュロス』（四〇〇C）では、これをオルペウス教に由来するものとしている。しかしそのプラトンも、右に記したように同時代のオルペウス教徒が唱える来世の至福には批判的であった。当時はすでに「ムサイオスとオルペウスの書き物（bibloi）」（『国家』三六四E）なるものが存在していたが、これを「煙のような多くの書き物」（『ヒッポリュトス』九五四行）と述べたエウリピデスにも、プラトンと同様の苛立ちの反応が感じられる。オルペウスもその弟子とされるムサイオスも伝説的な人物だが、その思想の普及に貢献したと考えられる人物にオノマクリトス（前五三〇頃—四八〇頃）がいる。ヘロドトスは、僭主ペイシストラトスが治世した頃のアテナイの占い師（chrēsmologos）で、ムサイオスの『託宣集』を編纂したが、勝手に別の託宣を中に挿入したために追放された、と記録している（『歴史』第七巻六）。いずれにせよ、このような資料から分かるのは、当時口伝による伝承が文字化されていたのと同時に、その教義も通俗化しつつあったという事実であり、プラトンやエウリピデスの文言にはこの傾向に対する反応を見てとることができるのである。

（文／國方栄二）

西洋古典叢書

［2018］全6冊

★印既刊

●ギリシア古典篇

アポロニオス・ロディオス　アルゴナウティカ★　堀川　宏 訳

クイントス・スミュルナイオス　ホメロス後日譚★　北見紀子 訳

クテシアス　ペルシア史／インド誌★　阿部拓児 訳

プラトン　パイドロス★　脇條靖弘 訳

プルタルコス　モラリア 4★　伊藤照夫 訳

リバニオス　書簡集 2★　田中　創 訳

●月報表紙写真――レムノス島は、サモトラケ島とともに、カベイロイ信仰のギリシアにおける中心地であった（「月報」137参照）。これはプリュギア発祥の古代密儀宗教の一つで、複数の大地神（カベイロイ）を崇拝し、供犠などの祭祀によって、特にギリシアでは農耕や航海の安寧を祈願することが行なわれた。またこの島ではヘパイストス神が司る鍛冶の仕事とも関連づけられた。祭祀の場（カベイリオン）は、北東の岬の海崖から階段状の参道を登った急峻な丘の斜面に広がって、アルカイック期、ヘレニズム期、ローマ人によるものの三つの遺構が認められる。最も目立つのは、ヘレニズム期（前二世紀）のもので、斜面を整地したテラスいっぱいに敷かれた土台の石組みと八本のイオニア式石柱の基礎部分が残されている。ただし、この壮麗な祭祀場は完成には至らなかったようで、やがてローマ人による第三の施設に引き継がれた。（一九九五年六月撮影　高野義郎氏提供）

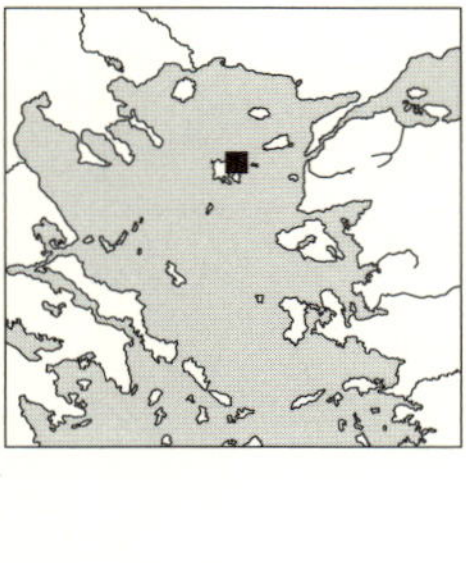

らためて反乱者二人を処刑しなければならないと彼女は言った。彼女の計画は成功して、そのようになり、アルテュピオスとアルシテスは灰の中に投げ込まれた。王は［自身の兄弟である］アルシテスを殺したくはなかったが、パリュサティスが王を説得しつつも、なかば強引に処刑した。セキュンディアノスとともにクセ

(1) ウァレリウス・マクシムス（後一世紀）は『著名言行録』第九巻二（国外）・六で、この刑を紹介している。それによれば、灰の刑の処刑方法は以下の通り。まず高い壁に囲まれた部屋に灰を敷き詰め、その上に梁を通す。犠牲者は無理やり飲食をさせられたのち、梁に上らされる。満腹感から犠牲者が眠ってしまうと、彼は灰の上に落ちて死ぬ。死因は明記されていないが、灰による窒息か、熱による火傷であろう。

(2) プルタルコスは、クテシアスによればアルタクセルクセスの幼名はアルシカスであったと、またディノンによればオアルセスであったと記している（『アルタクセルクセス伝』一＝クテシアス「断片」一五a＝ディノン「断片」一四（*FGrH* 690））。

(3) アルタクセルクセス二世のこと。

(4) 証言八bと重複。

(5) ダレイオスとパリュサティスの子として、クセノポン『アナバシス』第一巻一・一）はアルタクセルクセスとキュロスの二子が、プルタルコス（『アルタクセルクセス伝』一＝断片一五a）はアルタクセルクセス、キュロス、オスタネス、オクサトレスの四子がいたと伝える。プルタルコスとポティオスは同じクテシアス『ペルシア史』に依拠しながら、しばしば人名表記上の単純な異同を見せる。引用者および写字生がペルシア語名に不慣れであったために起きた現象であろう。

(6) クセルクセスの孫。ダレイオスにとっては従弟、すなわち父（アルタクセルクセス一世）の妹（アミュティス。メガビュゾスの妻）の子にあたる。なお、アルテュピオスは先にアルタクセルクセス一世から離反したゾピュロスとは兄弟になる。断片一四（四〇）、一四（四五）および本書巻末の系図を参照。

ルクセスを殺害したパルナキュアスも[1]、石打ちの刑で処刑された。メノスタネスも[2]捕らえられたが、彼は処刑される前に自殺した。

五三　ピストネスが反乱を起こし[3]、ティッサペルネス、スピトラダテス、パルミセスが鎮圧に派遣された。ピストネスは、アテナイ人リュコンと彼が指揮するギリシア軍の援助を得て、進撃した。王の将軍たちはリュコンとギリシア軍を金で買収して、ピストネスから離反させた。その後、彼らはピストネスと相互に保障を取り交わし、彼を王の面前に引きずり出したところ、王は彼を灰の中に投げ込んで、ピストネスの総督領をティッサペルネスに与えた。リュコンは裏切りの代償に、数都市と領地を譲り受けた。

五四　宮廷で大きな影響力を持っていた宦官アルトクサレスは、自身が王になろうと欲し、王にたいして陰謀を企んだ。アルトクサレスはある女性に頼み、男らしく見えるように顎鬚と口髭を作ってもらったが、彼女が計画を暴露した。アルトクサレスは捕らえられ、パリュサティスに引き渡されて処刑された。

五五　王子アルサケス[4]──彼はのちにアルタクセルクセスと改名する──はイデルネスの娘スタテイラを娶り、イデルネスの息子は王女を娶った[6]。その娘の名は、アメストリスであった。婿の名はテリトゥクメスであった。彼は父の死後、父の総督位を継いでいた。

テリトゥクメスには同じ父から生まれたロクサネという名の姉妹がいた。ロクサネは見目美しく、弓術と槍術に長けていた。テリトゥクメスはロクサネに恋し、彼女と同衾し、妻アメストリスのことを疎ましく思うようになった。ついに彼はアメストリスを袋に詰めて、ともに反乱を画策していた三〇〇人の仲間たちに彼女を刺し殺させる計画を立てた。しかし、ウディアステスという名の人物──彼はテリトゥクメスにたいし影響力があり、王女が助かった場合に授かる、多くの約束事が書かれた手紙を王から受け取っていた――は、テリトゥクメスを攻撃し、彼を殺した。テリトゥクメスは反乱中、勇敢に戦って多くの敵を殺した。伝えられるところでは、その数は三七人にも上ったという。

五六　ウディアステスの子ミトラダテスはテリトゥクメスの従者であったが、反乱には参加しておらず、事件の経過を知ったときには、父を大いに呪った。彼はザリスの町(7)を征服して、それをテリトゥクメスの子のために占守した。しかし、パリュサティスはテリトゥクメスの母、彼の兄弟ミトロステスならびにヘリコス、彼の姉妹――スタテイラのほかに二人いた――を生き埋めにするように、とくにロクサネについては、生きたまま切り刻むように命じ、それらは実行された。王は妻パリュサティスに、息子アルサケスの妻スタ

(1)宦官。断片一五(四八)を参照。
(2)ダレイオス二世の従弟で、セキュンディアノスの側近。断片一五(四九)および一七一頁註(5)を参照。
(3)トゥキュディデス(『歴史』第八巻五および二八)は、ピストネスの反乱には言及していないが、彼の庶子アモルゲスも父と同じく王に反乱したと記録している。
(4)むろん、本断片(五一)に登場するアルサカスと同一人物。ただし、クテシアスが伝えるアルタクセルクセスの幼名として、アルサカスとアルサケス、あるいはそれ以外の名(アルシカス)のいずれが本来の綴りであったのかを特定することは不可能である。
(5)おそらく、ダレイオス一世とともに僭王スペンダダテスを誅殺したペルシア人貴族イデルネスの子孫だと考えられる。断片一三(一六)を参照。
(6)ペルシア王家とイデルネス家との婚姻関係については、本書巻末に付載の系図を参照されたい。
(7)おそらくセイスタン(現在のアフガニスタン南西)に位置。

テイラも同様にするよう指示した。しかし、アルサケスは大いに涙を流し悲嘆の声を上げ、父と母に赦しを請うた。パリュサティスが考えを変えると、オコスことダレイアイオスも譲歩したが、パリュサティスにひどく後悔するであろうと言った。以上で、第十八巻が終わる。

出典　ポティオス『文庫』第七十二項四一b三八―四三b二。

一五a

二　ダレイオスとパリュサティスには四人の子供がいた。(1) いちばん年長がアルタクセルクセスで、その下にキュロス。そして、彼よりも下にオスタネスとオクサトレスがいた。三　キュロスは名前を初代のキュロスからもらっており、その名は太陽に由来するのだと言われている（というのも、ペルシア人は太陽のことを「キュロス」と呼ぶからである）。(2) 四　アルタクセルクセスは最初、アルシカスと呼ばれていた。これについてデイノン(3)は、彼の名はオアルセスであったと言う。しかし、クテシアスは信用できないようなでたらめな話をあれこれ寄せ集めてきては、自らの史書に書き入れているとはいえ、さすがに王の名を知らなかったなどというはずはない。というのも、彼はこの王の宮廷で暮らし、王や王妃、その母や子らの侍医を務めていたのだから。(4)

出典　プルタルコス『アルタクセルクセス伝』一・二―四。

一五b＊［L］

両親の勧めもあって、アルシカスは美しく、また徳もそなえた女性と結婚し、〔その後〕両親が妨害してきたときには彼女のことを守った。父王〔ダレイオス二世〕は彼女の兄を殺したのち、彼女も処刑しようとしたが、アルシカスは大いに涙を流しながら母親に懇願し、何とか妻が殺されずに、また離別もせずにすむように説得した。

出典　プルタルコス『アルタクセルクセス伝』二・二。

一六

五七　第十九巻では、クテシアスはオコスことダレイアイオスが三五年(5)の治世ののち、バビロンにてどの

(1)ダレイオス二世のこと。ポティオスの摘要では、ダレイアイオスの名で登場する。

(2)この語源説は、おそらくでたらめである。

(3)前四世紀、小アジアの都市コロポン出身の歴史家。クテシアスよりのちに、三部構成の歴史書『ペルシア史』を著わした。

(4)証言一一dと重複。

(5)実際のダレイオス二世の統治期間は二〇年程度であった。ここではその治世が大幅に引き伸ばされている。

ように病死したかを取り上げる。アルサケスがアルタクセルクセスと改名し、即位した。(1)
五八　ウディアステスは舌を根元から引き抜かれ、死んだ。彼の息子ミトラダテスは父の後を継ぎ、総督となった。これは王妃スタテイラの熱望によってなされたことで、パリュサティスは不満だった。
五九　キュロスは、兄王アルタクセルクセスの前でティッサペルネスによって告発され、(2) 母パリュサティスのもとへ逃げ、疑惑を晴らした。名誉を傷つけられたキュロスは兄のもとを離れ、自らの総督領へ行き、反乱を計画した。
六〇　パリュサティスはまったく節度を保っていたにもかかわらず、サティバルザネス(3)はオロンデスを、パリュサティスと同衾したとして讒訴した。オロンデスは処刑され、王母は王に怒った。
六一　パリュサティスはテリトゥクメスの息子を毒殺した。
六二　慣習に反して、父親を火葬にした男について。これゆえ、クテシアスはヘラニコス(4)とヘロドトスを嘘つきと非難する。(5)
六三　キュロスの兄王からの離反、ギリシア人とバルバロイの軍勢召集、クレアルコスがギリシア軍の将軍であったこと。(6) いかにキリキア王シュエンネシスがキュロスとアルタクセルクセスの双方に味方したかについて。いかにキュロスが彼の軍隊を鼓舞し、今度はアルタクセルクセスが自らの軍隊を鼓舞したかについて。ギリシア軍を指揮していたラケダイモン人クレアルコスとテッサリア人メノン――彼らはキュロスとともにいた――は常に不仲だった。というのもキュロスは何事につけてもクレアルコスに意見を求めて、一方でメノンの意見を無視したからである。多くの兵がアルタクセルクセス軍からキュロスのもとへ脱走したが、キュロス軍からアルタクセルクセスのもとへは誰も逃げなかった。それゆえ、アルバリオス[7]はキュロスの陣営に付こうとして非難され、灰のなかに投げ込まれた[8]。

(1)これ以降、クテシアス『ペルシア史』のアルタクセルクセスにかんする叙述は、プルタルコス『アルタクセルクセス伝』中にも、より詳細に伝えられている。また、クテシアスとは別系統の同時代史料として、クセノポン『アナバシス』が伝存し、ディノン『ペルシア史』が同じくプルタルコス『アルタクセルクセス伝』中に引用されている(クセノポン『アナバシス』、ディノン『ペルシア史』はともに、クテシアス『ペルシア史』よりものちに執筆されている)。ポティオスの摘要はアルタクセルクセス二世の治世に入ってから、徐々に名詞句の羅列へと変化していき、前後関係がいちじるしく不明瞭になっていく。したがって、以下の註では『アルタクセルクセス伝』、『アナバシス』から可能なかぎり情報を補い、文脈を説明していく。

(2)この間の事情は、プルタルコス『アルタクセルクセス伝』三=断片一七に詳しい。

(3)王付きの宦官。この箇所以外にもサティバルザネスはクナクサの戦い(プルタルコス『アルタクセルクセス伝』一二・四=断片二〇)およびサラミス王エウアゴラスとの交渉の場面(断片三〇(七三))で活躍する。

(4)レスボス島出身の歴史家。ヘロドトスの同時代人で、『ペルシア史』を含む二四もの題名が、彼の作品として伝わる。

(5)ヘロドトス(『歴史』第三巻一六)は、ペルシア人は火を神と考えているので、火葬はしないと述べている。

(6)実際のクレアルコスは全ギリシア軍の将軍ではなく、ペロポネソス軍の一部の将軍にすぎなかった。証言七bで非難される、クテシアスのクレアルコス贔屓が垣間見られる。

(7)断片一五(五〇)に登場する、セキュンディアノス軍の元騎兵隊長と同一人物か。

(8)灰の刑については、一七三頁註(1)を参照。

六四　キュロスによる大王軍にたいする攻撃ならびにキュロスの勝利。[1] しかしクレアルコスの忠言[2]を無視したゆえのキュロスの死[3]と兄王アルタクセルクセスによるキュロスの遺体への侮辱。アルタクセルクセスはキュロスの頭と手――この手によってキュロスはアルタクセルクセスを攻撃した[4]――を切り落とし、凱旋した。

六五　ラケダイモン人クレアルコスおよびその麾下のギリシア軍の夜間撤退とパリュサティス所有の一都市の占領。[5] その後の、王とギリシア人との協定。[6]

六六　パリュサティスがキュロスを悼んでバビロンに赴き、かろうじてキュロスの頭と手を取り返し、葬儀の後、彼女がそれらをスサへ送ったことについて。王の命令でキュロスの遺体から頭部を切り離したバガパテス[7]の話。どのように王母が王と取り決めに従ってサイコロ・ゲームをし、勝利して、バガパテスを譲り受けたのかについて。[8] バガパテスがパリュサティスによって皮を剝がされ磔刑に処された方法。アルタクセルクセスの強い要請によって、パリュサティスがキュロス戦死の深い悲しみから立ち直ったことについて。

六七　アルタクセルクセスがキュロスの鞍敷きを持ってきた男に贈物を与え、[9] キュロスに傷を負わせたと

(1) クナクサの戦いの経過については、むろんクセノポン『アナバシス』第一巻八に詳しく、プルタルコス（『アルタクセルクセス伝』八・一）も諸家の意見が分かれるキュロスの最期をのぞいては、あらためて叙述すべきではないという姿勢をとっている。

(2) クレアルコスはキュロスに後衛に陣取るよう助言したが、王位をねらう人物にふさわしからぬ行為だとして、キュロスはこの忠告を拒否した（プルタルコス『アルタクセルクセス伝』八・二＝断片一八）。しかし、クセノポン（『アナバシス』第一巻七・九）によれば、クレアルコスのみならず多くの人物が同様の忠告をしたという。ここにも、クテシアスのクレアルコス贔屓が垣間見られる。

(3)プルタルコス（『アルタクセルクセス伝』一一―一三＝断片二〇）は、クテシアスが伝えるキュロスの最期について、かなり詳細に記述している。キュロスはいったんアルタクセルクセスを攻撃し、傷を負わせたが、ペルシア人ミトラダテスに攻撃され、無名のカウノス人に止めを刺された。

(4)戦争中、キュロスはアルタクセルクセスと直接対決し、槍を投げて彼の胸に傷を負わせた（プルタルコス『アルタクセルクセス伝』一一・二＝断片二〇）。この事件にかんしては、クセノポンもキュロスの近辺に居合わせていなかったため、クテシアスの記述に依拠している（『アナバシス』第一巻八・二六＝断片二一）。

(5)クセノポン（『アナバシス』第二巻四・二七）は、ティッサペルネスの許可のもと、ギリシア軍がパリュサティスの所有地を略奪したと伝える。ただし、この略奪は王と休戦協定が結ばれた後におこなわれており、クテシアスは別の事件を伝えているのかもしれない。

(6)クセノポンが伝える休戦協定の過程は以下の通り。クナクサの戦い直後、大王軍より使節が派遣され、ギリシア軍に武装解除を勧告した。このときクレアルコスは態度を保留する（『アナバシス』第二巻一・七―二三）。翌日あらためて使節が派遣され、今度は休戦の交渉をおこなうと、ギリシア軍はこの申し出を受け入れることにした（『アナバシス』第二巻三一―一〇）。

(7)プルタルコス『アルタクセルクセス伝』一七＝断片二六では、マサバテスの名で伝わる。

(8)プルタルコス（『アルタクセルクセス伝』一七＝断片二六）によれば、大略以下の通りである。パリュサティスはキュロスの遺体を切断した宦官に復讐を試みたが、アルタクセルクセスはそれを許さなかった。そこで、パリュサティスははじめ金銭を賭けて、王にサイコロ・ゲームを挑み、故意に負けた。次に、互いに任意に指名した宦官を譲り受けるという条件で再び王にゲームを挑み、今度は真剣勝負をして、賭けに勝った。

(9)プルタルコス（『アルタクセルクセス伝』一四＝断片二六）によれば、アルタクセルクセスはキュロスに最初の一撃を加えたミトラダテスを、「キュロスの鞍敷きを持ち帰った」という理由で賞した。このように功労者を不当に過小評価した理由は、王自らがキュロスを討ったと周囲から認識されなければならなかったからである。

思われるカリア人に褒美を取らせたことについて。[1] パリュサティスが褒美を受けたそのカリア人を拷問にかけて殺したことについて。[2] アルタクセルクセスが、要請してきたパリュサティスにミトラダテス——彼は宴席でキュロスを殺したことを自慢していた——を譲ったことについて。[3] パリュサティスは彼の身柄を引き受けると残酷に処刑した。[4]

以上のことが第十九巻と第二十巻で述べられている。

出典　ポティオス『文庫』第七十二項四三b三—四四a一九。

一七

第二章

三　彼らの母親［パリュサティス］は、［アルシカス、のちのアルタクセルクセス二世よりも］キュロスのほうを溺愛しており、彼を王にしたがった。[5] そこで、彼らの父親［ダレイオス二世］が病に伏して、キュロスが［小アジア］沿岸部から呼び戻された際、[6] 彼は自分が王位継承者に指名されるよう母親がうまくやってくれたの

(1) プルタルコス（『アルタクセルクセス伝』一一＝断片二〇）によれば、件のカリア人とはカウノス（カウノスは小アジア南西部の都市）出身者であった。大王軍に属するカウノス人の一団が、戦闘の混乱のなかでキュロス軍側に紛れ込んでしまう。羽織の色の違いから、敵方に紛れ込んだことに気づいたカウノス人の一人が、側にいた人物をキュロスだとは

知らずに槍を投げ、次に石をぶつけて殺したのだという。

(2)このカリア人(実際にはカウノス人)は当初、キュロス戦死の報を伝えたという理由で、褒美に与った。しかし、褒賞を受けた後、不当に過小評価されたことを不満に思った彼は、自分がキュロスに止めを刺したのだという真実を公表する。名誉を傷つけられた王は怒り、カウノス人の打ち首を命じたが、パリュサティスが王に願い出て、身柄を引き受けて処刑した。なお、処刑は一〇日間拷問にかけ、両目をえぐり、溶解した青銅を耳に流し込むという方法でおこなわれた(プルタルコス『アルタクセルクセス伝』一四=断片二六)。

(3)プルタルコス(『アルタクセルクセス伝』一五―一六=断片二六)によれば、事件の経過は大略以下の通りである。当初ミトラダテスは、キュロスの鞍敷きを持ち帰ったゆえの報償という、不当評価を甘受していた。しかし、宴席でパリュサティス付きの宦官の誘導尋問を受け、キュロスに最初の一撃を加えたのは自分であるという真実を暴露してしまう。自らの手で王位挑戦者キュロスを撃退したという名誉を喪失したアルタクセルクセスは、ミトラダテスの処刑を決定する。なおプルタルコスは、ミトラダテス(ミトリダテス)がパリュサティスに譲渡された経緯については触れていないが、もしこのミトラダテスが断片一五(五六)および断片一六(五八)に登場するミトラダテスと同一人物(テリトゥクメスの元従者で総督)ならば、パリュサティスはこれ以前からテリトゥクメスとつながりのある彼の存在を快く思っておらず、これを機にミトラダテスの身柄を要請したことは道理にかなう。

(4)プルタルコス(『アルタクセルクセス伝』一六=断片二六)によれば、「残酷な処刑」とは飼い葉桶の刑のことであった。飼い葉桶の刑については、同箇所に詳しい。

(5)この兄弟差別には、母パリュサティスの個人的な情愛だけではなく、王家に反乱したイデルネス家の血統(スタテイラとその夫アルタクセルクセス二世)を排除したいという政治判断も含まれていたと考えられる。断片一五(五六)および断片一五bを参照。

(6)キュロスはこれ以前に、リュディア、大プリュギア、カッパドキアの総督として、小アジアに派遣されていた。クセノポン『アナバシス』第一巻九・七を参照。

ではないかと期待に胸を膨らませて、都[1]へと上っていた。四　そこでパリュサティスは、昔クセルクセスがデマラトスに教わって使った、もっともらしい論法[2]を持ちだして、アルシカスが生まれたときには［父親の］ダレイオスは一私人にすぎなかったが、キュロスが生まれたときには、彼は王になっていたと主張した。五　しかし、彼女のわがままは通らず、年長の息子が王位に指名され、アルタクセルクセスと名を改め、一方キュロスはリュディア総督と沿岸部一帯の将軍に任命[3]された。

第三章

一　ダレイオスの死後間もなくアルタクセルクセスは、ペルシアの祭司の手によって、王となるための秘儀を授かりにパサルガダイへとむかった。二　当地には、アテナに擬えることのできる、戦の女神[4]の神殿がある。秘儀を授かる者はこの神殿へと足を入れ、自身の衣服を脱ぎ、初代のキュロスが王位に就く以前に着ていた衣服を着用することになっている。それから、イチジクから作られた菓子を口にし、テレビンの木をかじり、一杯のヨーグルトを飲む。このほかにも何か儀式をおこなうかどうかは知られていない。三　アルタクセルクセスがこれらの儀式を執り行なおうとしたまさにそのときに、ティッサペルネスが祭司の一人を彼のもとに連れてきた。この祭司はキュロスの幼少期に、彼に伝統的な教育を施した責任者で、宗教祭儀について手ほどきした人物でもあり、キュロスが王に指名されなかったときには、ペルシア人の間で誰よりも狼狽したと考えられていた。それゆえ、彼がキュロスにたいする告発を始めたときには、その発言内容は信用できるとされた。四　祭司は、キュロスが聖域のなかに身を潜め、王が服を脱いだ瞬間に、彼に襲いかかって殺そうとしていたのだと告発した。五　この告発によってキュロスが逮捕されたと言う者もいるし、キュロスは聖域に入って、身を隠していたところを祭司によって身柄が引き渡されたのだという説もある。

六　キュロスがまさに刑に処されようとしたとき、母親が両腕で彼の体を抱き、髪の毛も巻きつけて、その首を自分の首に押し当て、大いに泣き叫んで王に懇願し、キュロスを［無罪放免で］沿岸地方へと送り返させた。しかしキュロスは、自分の支配権に満足できなくて、釈放されたことではなく逮捕されたことを忘れずに、その怒りの感情にまかせて、今まで以上に王位を熱望するようになった。

(1) 断片一六（五七）によれば、ここでの「都」はスサではなく、バビロンであった。アカイメネス朝ペルシア帝国において、首都は現代のように一都市に固定されていたわけではなく、大王の所在地がすなわち「首都」であった。ペルシア宮廷の移動については、プルタルコス『いかにしてみずからの徳の進歩に気づきうるか』六（七八d）、同『追放について』一七（六〇四c）、およびアテナイオス『食卓の賢人たち』第十二巻八（五一三f）を参照。なお、断片一五（四七）によれば、ダレイオス二世とパリュサティスの夫婦はともにバビロニア人の母から生まれており、彼らは故郷であるバビロンをとくに「首都」として重んじていたのかもしれない。

(2) デマラトスはクセルクセス登極に際し、「スパルタにおいても、……父親が王位に就く以前に生れた子供と、王になって後に生れた子供があった場合、王位を継承するのは後に生れた子供と定まっている」（松平千秋訳）と建言した。ヘロドトス『歴史』第七巻三を参照。

(3) 正しくは再任である。

(4) アナヒタ女神を指すと考えられるが、通常アナヒタはギリシア語ではアルテミスもしくはアプロディテと呼ばれることから、この同定には慎重な意見もある（実際プルタルコスは、同じ『アルタクセルクセス伝』の二七・四では、アナヒタをアルテミスに擬えている）。

出典　プルタルコス『アルタクセルクセス伝』二・三―三・六。

一八
さて、彼らが会戦した場所は、クナクサと呼ばれる地で、バビロンから五〇〇スタディオン離れている。(1)戦闘に入る前に、クレアルコスはキュロスに後衛へと引き下がり、危険のおよばないようにしておいてくださいと頼んだとのことだが、これにたいしキュロスは次のように言ったと伝えられる。「クレアルコスよ、お前は何を言っているのだ。玉座をねらおうとするこの私に、その地位にふさわしくない行動をとれとでも言っているのか」。

出典　プルタルコス『アルタクセルクセス伝』八・二。

一九
第九章
一　ギリシア人たちは、ほしいままにペルシア軍を打ち破り、敵を追って遠くまで進んでいった。キュロスは血の気が多く御しがたい良血馬に乗っていたが――クテシアスによれば、その名はパサカスであった――、カドゥシオイ人の指揮官アルタゲルセスが大声で叫んで、彼にむかってきた。二「お前はキュロスという、ペルシア人のなかでももっとも美しい名前を汚している、とんでもなく愚かな悪人だな。お前はペルシア人の富を餌に、邪悪なギリシア人どもを邪悪な道へと引き連れて来た。お前のご主人であり、兄でもあるお方を殺そうなどと考えているようだが、あの方はお前よりも一万倍もすぐれた無数の部下を所有しておられる。お前もすぐに、これに気づくだろうよ。殿のお顔を拝む前に、ここで自らの首を落とすことになるのだからな」。三　これらの悪態をつくと、アルタゲルセスはキュロスに槍を投げた。胸当てがしっかりと持ちこたえ、キュロスは無傷だったが、当たった槍の衝撃がすさまじく、よろめいてしまった。しかし、アルタゲルセスが馬の向きを変えた瞬間、キュロスの投げた槍が相手の体に当たり、鎖骨のあたりから首を貫通した。四　アルタゲルセスがキュロスによって殺されたというのは、ほとんどの者が意見を同じくするところである。しかし、キュロスの死の場面については、クセノポンはその場に居合わせていなかったこともあって、簡単な要約しか残してくれていないので、まずはデイノン、それからクテシアスの記事を紹介することには、何の支障もないと言えよう。

出典　プルタルコス『アルタクセルクセス伝』九。

(1) クナクサの古戦場はバビロンの北約八〇キロメートル、エウプラテス川とティグリス川に挟まれた地に位置する。

二〇

第十一章

一　クテシアスの話は、［冗長なところを］大幅に端折って手短かに述べると、だいたい次のようになる。アルタゲルセスを殺したのち、キュロスは馬に乗って、大王本人へとむかって行き、王のほうも彼にむかって来たが、両者とも言葉を交わすことはなかった。キュロスの友人のアリアイオスがまずは王にむかって槍を投げたが、傷を負わせることはできなかった。二　王が槍を投げると、キュロスに当たることはなかったが、彼の信頼する友人で貴族のサティペルネスに当たり、これを殺した。キュロスが大王にむかって槍を投げると、槍は鎧を貫通して、胸にまで当たり、傷は指二本分の深さにまで到達し、この衝撃で王は馬から落ちた。三　アルタクセルクセス王の周囲にいた者たちは混乱のさなか逃げ出したが、王は立ち上がると、数名の者たちを引き連れて——クテシアスもそのなかにいたのだが——近くにあった丘を占拠して、そこで横になった。(1)キュロスは敵に囲まれながらも、いきり立つ馬に乗ってその場から遠く離れたが、すでにあたりは暗くなっていたので、敵から気づかれることなく、また味方も彼を探した。

四　キュロスは勝利に気をよくし、熱意も勇気もみなぎって、「雑魚どもは下がっていろ」と叫んで馬を駆った。彼はペルシア語で何度もこう叫んだので、兵たちは道を空けて敬礼したが、同時に彼の頭から頭飾りが落ちた。五　そこにミトリダテスというペルシア人の若者が(2)走り寄って、誰とは気づかずに槍を投げ、こめかみの目の横のあたりに当てた。傷からはおびただしい量の血が流れ、その結果キュロスは目がくらみ、意識が遠のき、馬から落ちた。六　彼の愛馬は逃げまどって走り、フェルトの鞍敷きがずり落ちたのを、キュロスを撃った人の従者がつかみ取ると、そこには血糊がべったりとついていた。七　キュロスは苦労して何とか受けた衝撃から立ち上ろうとして、そばにいた幾人かの宦官たちも別の馬に乗せて彼を救出しようとするところだった。八　彼は馬に乗ることができず、また自分の足で歩きたかったが、宦官たちが彼につきそって支えた。体はふらふらで足取りもおぼつかなかったが、逃げていく者たちがキュロスを王と呼び、彼に命乞いをしているのを耳にして、自分が勝ったのだと信じていた。九　そのときカウノス人ら何人かが——彼らは貧しく、苦しい生活を送っており、雑用係として大王の軍に参加していた——、味方の軍だと勘違いし、キュロス軍に紛れ込んでいた。彼らは遅まきながら、周囲にいる者たちが紫の陣羽織を着ているのに気づき(3)——大王軍はみな、白色の羽織を着用している——、自分たちが敵陣にいるのだと分かった。一〇　そこで、彼らのうちの一人が、キュロスだとは知らずに、思いきって背後からキュロスその人に槍を投げた。するとふくらはぎの血管が裂け、キュロスは地面に倒れこみ、そのときに負傷していたこめかみを石にぶつけてしまい、息絶えた。一一　以上が［キュロス最期の場面にかんする］クテシアスの記事であるが、そこでは、まるで鈍《なまく》ら刀でやるように、時間をかけてゆっくりとキュロスが殺されている。(4)

---

(1) 証言六aと重複。

(2) 断片一五（五六）および断片一六（五八）に登場する、テリトゥクメスの元従者で総督の地位を継いだミトラダテスと同一人物か。

(3) すでに陽が落ちていたため、このような単純な誤解が生じたのであろう。

(4) 証言一四bと重複。

第十二章

一　彼がすでに死んだところに、「王の目」のアルタシュラスがたまたま馬に乗って通りかかった。そこで、彼は宦官たちが泣いているのを発見し、そのうちもっとも信頼できる者に、「パリスカスよ、お前は誰の横に座って泣いているのか」と尋ねた。するとパリスカスは答えた。「アルタシュラスよ、お前には分からないのか。キュロス様が亡くなられたのだぞ」。二　驚いたアルタシュラスは、宦官に気をしっかりと持って、遺体を見守っておくように命令し、アルタクセルクセスのもとへと急いだ。王はすでに戦況に悲観し、肉体的にも喉の渇きと負傷で苦しんでいたところ、アルタシュラスがこの目でキュロスの死を確認したと大喜びで報告した。三　はじめ大王はすぐに自分でその場に行きたいと言いだし、アルタシュラスに案内してくれと頼んだ。しかし、ギリシア人傭兵隊にかんする多くの動向が伝わってきており、彼らが追撃し王軍を破り、戦場を支配していると懸念されたので、彼は少なからぬ者たちを検分に遣わすことに決めた。そして、三〇人の男たちが松明を持って派遣された。四　大王は喉の渇きから死にそうになっていたところ、サティバルザネスという名の宦官が、彼のために飲み水を探して方々を駆けずり回った。というのも、彼らのいる場所には水はなく、宿営地も近くにはなかったのだ。五　サティバルザネスはようやく、例の貧しい暮らしをしているカウノス人の一人に出会った。カウノス人は八コテュレ(3)ほどの腐った汚い水をぼろぼろの革袋に入れていた。そこで宦官はこれを受け取ると、王のもとへと持って帰り、手渡した。六　王が飲み干すと、宦官は水はまずくなかったですかと聞いた。王は神々にかけて、どんな葡萄酒や口当たりのまろやかな清冽な水でも、これほどにおいしいと感じたことはないと誓い、「たとえこの水をお前にくれた男を探し出して、褒美を取らすことができなかったとしても、神々が彼を豊かに、幸せにしてくださいますように」と祈った。

第十三章

一　やがて三〇人からなる検分隊が上機嫌で大喜びしながら、馬で帰ってきて、思いがけない吉報をもたらした。大多数の兵士たちが戻ってきて、彼のもとへと集うと、王はそれに気をよくして、周囲を松明で照らしながら丘を下りて来た。二　王は弟の死体のそばに立ち、ペルシアの慣習に従って、遺体から右手と首が切り落とされると、頭部を自分のところへ持ってくるように命じた。〔首級の〕太くふさふさした髪の毛をつかむと、それをまだ〔キュロスの死を〕信じられずに逃げまどっている者たちに見せた。三　すると彼らは驚いて敬礼し、王はすぐに七万人もの兵士に取り囲まれて、ともに宿営へと戻っていった。

出典　プルタルコス『アルタクセルクセス伝』一一―一三・三。

二一

二六　……〔キュロスはアルタクセルクセスの〕胸を撃ち、胸当てを突き破って、傷を負わせた。医師クテシ

(1) 断片一五（五二）に登場する、アルシテスとアルテュピオスの反乱を鎮圧した人物と同一か。
(2) すでに陽が落ちていたため、アルタシュラスはキュロスの顔が認識できなかったものと思われる。
(3) 約二・二リットル。

アスの言うところでは、彼が自分でアルタクセルクセス王の傷を診たとのこと。二七 ……大王軍の戦死者数については、クテシアスが記録している。というのも、彼は王の陣中にいたので［このようなことも書けるのだ］(1)。

出典 クセノポン『アナバシス』第一巻八・二六―二七。

二二

第十三章

三 ……クテシアスによれば、王は四〇万の兵力で戦闘に出たという。しかし、デイノンやクセノポンの支持者らは、それよりはるかに大勢の兵がいたと言う(2)。四 戦死者の数について、アルタクセルクセスには九〇〇〇と報告されたが、自分が見たところでは、戦死者は二万をくだらないように思えたと、クテシアスは述べている(3)。

出典 プルタルコス『アルタクセルクセス伝』一三・三―四。

二三

四 ……それゆえこの点(4)は論争となっている。五 しかし、クテシアスがザキュントス人パリュノスほか数名とともにギリシア軍に派遣されたと主張しているのは、論ずるまでもなく明らかな嘘である。六 現に、クセノポンはクテシアスが王のもとにとどまっていたことを知っていた。彼はクテシアスのことを［自身の著作のなかで］書いているし、彼の著作の数々を読んでいたことも確かである。(5) そして、もしクテシアスがギリシア軍のところへ来て、これほど重要な会見の通訳を果たしていたならば、クセノポンは彼の名をあげずに、ザキュントス人パリュノスの名前だけを書き記しておくなどということはしなかったであろう。七 しかし、クテシアスは名誉欲がことのほか強いようで、それに劣らずスパルタ贔屓、クレアルコス贔屓の態度をとる。彼は自らの文章のなかに常に自分のための居場所を確保し、そこに登場しては、クレアルコスやラケダイモンの美談を披露する。(6)

出典 プルタルコス『アルタクセルクセス伝』一三・四―七。

二四

この点(7)について、もう一例をあげておこう。事件を語るときにはすぐに話すのではなく、小出しにしてや

(1) 証言六aβと一部重複。
(2) クセノポン『アナバシス』第一巻七・一二によれば、九〇万の兵力。いずれにしても、非現実的な数である。
(3) 証言六aγと重複。
(4) 断片二二の数値の齟齬。
(5) 証言一五と重複。
(6) 証言七bと重複。
(7) クテシアスの文体の「明断さ」のこと。証言一四aを参照。

ることで、聞き手をはらはらさせたままにして、不安を共有させなければならない。これこそ、クテシアスがキュロス戦死の報せのところで実践していることである。［クテシアスの叙述では］伝令使が到着したとき、すぐにはキュロスが死んだとパリュサティスに報告することはない（すぐに結論を言ってしまっては、いわゆるスキュティア風の語り口になってしまう）[1]。そうではなく、伝令使がまず勝ったと報告すると[2]、彼女は喜んだと同時に不安になった。この後で彼女は「王はどうしていますか」と尋ねる。「殿様は逃げおおせました」と彼は答える。彼女が「やはり、ティッサペルネスのおかげですね」と応じ、さらに重ねて「キュロスは今どこにいるのですか」と聞く。すると伝令使は「勇者らが眠りにつくべき場所に」と返答する。クテシアスは少しずつ、一歩ずつかろうじて前に進みながら、世に言う「まさにそのことを解き放った」のであり、こうして心ならずも［キュロスの死という］悲劇を伝える伝令使の心情をまざまざと示すとともに、王母をも読者をも不安に陥れたのである[3]。

出典　デメトリオス『文体論』二一六。

二五

哀れみを誘うものとしては、死者の遺品にかんする語りがある。クテシアスは、キュロスの母による、息子の飼っていた馬や犬、武具についての語りを述作し、これらによって憐憫の情を高めている。

出典　アプシネス『修辞学』第十巻三八。

二六

第十四章

一 ［クナクサでの］戦い後、王はキュロスによって殺されたアルタゲルセスの息子に美しく豪勢な品々を贈り、クテシアスやほかの者たちにもじゅうぶんに褒美を取らせた。(4) 二 それから王は、革袋を彼にくれたカウノス人を見つけ出し、ぱっとしない貧乏暮らしから名誉と富のある生活にまで引き上げた。三 その一方で、彼にたいし過ちを犯した者たちの懲罰にも意を用いている。たとえば、アルバケスという名のメディア人は、(5)戦闘中にキュロス陣営へと寝返り、キュロスの死後、ふたたび戻ってきたが、この男はその裏切り行為や悪意からというよりもむしろ、臆病で姑息な態度のゆえに告発され、裸の遊女を肩車して、一日中市場を歩き回るように命じられた。四 また別の男については、敵側に寝返ったうえに、敵兵を二人殺したと嘘をついたので、王は三本の針を舌に突き刺すように命じた。五 王は彼が自分の手でキュロスを殺したと認識していたし、またすべての人にもそう思われて、噂されたかったので、彼はミトリダテス——彼は槍で

(1) 同じデメトリオス『文体論』二九七に、スキュタイ人の語り口は露骨とある。

(2) ここでは主語が曖昧にされることにより、アルタクセルクセスの勝利、キュロスの戦死という結果が、わざとぼかされている。以下でも、曖昧な表現が繰り返されることにより、兄弟のいずれに軍配が上がったか、なかなか分からないような仕掛けになっている。

(3) 証言一四aと重複。

(4) 証言六bと重複。

(5) おそらくクセノポン『アナバシス』第一巻七・一二に登場する、大王軍の四司令官のうちの一人。

キュロスに最初の一撃をくらわせた人物である——に贈物を与え、それを持って行かせた使者には、「王はお前がキュロスのフェルト地の鞍敷きを見つけて、持ってきたことに感謝して、この褒美を取らせなさる」と言わせた。六　キュロスのふくらはぎに槍を当てて、彼を倒したカリア人(1)が褒美に与りたいと申し出たときには、王は褒美を持って行かせた使者に次のように言わせた。「王はよい知らせを二番目にもたらしたことに感謝して、お前に褒美を与えなさる。アルタシュラスがキュロスの死を最初に報告し、そののちにお前が報告に来たのである」。七　ミトリダテスは悔しみながらも、黙って引き下がった。しかし、哀れなカリア人は愚かさから、よくあるような不幸に見舞われた。八　彼は現在の幸運に心が乱れたようにも思え、たちまち身の丈以上のことができるような気になっていたので、自分が受け取った褒美が、［キュロス戦死の］吉報をもたらした見返りであることを認めず、憤慨して、証人となってくれる者たちも呼んで、ほかでもない自分がキュロスを殺したのであって、自分はその手柄を不当に剝奪されたのだと叫んだ。九　王がこのことを耳にすると、かんかんに怒って、その男を打ち首にしてしまえと命じた。しかし、その場に居合わせた王の母は、「王よ、この下劣なカリア人をそんな風に処分してやるのはおよしなさい。代わりに私から、その男が大胆にも口にした内容に見合うだけの罰を与えましょう」と。一〇　そこで王が彼を手放すと、パリュサティスは刑吏に命じて彼を捕まえてこさせ、一〇日間拷問台の上で責め、それから目をくり抜き、溶けた青銅を耳に垂らしこんで、殺した。

第十五章

一　しばらくして、ミトリダテスも同じような愚かさから、悲惨な最期を迎えた。王や王母の宦官も列席した夕食会の場に招かれた際に、彼は王から賜った着物や金の装飾品で身を飾り立てた。二　そして酒に酔った頃合いに、パリュサティスの筆頭宦官が彼に話しかけた。「ミトリダテスよ、王はお前に実に見事な着物をくださったものよ。ネックレスもブレスレットもなんとも美しい。それにその刀も、実に高価な品ではないか。王はお前を、誰もが羨むような、まことに幸せな男にしてくれたことよ」。三　すでに酔いのまわっていたミトリダテスが答えて言うには、「スパラミゼスよ、こんなものが何だ。わしのあの日の働きは、王からさらにたくさんの立派な品々を賜わってしかるべきものだったのだ」。四　すると、スパラミゼスはにやりとして言った。「ミトリダテスよ、誰も僻んだりはしないぞ。しかし、ギリシア人のことわざに、『酒は真実』というのがある。友よ、どうして馬からずり落ちたフェルト地の鞍敷きを拾って、王のもとへ持って行ったぐらいのことが、褒められるべき華々しい活躍なのだろうか」。五　彼は本当のことを知らなかったわけではなく、居合わせた人びとの前でこの男がぼろを出すことを期待して、酒の力で気持ちが緩んで口が軽くなっているところに、彼の不注意を誘うようなことを言ったのである。六　するとミトリダテスはうっかりして、口を滑らせてしまった。「あなた方は鞍敷きだとか、がらくただとか好き勝手に言うがよい。だが、お前さんには教えてやろう、キュロスはわしがこの手で殺したのだ。わしはアルタゲルセスみたいに、

(1) 断片二〇（一一・九）で、「カウノス人」と呼ばれている人物のこと。カウノスが小アジア南西部のカリア地方に隣接する都市であったために、これ以降「カリア人」として登場するが、いっぽうヘロドトス（『歴史』第一章一七二）はカウノス人とカリア人を明確に区別して、論じている。

槍を無駄に空打ちしなかった。わしは奴の目こそわずかに外してしまったが、こめかみに槍を投げ当て、馬からたたき落とした。その傷であの男は死んだのだ」。七　すると、ほかの者たちはミトリダテスの悲惨な末路を察知して、目を伏せた。そこで、宴席の接待役は、「わが友のミトリダテスよ。われわれには重すぎる話題はよそへ置いて、今は王のご多幸をお祈りして、[1]食べ飲もうではないか」と声をかけた。

第十六章

一　それからスパラミゼスはこの話をパリュサティスに伝え、パリュサティスが王に伝えた。王は真相が暴露され、戦勝におけるもっとも立派で輝かしい名誉が奪われてしまったというので、大いに怒った。二というのも王は、ペルシア人にもギリシア人にも、戦闘のさなかの接近戦で撃った撃たれたがあり、彼自身も傷を負った末に、なんとか敵を仕留めたのだと思われたかったのだ。そこで彼は、飼い葉桶の刑によってミトリダテスを処刑するように命じた。三　飼い葉桶の刑は、以下のように実行される。まず、お互いにかっちりと嵌まる大きさの、二つの飼い葉桶を作っておき、処刑する人物を桶の一つに仰向けに寝かせる。四　次に、もう一つの桶を上から嵌め、頭、手、足は外に出るようにし、体の残りの部分はすっぽりと覆われた状態で、二つの桶をしっかりと固定する。それから、食事は与えるのだが、もし嫌がったとしても、目をつついて無理やりにでも飲み込ませる。食事を与えた後は、乳と蜜とを混ぜ合わせたものを飲ませ、口のなかにも流し込んで、顔中にもそれをこぼす。五　それから、顔がいつも太陽に正面をむくように桶を動かすと、蝿の大群が飛んできて、顔面を完全に覆いつくすように止まる。六　飲み食いをした人間がどうしてもしなければならないことがあるので、桶の内部では排泄物が朽ちて腐ると、そこから蛆虫や寄生虫が発生して、それが体内に侵入してくると、［内側からも］体が蝕まれる。七　すでに死んだ頃合いを見計らって上蓋の飼い葉桶を外すと、肉が完全に食べつくされ、内臓の周りには虫の群れが餌を目当てに、まとわりついているのを目にすることになろう。こうして一七日間体を蝕まれたのち、ミトリダテスはようやく死んだ。

第一七章

一　最後に残ったパリュサティスの目当ては、キュロスの頭と手を切り離した、王の宦官のマサバテスである。二　しかし、この男はなかなかパリュサティスに尻尾をつかませなかったので、彼女は次のような作戦を立てた。三　彼女は生来あらゆる方面での才知に長けており、サイコロ・ゲームの名手でもあった。このため、彼女は戦争以前からよく王とサイコロ・ゲームで遊んでいた。四　戦争後に王と和解してからは、王との親交を避けることもなく、彼とゲームをするようになり、王の浮気にも仲立ちして協力してやった。パリュサティスはスタテイラを誰よりも憎んでいたので、王がスタテイラと交わったり、いっしょにいる時間をほとんど持てないようにして、自分が王にたいしてもっとも影響力を振るえる人物になっておきたかったのである。五　ある日パリュサティスは、アルタクセルクセスがやることもなく、手持ち無沙汰にしているところをつかまえて、一〇〇〇ダレイコス［金貨］を賭けてサイコロ・ゲームをしないかと持ちかけた。ゲームをすると、彼女は王が勝つところを静観して、賭け金を支払った。そして、彼女は気を悪くして、躍

（1）原文では「王の神霊（ダイモーン）に拝礼して」。ただし、ここで言う「神霊（ダイモーン）」が具体的に何を指すのか、すなわちアフラマズダなのか、フワルナ（栄光の霊的存在）なのか、あるいはそれ以外の何物なのかは不明である。

起になって勝とうとする振りをして、今度は宦官を賭け物としてもう一番やろうと持ちかけた。王はこの提案を承知した。六　彼らはそれぞれもっとも信頼している五人を外して、残ったなかから勝者が好きな宦官を選んで、負けたほうはそれを手放すということにした。以上のような条件で勝負した。七　［今度は］パリュサティスも勝負に気合いを入れ、集中してサイコロを振った。賽も彼女の狙い通りの目を出し、彼女が勝つと、マサバテスを要求した。マサバテスは王の宦官の除外リストには入っていなかったのである。王が事態を不審がる前に、パリュサティスはマサバテスを処刑人に手渡すと、生きたままマサバテスの皮を剝いで、それから三本の杭に体を斜交いにくくりつけて、別の一本には剝いだ皮を釘づけにするよう命じた。八　以上の処刑が実行されると、王は許しがたいと考え、母にたいし腹を立てたが、彼女は空とぼけて笑いながら言った。「甘ったれたことを。けちな老いぼれ宦官一人のために怒るなんて、幸せなお方ですこと。私は一〇〇〇ダレイコスをサイコロ勝負で失って、それでも何も言わないで、ぐっと我慢したのですよ」。九　そこで王は罠にはめられたことを悔やんだが、黙っていた。しかし、スタテイラはそのほかのことについてもパリュサティスに公然と異を唱えていたが、キュロスのために、王に忠実な宦官やほかの者たちが残虐非道に殺されたことが気に入らなかった。

出典　プルタルコス『アルタクセルクセス伝』一四—一七。

二七

六八　第二十一、二十二、二十三巻――歴史書の最終部――では、次の内容が書かれている。ティッサペルネスがギリシア人を罠に掛け、テッサリア人メノンを仲間にし、彼を通じ策略や誓約を利用して、クレアルコスやほかの指揮官を捕縛したことについて。クレアルコスはあらかじめ陰謀に気づき、抵抗した。しかし、大半はメノンに騙され、クレアルコスの意志に反して彼をティッサペルネスとの会談にむかわせた。[1] すでに騙されていたボイオティア人プロクセノスは、ほかの者とともに［クレアルコスを］説得した。

六九　クレアルコスとほかの者たちが足枷をかけられてバビロンにいるアルタクセルクセスの前に送られたことについて。皆がクレアルコスを見るために集まったこと。パリュサティスの侍医を務めていたクテシアスが、彼女のために虜囚の身にあったクレアルコスを世話し、治療したことについて。[2] もしスタテイラがクレアルコスを処刑するように夫アルタクセルクセスを説得しなかったならば、パリュサティスは彼の枷を外し、自由の身にしていたであろう。クレアルコスは処刑されたが、彼の遺体に奇跡が起きた。疾風が吹き、

(1) クセノポン『アナバシス』第二巻五・一―三二）によれば、事件経過は以下の通り。休戦協定後も相互に警戒態勢が続くなかで、事態の打開を図ったクレアルコスは、自らティッサペルネスに会見を申し入れる。クレアルコスは会見でのティッサペルネスの偽言を信じてしまい、主だったギリシア軍指揮官を率いて、あらためてティッサペルネス陣営に赴いたところを逮捕されてしまう。すなわち、クセノポンの記述に比べて、クテシアスの史書ではクレアルコスの責任がはるかに軽減されているのである。ここにも、クテシアスのクレアルコス贔屓が垣間見られる。

(2) 証言七aと重複。プルタルコス『アルタクセルクセス伝』一八＝断片二八によれば、クテシアスは虜囚のクレアルコスに櫛と食料を調達した。

自然に彼の遺体の上に大きく盛り上がる塚が組まれたのである[1]。クレアルコスとともに送られてきたそのほかのギリシア人は、メノン以外は処刑された[2]。

七〇　パリュサティスによるスタテイラへの誹謗、ならびに次のような方法で準備された毒殺（スタテイラは彼女を待ち受けた運命をたどらないように、じゅうぶんに注意していた[3]）。ナイフの片面に毒を塗り、もう片面には何もしない。それを使って卵大の小さな鳥が切られた（ペルシア人はその鳥をリュンダケスと呼ぶ）。この鳥が二つに切られると、パリュサティスは毒が付いていないほうの半分を手に取って食べ、毒が付いた部分をスタテイラに差し出した。スタテイラはパリュサティスが半分を手渡し、半分を食べたのを見ると、危険を予測できず、致死の毒といっしょに食べてしまった。これによる王の母にたいする怒りと、母の宦官の逮捕、拷問と処刑。さらにパリュサティスの友人であったギンゲ[4]の逮捕と彼女にたいする裁判。しかし裁判官による放免と、王による判決とギンゲにたいする拷問と処刑[5]。このことによるパリュサティスの息子にたいする怒りと、彼の母にたいする怒り。

七一　クレアルコスの墓は、八年後[6]にナツメヤシの樹に覆われたところを発見された。これはクレアルコスが死んだとき、パリュサティスが宦官を使って、密かに植えたのである。

出典　ポティオス『文庫』第七十二項四四a二〇—b一九。

二八

第十八章

一　ティッサペルネスはクレアルコスとほかの将軍たちをまんまと騙し、事前に結んだ約束を反古にして彼らを取っ捕まえた。彼らが枷をはめられて王のもとへと移送されたとき、クテシアスによれば、彼はクレアルコスに櫛を都合してくれと頼まれたという。二　櫛を受け取り髪をなでつけると、(7)クレアルコスはクテ

(1) プルタルコス（『アルタクセルクセス伝』一八＝証言一五b）はこの逸話を、クレアルコスにかんするクテシアスの記述が信用ならないことを示す証拠として引用している。

(2) クセノポン『アナバシス』第二巻六・二九によれば、メノンも処刑を完全に免れたわけではなく、一年間拷問を受けたのち死んでいる。

(3) パリュサティスとスタテイラは同じ食卓に着いていたが、互いを警戒して、同じ人に出された同じ食事をとるように気をつけていた。プルタルコス『アルタクセルクセス伝』一九＝断片二九bを参照。

(4) プルタルコス『アルタクセルクセス伝』一九＝断片二九bによれば、彼女の名はギギス。

(5) プルタルコス『アルタクセルクセス伝』一九＝断片二九bによれば、ギンゲは幅広の大きい石の上に頭を載せられ、別の石で頭をかち割られた。これは毒殺者に課せられる刑なのだという。

(6) この記述は、クテシアス『ペルシア史』の刊行年代の上限を確定する。すなわち、『ペルシア史』はクレアルコスの死（前四〇一年）から八年後（前三九三年）以降に完成したと推定される。

(7) ヘロドトス『歴史』第七巻二〇九に、「彼ら［スパルタ人］が生死を賭して事を行なわんとする場合には、頭髪の手入れをするのが、彼らの慣習になっているからであります」（松平千秋訳）とある。ここでクレアルコスは、死を覚悟したものと推測される。

シアスの心遣いに感謝し、スパルタにいる彼の親族や家の者たちに［見せられるよう］友情のしるしとして指輪を彼に贈った。その指輪にはめられた印章には、カリュアティデスたちの踊っているところが彫られていた。[1] 三 牢につながれたほかの兵士たちは、クレアルコスのところに運ばれてきた食事を奪って食べてしまい、彼にはほとんど食べさせてやらなかった。クテシアスによれば、自分がクレアルコスにきちんと食事が運ばれるように、そしてほかの兵士たちにも別にもっと食料が分け与えられるように手配して、この状況を改善してやったという。そして、これらの気遣いや食事の世話は、［王母］パリュサティスも賛同して承知の上でおこなわれていた。四 日々クレアルコスのもとに運ばれてくる食事の献立には、脛肉のブロックがおまけされていたが、クレアルコスはクテシアスを呼んで、肉のなかにうまく小刀を隠して運んでくれないか、王の残忍な気まぐれに自らの運命を委ねるつもりはないのだと説明した。しかし、クテシアスは怖気づいて、首を縦には振らなかったという。[2] 五 王は、クレアルコスを生かして欲しいという母の願いを聞き入れて、彼は殺さないでおくと誓った。しかし、その後スタテイラに説得され、メノンをのぞく全員を処刑することにした。六 これが引き金となり、パリュサティスはスタテイラを［亡き者にしようと］計画を立て、毒殺の準備を整えた。しかし、パリュサティスがそのような世にも恐ろしい企てを実行し、クレアルコスの［復讐の］ために、王の正妃であり、やがて玉座を継ぐ子らをともに養育する立場にある女性をあえて殺そうなどという危険をおかしたとクテシアスは記述しているが、彼の記述は真実だとは思われないし、その動機も出来のよいものとは言いがたい。七 むしろクテシアスは、クレアルコスの思い出を悲劇調に仕立て、美化しようとしていたことは明らかだ。というのも、ほかの将軍たちが処刑されると、彼らの死体は犬や鳥に食い荒らされたが、(3) クレアルコスについては、つむじ風が大量の砂埃を舞い上げ、彼の遺体の上に自然と塚を築いたなどと述べているのだから。(4) 八　その場所にはナツメヤシの種が植えられ、しばらくすると、こんもりとした木立へと成長し、塚に陰を作った。［それを見た］王は、クレアルコスが神々に愛された男であったことを知り、彼を殺してしまったことをたいへん悔やんだのだという。

出典　プルタルコス『アルタクセルクセス伝』一八。

二九a

デイノンは［パリュサティスによるスタテイラ暗殺の］陰謀がこの戦争中に実行されたとするが一方、クテシアスによれば、それはもっと後になってからのことだという。しかし、クテシアスはこの事件の起きたときに宮廷に身を置いていたのだから、いつそれが起きたか知らないなどとは考えにくいし、この事件の発生時

(1) ラコニア地方カリュアスのアルテミスの聖域では、カリュアティデスと呼ばれるスパルタの少女隊が毎年踊りを奉納する。この慣習については、パウサニアス『ギリシア案内記』第三巻一〇・七を参照。

(2) 証言七aβと重複。

(3) ここでプルタルコスは将軍たちの死がいかに悲惨であったかを強調している。しかし、ヘロドトス『歴史』第一巻一四〇には「ペルシア人の死骸は葬る前に、鳥や犬に食いちぎらせる」（松平千秋訳）とあり、ここの事例は一般的な鳥獣葬が適応されたものとも解釈されうる。

(4) 証言一五bと重複。

期にかんして、わざわざ叙述の順番を入れ替える理由も見当たらない。彼の筆はしばしば真実を逸脱して、ありもしない芝居じみた話へとむかうこともあるが、この陰謀にかんしては、彼が認めた時系列にそって語るのがよかろう。(1)

出典　プルタルコス『アルタクセルクセス伝』六・九。

二九b
第十九章
一　そこでパリュサティスは、当初からスタテイラにたいし憎悪と嫉妬の感情を抱いていたが、王にたいする自分自身の影響力は、王が彼女に感じる敬意と畏怖の念から来ているが、スタテイラの影響力は愛情と信頼にもとづいており、それだけしっかりとした確かなものだったと知り、もっとも大きいと彼女が考えていたもの(2)を賭して、彼女の暗殺を企てた。二　パリュサティスにはギギスという名の信頼の置ける、自らにたいする影響力も絶大な侍女がいた。デイノンいわく、彼女は毒薬の調合を手伝ったという。クテシアスによれば、ギギスは［暗殺計画の］秘密を知りながらも、気が進まずにいたのだという。クテシアスは、毒を盛った人物はベリタラスという名であったと、デイノンはメランタスだったと言う。三　以前には［パリュサティスとスタテイラの］二人は互いを信用せず不仲だったが、［やがて］彼女らは同じ場所にも居合わせるようになり、いっしょに食事もとるようになった。それでもやはり、彼女たちはお互いを恐れ、警戒心もあったので、同じ皿から同じ者によって給仕された食事を口にするようにしていた。四　ペルシアには、体内が脂身ばかりで汚物のまったくない――それゆえ霞と露を食べて生きているとペルシア人らは信じている――、小さな鳥がいる。その鳥は、リュンタケスと呼ばれている。五　クテシアスによれば、パリュサティスは片面にだけ毒を塗った状態の小刀でこの鳥を二つに切りわけ、そうすることによって一方の鳥肉にだけ毒を塗りつけた。彼女は毒の付着していない、きれいなほうの肉を口に運び食べたが、毒の付着したほうの肉はスタテイラに渡した。六　デイノンいわく、ナイフで切って、毒付きの肉をスタテイラに渡したのは、パリュサティス本人ではなく、メランタスだったとのことである。七　そうして、王妃は痙攣を起こし、大いに苦しみながら息絶えた。彼女は自分の身に降りかかった災いに気づき、王母にたいする疑いを王に伝えると、王も母親の残虐で仮借ない性格に気づいた。八　このため王はすぐに捜査に乗り出し、母親の侍女や給仕係を捕えて拷問にかけた。パリュサティスは長い間ギギスを自宅にかくまっておき、王が身柄を要求しても手放すことはなかったが、のちにギギスが夜中に自宅に戻ることを願い出たとき、王はこれを聞きつけると、手下を待ち伏せさせ彼女を捕え、処刑を命じた。九　ペルシアでは、毒を使った暗殺者は次のようなやり方で処刑されるという慣習がある。まず幅広の石を用意して、その上に罪人の頭を載せると、また別の石で叩いて、顔面が砕け散るまで潰すのである。一〇　このようにしてギギスは死んだが、アルタクセルクセスは

（1）証言一一eと重複。

（2）これが具体的には何を指すかは、前後関係からは明らかでない。次に登場する侍女のギギスのこととも読めるし、自らの命を危険にさらすような方法で暗殺したとも理解できる。

別にパリュサティスを非難したり、害することはなく、彼女の願いどおりに、彼女をバビロンに送り出した。[1]しかし、彼女が生きている間、自分はバビロンを見ることはなかろうと言った。王家の内情とはこのようなものであった。

出典　プルタルコス『アルタクセルクセス伝』一九。

二九c＊［L］

リュンダケ――鳩ぐらいの大きさの鳥。

出典　ヘシュキオス『辞典』「ῥυνδάκη（リュンダケ）」の項。

三〇

七二　王アルタクセルクセスがサラミス王エウアゴラスと不仲になった理由。[2]アブリテス[3]からの手紙を受け取るための、エウアゴラスからクテシアスへの使者。エウアゴラスとキュプロス王アナクサゴラスの和解にかんする、エウアゴラスへのクテシアスの手紙。エウアゴラスからの使者のキュプロスへの到着、ならびにクテシアスからの手紙のエウアゴラスへの返送。

七三　王のもとへ赴くことにかんする、コノンとエウアゴラスの議論。[4]彼から受けた要求にかんするエウアゴラスの手紙。コノンのクテシアスへの手紙とエウアゴラスから王への貢物とクテシアスの手紙の返送。

コノンにかんするクテシアスの王との対話と彼への手紙。エウアゴラスからサティバルザネス(5)への贈物の返

(1) パリュサティスの母親はバビロニア人であったので（断片一五（四七）を参照）、ここでパリュサティスがバビロンへ移ったのは、郷里に戻ったことを意味する。

(2) この節以降のポティオスの摘要はほとんど意味をなしていないが、先行研究（E. A. Costa Jr.（1974）, 'Evagoras I and the Persians, ca. 411 to 391 B.C.', *Historia* 23, 40-56）にもとづき歴史的背景を補うと、おおよそ以下のような事件経過を伝えていることになる。

前四一一年、キュプロス島サラミスでフェニキア系王朝から政権を奪還したエウアゴラスは、おそらく小キュロスの反乱時の混乱に乗じて、ペルシア大王への納税を停止した（断片三〇（七二）の「不和になった理由」）。やがてエウアゴラスはキュプロス全土に覇権を拡大していくことになるが、断片三〇（七二）でもその前兆として他都市の王アナクサゴラス（アナクサゴラスの「キュプロス王」という肩書は不適当で、「キュプロスの一都市の王」という意味だと考えられる）との軋轢が示唆されている。いっぽうペロポネソス戦争末期の前四〇五年、アイゴス・ポタモイの戦いで敗れたアテナイ将軍コノンは、わずか八隻の小艦隊でサラミスに亡命し、以前から親アテナイ的であったエウアゴラスによって厚遇される。前三九八年、スパルタを打倒しアテナイに帰還したいコノンの思わくが、東エーゲ海域からスパルタの脅威を除去したいアルタクセルクセスおよびエウアゴラスの政策と一致したため、三者は協調路線を探ることになる（断片三〇（七二—七三）。それまでにペルシア大王と不仲になっていたエウアゴラスは関係を修復し（断片三〇（七三）の「エウアゴラスから王への貢物」）、アルタクセルクセスと交渉を重ねた結果、艦隊建造資金を調達し、コノンを提督に就任させることに成功する（断片三〇（七四））。クテシアスは開戦準備の段階までしか扱っていないが、その後コノンはクニドスの海戦でスパルタ艦隊を撃破、思わく通りアテナイに帰還し、いっぽうエウアゴラスは再びアルタクセルクセスと敵対関係に入る。

(3) ペルシアの役人か。

(4) 文脈からは、この「彼」がコノンか大王のいずれを指すのか決定できない。

(5) 王付きの宦官。

送とキュプロスへの使者の到着。コノンの王とクテシアスへの手紙。
七四　ラケダイモンから王への使者が監視下に置かれたことについて。王のコノンとラケダイモン人への手紙。クテシアス自身がそれらを運んだ。パルナバゾスによって[1]コノンが提督になったことについて。
七五　クテシアスの故国クニドスとラケダイモンへの帰還、およびロドスにおけるラケダイモン人の使者との諍いと釈放[2]。

出典　ポティオス『文庫』第七十二項四四b二〇―四二。

三一

踊り手として有名なのは、……クテシアスによると、アルタクセルクセスが大いに贔屓にしていたという、クレタのゼノンである。

出典　アテナイオス『食卓の賢人たち』第一巻四〇（二二c）。

三二

第二十一章

一　王はまた、パルナバゾスとともにアテナイ人コノンを提督として採用し、スパルタ軍を海上から締め出した。コノンは、アイゴス・ポタモイの海戦ののちキュプロスで亡命生活を送っていたが、ただ安全に

［身を隠して］いるだけでは物足りなく、ちょうど海上で風向きが変わるのを待つかのように、政局の動くのを待っていた。二　そして、自分の計画を達成するには軍事力が必要で、大王の軍が知謀の士を必要としているのを見て取ると、彼は王に自身の計画について記した手紙を送った。三　そして彼はその手紙を携えて行く者に、できるだけクレタ人ゼノンかメンデ人ポリュクリトスに［王との］仲介役を頼むように命じた。ゼノンは舞踏家で、ポリュクリトスは医者である。しかし、もしこれらの人物が無理ならば、医師のクテシアスに取り次いでもらうよう言い含めた。四　クテシアスがその手紙を受け取ると、コノンの上奏文に、小アジア沿岸の事情に有用な人材だということで、クテシアスもいっしょに派遣してくれないかという一文を書き足したと噂されている。しかし、クテシアス本人の弁では、王が自らの判断でこの大役をほかでもない彼に任せたのだと主張している。(3)

出典　プルタルコス『アルタクセルクセス伝』二一・一―四。

---

(1) ダスキュレイオン（小アジア北西部）の総督。のちにアルタクセルクセス二世の娘と結婚する。
(2) 証言七ｃと重複。
(3) 証言七ｄと重複。

三三

七六　エペソスからバクトリアとインドまでの宿駅数、日数、パラサンゲス単位[1]の距離。ニノスとセミラミスからアルタクセルクセスまでの大王表[2]。ここで巻末。

出典　ポティオス『文庫』第七十二項四五ａ一―四。

三三ａ

伝承によれば、五大帝国[3]が存在した。……最初の帝国はアッシリアで、それは初代ニノスから最後の王サルダナパロスまで一四五〇年間続いた[4]。二番目はメディアで、最初の王アルバケスから最後に統治したアステュアゲスまで四七〇年[5]におよんだ（ただし、ヘロドトスの計算では一二八年である[6]）。三番目がペルシア帝国で、カンビュセスの息子キュロスからダレイオスの息子アルタクセルクセス〔二世〕までで、二一五年[7]におよぶ。クテシアスは、この最後に述べた王――この王の治世については、彼の『ペルシア史』第二十三巻で紙幅が割かれている――までの〔在位〕年数について書いている。

出典　アリステイデス『パナテナイコス』への古註、三一〇・三〇―三一一・四（Dindorf）。

三三ｂ

歴史家クテシアスは、ニノスとセミラミスの時代から書き起こした『ペルシア史』の記述を、この年[8]を

もって擱筆する。(9)

出典　ディオドロス『歴史叢書』第十四巻四六・六。

(1)一パラサンゲスは三〇スタディオンにあたり、一スタディオンは約一八〇メートルにあたるため、一パラサンゲスは約五・四キロメートルになる計算である。同様の行程表はヘロドトス『歴史』第五巻五三―五四に示されているが、クテシアスはそれをさらにインドにまで伸ばしたことになる。
(2)この表については、本書巻末に付載の「王名表」を参照されたい。
(3)ここで言う五大帝国とは、アッシリア、メディア、ペルシア、マケドニア、ローマのことである。マケドニアとローマの勃興はクテシアスの死後の出来事であるので、本断片からは除外されている。
(4)ディオドロス『歴史叢書』第二巻二一・八（=断片一b）によれば、アッシリアの存続期間は一三六〇年以上であった。
(5)ディオドロス『歴史叢書』第二巻三二・五および三四・一（=断片五）によれば、メディアの存続期間は、最後の王アステュアゲスの統治期間をのぞいて、二八二年であり、本断片であげられている年数よりもかなり短い。
(6)ヘロドトス『歴史』第一巻一三〇。
(7)現存する『ペルシア史』断片に言及される、各ペルシア大王の統治年数を足していくと、一五七年になる（本書巻末の「王名表」を参照）。ただし、これにはクセルクセスとアルタクセルクセス二世の在位期間が考慮されておらず、もし彼らの治世も含めると二一五年に達するのかもしれない。とはいえ、アカイメネス朝ペルシア帝国自体が全体で二二〇年しか存続していないので（アルタクセルクセス二世以後、アルタクセルクセス三世、アルセス、ダレイオス三世の三人の王が続く）、アルタクセルクセス二世までの段階で二一五年というのは、やはり長すぎる。
(8)前三九八／九七年のこと。
(9)証言九と重複。

三四a

私はスサの牛が算術の心得を持ちあわせていると聞いた。私がほらを吹いているわけではないという証拠に、以下の話を披露しよう。ペルシア王はスサにある庭園でたくさんの牛を飼っているが、そこの牛は庭園のもっとも乾いた場所に水をやるために各頭が一〇〇杯の水を汲む。牛生来の性質によるものか、長年の訓練のたまものかは知らないが、牛はこの仕事を熱心にこなし、怠ける様子を見せることもない。しかし、上述した一〇〇杯からさらに、一〇一杯目を運ばせようとしても、叩いたりやさしく声をかけたところで、牛たちはうんともすんとも動こうとはしないのである。以上の話はクテシアスが伝えるところである。

出典　アイリアノス『動物奇譚集』第七巻一。

三四b

これらの現象(1)は確かに不思議ではあるけれども、スサ周辺の牛のように、数の概念と算術の心得を持ちあわせた動物と比べると、それほど不思議とも思われない。そこでは、回転式の水桶――その水桶の数は、きちんと決められている――を使って、王宮の庭園に水をやる牛が飼われている。一頭の牛がそれぞれ、毎日一〇〇杯の水桶を運ぶのである。牛に一〇〇杯以上の水を運ばせようとしても――たとえ力ずくで運ばせようとしたところで――、無駄である。水桶を増やすことも何度か試したが、決められた数の水桶を運び終えたところで、牛は立ちつくして、それ以上動こうとはしてくれない。このように牛たちは正確に数を数え、

［運んだ水桶の］総数を記憶しているのである。以上はクニドスのクテシアスが記録しているところによる。

出典　プルタルコス『陸棲動物と水棲動物ではどちらがより賢いか』二一（九七四d—e）。

三五

クニドス人クテシアスいわく、ペルシアのシッタケ(2)の近くには、アルガデスという名の川が流れている。その川にはたくさんの蛇——蛇は頭部が白い以外は、全身が黒色をしている——が生息している。この蛇は全長が一オルギュイア(3)にまで成長し、これに噛まれると死んでしまう。日中は水のなかに泳いで［隠れているので］、その姿を目にすることはないが、夜になると、水を汲みに、あるいは洗濯をしに［水辺へと］やって来た者を［噛んでは］殺してしまう。多くの者が、備蓄していた水がなくなったと言って［夜中に水を求めに来たり］、あるいは日中は忙しくて服が洗えなかったと言って［夜に水辺に近づいたために］この悲運に遭っているのである。

(1)動物たちに医学的な心得があること。

(2)クセノポン『アナバシス』第二巻四・一三によると、シッタケはティグリス川左岸、川から約二・五キロメートル離れたところに位置する、人口規模の大きな集落である。なお、シッタケはバビロニアの都市であり、ここで言う「ペルシアのシッタケ」とは「ペルシア地方のシッタケ」ではなく、「ペルシア帝国領のシッタケ」という意味になる。

(3)約一・八メートル。

出典　アイリアノス『動物奇譚集』第十六巻四二。

三六

そしてクテシアスは、エクバタナやペルシアにもこれと似たような現象[1]が見られると伝える。しかし、彼は多くの嘘をつくので、この引用文は省略した。[2]というのも、途方もない話に見えたから。[3]

出典　カリュストスのアンティゴノス『奇異物語集成』一五。

三七

ヘロドトスが著作第一巻で述べているように[4]、ペルシア大王は「スサ近郊を流れるコアスペス川の水を飲料水として携行する。大王はこの水しか飲まないのである。この水を沸騰させたのち、銀製の容器に入れ、騾馬に引かせた多くの四輪馬車が大王に従い、水を運ぶ」。クニドスのクテシアスもまた、この王専用の水を沸騰させる仕方や、容器に入れ王のために運ぶ方法について記し、この川の水は格別に口当たりがまろやかで、おいしいと評している。

出典　アテナイオス『食卓の賢人たち』第二巻二三（四五a―b）。

三八

クテシアスによれば、カルマニア[5]では、棘のある木から採られた王家御用達の油があるとのこと。[6]

出典　アテナイオス『食卓の賢人たち』第二巻七四（六七ａ）。

三九

クテシアスやディノンが『ペルシア史』で述べるところでは、ペルシア大王は一万五〇〇〇もの人を食事に招き、一回の宴席で四〇〇タラントンも消費したという。

出典　アテナイオス『食卓の賢人たち』第四巻二七（一四六ｃ）。

四〇

土器の杯などは使うのをやめておこう。というのも、クテシアスいわく、「ペルシア人の間では、王の不

（1）この引用箇所の直前で、テッサリア地方クランノンのワタリガラスは雛が孵ったとたんに、雛をその場に残して、渡っていくという事例が紹介される。

（2）アンティゴノスはクテシアス作品の実物ではなく、引用集か梗概書のようなものを利用していた。

（3）証言一一ｃと重複。

（4）ヘロドトス『歴史』第一巻一八八。

（5）オクソス（現アム・ダリア）川流域。

（6）本断片はクテシアス著『ペルシア史』からの引用ではなく、同一著者による『アジアの貢税について』からの引用の可能性もある（断片五三に再録）。

輿を買った者は土器製の杯を使う」とのことであるから。

出典　アテナイオス『食卓の賢人たち』第十一巻一一（四六四a）。

四一

サラピス――クテシアスによれば、白い縞模様の入った、ペルシアの衣服。[1]「サラピスを粉々に引き裂き、髪を下ろしたのち、彼女は頭をかきむしっては泣き出した[2]」。

出典　ヘシュキオス『辞典』「σάραπις（サラピス）」の項。

四二

アグバタナ――……デメトリオス[3]いわく、世に二つのアグバタナが存在し、一つはメディアに、もう一つはシリアに位置する。クテシアスは、彼の著作『ペルシア史』全巻を通して、メディアの「アグバタナ」をαの頭字で綴るが、以下に示すように、古代では〔通常〕このペルシアの都市名は、εの頭字で綴られる。

出典　ビュザンティオンのステパノス『地理学辞典《エトニカ》』「Ἀγβάτανα（アグバタナ）」の項。

四三

デルビッカイ〔デルビケス人〕——ヒュルカニア人の近くに居住する民族。アポロニオスは[4]、κの字を重ねて正確に彼らの名前を綴っているが、クテシアスは彼らのことをデルビッソイやテルビッソイと〔いった綴りで〕呼んでいる。

出典　ビュザンティオンのステパノス『地理学辞典《エトニカ》』「*Δερβίκκαι*（デルビッカイ）」の項。

四四a

クテシアスはまた、ペルシア人はそうと知っていながらも恐れを抱かずに、自由に母親と事をなすという。

出典　テルトゥリアヌス『異教の民へ』一・一六。（ラテン語）

（1）クセノポン『キュロスの教育』第八巻三・一三によれば、白い縞模様の入った衣服はキュロスにのみ着用が許されていたという。したがって、「サラピス」はペルシア人一般の衣服ではなく、王族専用のものであったと推測される。

（2）本断片は引用箇所が明示されていないが、おそらくはパリュサティスがキュロスの死を悼む場面か。したがって、文中の「彼女」とは、パリュサティスを指すものと思われる。

（3）父親の名がアンティゴノスであること以外、不詳の著作家。

（4）前二世紀の奇談集成作家。キュロスによる対デルビケス人遠征について記した、クテシアス『ペルシア史』第十巻からの引用が残っている（断片一〇a）。

四四b

クテシアスによれば、ペルシア人は母親と交わるという。

出典　テルトゥリアヌス『護教論《アポロゲティクス》』九。（ラテン語）

『インド誌』（断片四五—五二）

四五

一　クテシアスはインダス川について、川幅のもっとも狭いところでは四〇スタディオン、もっとも広いところになると二〇〇スタディオンはあると言う(1)。

二　クテシアスが主張するところによれば、インド人(2)の人口は、世界の残りの人口すべてをあわせたよりもわずかに上回る。

三　川に住むミミズについて。これは［インダス］川に住む唯一の動物(3)。

四　インドを越えた東(4)には誰も住まない。

五　インドでは雨が降らない(5)ので、インドは川から水を得る。

六　パンタルバという名前の宝石(6)について。この宝石は川に投げ込まれた四四七個の宝石や、そのほかの貴石類——これらはバクトリア商人の所有物である——を互いに吸い寄せて、引き上げる。

七　壁を破壊する象について(7)。

八　四ペキュス(8)の長さの尾を持つ小さなサル(9)や、巨大な雄鶏について［の記述もある］。ビッタコスという鳥について。この鳥は人間の言葉と声を持ち、ハヤブサぐらいの大きさで、顔は赤紫色、黒い顎鬚を持つ。その体は首の周りまで暗青色で、……［欠(10)］……は辰砂のように［赤い］。その鳥は人間のようにインド語を話し、もしギリシア語を学習したら、ギリシア語も同様に話す(11)。

九　一年を通して金液に満ちる泉について。毎年一〇〇個もの陶製の水差し分の金が汲み取られる。水差

(1) クテシアスの計算によれば、インダス川の川幅は七から三五キロメートルになる。現代の計測では、インダス川下流域の最狭地点で川幅は一・五キロメートルほどなので、クテシアスの提示する数値には明らかな誇張が含まれるか、もしくは好意的に解釈するならば、氾濫期のデータにもとづいて書かれたものということになる。

(2) クテシアスの指すインドは、アカイメネス朝ペルシア帝国の支配に入っていたインダス川流域、すなわちほぼ現在のパキスタン領にあたる。

(3) ヘロドトス『歴史』第四巻四四には、インダス川には鰐が生息するという記述がある。断片四五（四六）および断片四五rの記事と照らしあわせると、この「ミミズ」はむしろ鰐のような大型水生生物をイメージしたほうがよさそうである。なお、ここでの「動物（*θηρίον*）」は「獣」という意味なので、厳密には魚は除外されるのであろう。

(4) 現在のタール砂漠以東か。

(5) この記述は当然誤りで、古代においてもディオドロス（『歴史叢書』第二巻三六・四―五）、アリアノス（『インド誌』六・四―五）、ストラボン（『地誌』第十五巻一・一三など）らが修正している。

(6) 実際に何の宝石を指すのかは不明。

(7) 断片四五bに対応する詳しい記述があるが、象にたいするクテシアスの観察眼はかなり正確である。

(8) 約一八〇センチメートル。

(9) オナガザル科のハヌマンラングールのことか。ラングールの語源はサンスクリット語の*langulin*（長い尾）に由来する。

(10) この部分は写本に欠落があると考えられる。詳しくは次の註を参照。

(11) コセイインコのことか。オスのコセイインコの外観は、体全体は緑色だが、頭部は鮮やかな赤紫、首周りに黒い筋があり、後頭部から首にかけては青紫色が広がる。緑色の翼に赤色の一点模様があることから、もしビッタコスがコセイインコのことを指すのであれば、写本の欠落はこの模様のことを指していると考えられる。なお、コセイインコはハヤブサより一回り体が小さいだけで、ほかのオウム目の鳥と同様に人の言葉を真似る。

しは陶製でなければならない。というのも金は［泉から］掬いあげられると凝固し、これを取り出すために容器を壊さなければならないからである。泉は四角形をしており、周囲は一六ペキュス、深さは一オルギュイアある。[1] 水差しはひとつで一タラントンの目方がある。

また、この泉の底からは鉄が採取されることについて。クテシアス自身がこの鉄から作られた二振りの剣——一つは彼が王から贈られたもの、もう一振りは王母パリュサティスから譲り受けたもの——を所持するとも言う。[2] クテシアスいわく、この鉄が地面に突き立てられると、［その呪力によって］雲、雹、暴風雨［の災い］を斥ける。彼は、王がこの儀式をおこなっているところに二度立ち会ったと言う。[3]

一〇　インドの犬はライオンと戦えるくらいの大きさがある。[4]

一一　［インドには］大きな山[5]があり、そこでは紅瑪瑙や縞瑪瑙やそのほかの宝石が採鉱される。

一二　気候は極端に暑く、太陽がほかの地域に比べて、一〇倍の大きさに見える。そのため多くの人々が、息が詰まって死ぬ。

一三　この地域には、ギリシアの海に引けを取らないぐらいに広い海[6]があるという。海面から四ダクテュロス[7]の深さまでは水温が高く、魚はその熱に近づくと生息できないので、それよりも深いところに生息している。

一四　インダス川は平野と山間を流れ、いわゆるインド葦[8]はその流域に育つ。インド葦は男二人で抱きかかえて手が届くくらいの太さで、高さはミュリオポロス船[9]の帆柱ほどになる。これよりも大きいもの、小さいものもあるが、この葦は当然のことながら大きな山で見つけられる。葦には雄株と雌株がある。雄株は芯を持たないが丈夫で、雌株には芯がある。

一五　インドに住む動物、マルティコラス(10)について。この獣の顔は人間のようで、大きさはライオンほどあり、外見は辰砂のごとく赤い。三列の歯列を持ち、人間のような耳と、人間のような青みがかった目を持つ。陸生のサソリのような尾を持ち、尾には一ペキュス(11)以上の長さがある毒針を持つ。尾の両側面のあちらこちらから針が生えていて、サソリのように尾の先端からも針が生えている。近づく者がいると、マルティコラスは毒針で刺し、刺された者はすべからく死ぬ。正面遠方から敵が来た場合、マルティコラスは尾を高

(1)周囲約七―八メートル、水深約一・八メートル。

(2)証言三bと重複。

(3)類似の事例として、ポリュアイノス『戦術書』第七巻一二にも、ダレイオスが王笏を地中に埋めて天候を操る儀式の様子が描かれている。

(4)クセルクセスはギリシア遠征の際に軍用犬としてインド犬を用いている。ヘロドトス『歴史』第七巻一八七を参照。

(5)後出の断片四五(一七)および(三三)に登場する「サルド山」「赤瑪瑙が採掘される真っ赤な山」と同一の山と思われる。「サルド山」は赤瑪瑙(サルドオニュクス)が産出することに由来する名であろう。

(6)アラビア海のことか。

(7)約七・四センチメートル。

(8)タケ類の植物もしくはオウギヤシなどを指すとの説が出されているが、種は特定はされていない。

(9)一万個のアンフォラを積める船。

(10)「マルティコラス」は、古代ペルシア語の *martiya-*(人間)と *xwār*(消費する)に由来する造語と推測される。マルティコラスが実際には何の動物を指すのかは特定されていないが、パウサニアス『ギリシア案内記』第九巻二一・四―五(=断片四五dγ)にあるように、古代より虎のイメージが肥大化された産物ではないかとの説がある。

(11)約四五センチメートル。

く上げ、弓矢のごとくに毒針を射出し、また背後から敵が迫ってきた場合には、まっすぐに尾を伸ばす。毒針を一プレトロン[1]もの距離飛ばし、これを当てると、象以外の動物をことごとく殺す。針はおおよそ一プース[2]の長さがあり、太さは細いイグサぐらい。マルティコラスはギリシア語で「アントロポパゴン［人喰い］」――というのも、実にしばしば人間を殺して食べるのである――との意味があるが、人間以外の動物も食べる。爪と毒針で戦う。この毒針は飛ばした後も再生するとクテシアスは言う。インドにはマルティコラスが多く生息するが、人々は象にまたがり、そこから武器を投げてマルティコラスを殺す。

一六　インド人について。彼らはとても正義感にあふれているという。彼らの習俗、習慣について［の記述もある］。

一七　無人の地[3]にある聖域について。彼らは太陽（ヘーリオス）や月（セレネー）の名においてその地を聖別する。そこへはサルド山[4]から一五日間の行程で到着する。その地域では儀式のために一年のうち三五日間だけ日差しが和らぎ、そのため彼らは身を焼かれることなく儀式を済ませ、帰路に着ける。

一八　インドには雷や稲妻や降雨がないという[5]。しかし風や暴風はしばしばあり、その通り道にあるものをことごとく運び去る[6]。太陽が昇ると、午前中は涼しいが、午後はインドのほとんどの地域でいちじるしく暑い[7]。

一九　インド人は肌が黒いが、それは日差しのせいではなく生まれつきだという。というのも、クテシアスいわく、数は少ないものの、彼らのなかにも男女問わずまったく肌の白い者もいる[8]。クテシアスは色白のインド人女性を二人、男性を五人目撃したと主張する。

二〇　インドでは［年に］三五日間だけ涼しいという太陽にかんする［上記の］記述の信憑性を裏づけるために、(9)クテシアスはアイトネ［エトナ］山から流れ出た溶岩がほかの地域を舐めつくしながらも、心正しき者が住む中部地方は溶岩に飲み込まれることはなかった事例(10)を引証する。そしてザキュントスには魚が豊富な泉があり、その水中からは瀝青が引き上げられる。(11)ナクソスにはとても甘美な葡萄酒の流れ出す間欠泉が

(1)約三〇メートル。
(2)約三〇センチメートル。
(3)タール砂漠のことか。断片四五（四）および二二三頁註（4）を参照。
(4)断片四五（一一）および二二五頁註（5）を参照。
(5)断片四五（五）および二二三頁註（5）を参照。
(6)モンスーンのことか。
(7)インドでは午前は暑く、午後は涼しいとする、ヘロドトス『歴史』第三巻一〇四の記述と対立する。この箇所では、クテシアスの記述のほうが正確である。詳しくは本書巻末の解説を参照。
(8)インド人はことごとく肌が黒いとする、ヘロドトス『歴史』第三巻一〇一の記述と対立する。クテシアスによるヘロドトスの情報修正の意図が現われているのか。
(9)本節は、インドで起こる超常現象についての記述に説得力を持たせるために、『インド誌』の想定読者たるギリシア知識人層にも親近感を抱かせる超常現象を引例した箇所である。
(10)この逸話の詳細は以下の通りである。シケリア島カタネ（現シチリア島カターニア）のアンピノモスとアナピアスの兄弟はエトナ火山が噴火した際に、老いた両親を背負って逃げた。その重みのせいで溶岩流に追いつかれることになるのだが、神の恩寵によって、溶岩は兄弟たちを避けて流れていった。この逸話は伝存する古典文献中ではリュクルゴス『レオクラテス弾劾』九五―九六に最古の記述を見出せるが、本断片はクテシアスがリュクルゴス以前にこの伝承を知っていたことを示している。
(11)この泉もしくは湖については、ヘロドトス『歴史』第四巻一九五に詳しい。

ある。[1] リュキアのパセリス近郊には消えずの炎があり、それは昼夜を問わず岩の上で燃えていて、水では火は消えることなく勢いを増すのみだが、塵芥をかけると火は消える。[2]

二一　インドの内陸にはピュグマイオイ人と呼ばれる肌黒い人々が住んでいて、彼らはほかのインド人と同じ言葉を話す。彼らはとても小さい。もっとも背が高い人でも二ペキュス[3]で、大半の者は一ペキュス半[4]の身長しかない。彼らは膝かそれよりも下まで髪を長く伸ばし、どんな民族よりも長い顎鬚を生やしている。顎鬚が伸びると、彼らはもはや服を着なくなり、髪の毛を頭から背中へと伸ばし、膝下まで垂らして、前方では顎鬚を足まで伸ばす。そして体全体の周りを体毛ですっぽりと覆い、服の代わりに髪の毛で体を包むのである。男根はくるぶしに届くぐらい長く、しかも太い。容姿は獅子鼻で醜い。

二二　ピュグマイオイ人が飼っている羊は仔羊ぐらいで、驢馬と牡牛は牡羊ぐらいの大きさしかない。彼らの飼っている馬、騾馬やほかの家畜は牡羊よりも大きくは育たない。

二三　彼らピュグマイオイ人のうち三〇〇〇人がインド王に随行する。というのも、彼らは手練の射手なのである。正義感が強く、インド人と同じ法に従う。

二四　彼ら[5]は野兎や狐を狩るが、その際犬ではなく、ワタリガラスやトビ、烏や鷲を使う。

二五　彼らの土地には周囲が八〇〇スタディオン[6]の湖があり、その湖面には、風が穏やかなときには油が浮かんでいる。インド人らは小舟を漕いで、湖の真ん中から油を鉢で掬って、利用している。彼らはまたゴマ油も使う。その湖には魚もいる。彼らは堅果から搾られた油も使うが、湖から取れるもののほうが質は上である。

二六　インドには銀と銀鉱脈が豊富で、しかも銀鉱脈は深くはない。バクトリアにある銀鉱脈のほうが深いとのことである。インドでは金も産出するが、それはパクトロス川[7]のように水流で運ばれてきたものが川から採取されるわけではなく、多くの大きな山から取られる。山には狼のような大きさでライオンのような足と爪を持つ四足の鳥、グリュプスが住んでいる。グリュプスの胴体は一部をのぞいて黒いが、胸のあたりでは赤い羽毛が生えている。彼らのせいで、山中に金が豊富にあるにもかかわらず、手に入れることは困難である。[8]

二七　インドの羊と山羊は驢馬よりも大きく、大半は［一回に］四から六頭の仔を産む。[9]大きい尾が生えているが、交尾ができるように牝の尾は切られている。家畜化されたものでも野生種［猪］であっても、イン

(1) プリニウス『博物誌』第三十一巻一六に同様の現象を生ずる泉の記述があるが、場所はナクソスではなくアンドロスとなっている。

(2) 古代のキマイラ（現ヤナルタシュ）で見られる超常現象。ここでは岩間からメタンを含むガスが噴出しており、それにより現在でも火が燃え続けている様子を目にすることができる。

(3) 約八八センチメートル。

(4) 約六六センチメートル。

(5) 断片四五gの記述から考えると、ここでの「彼ら」とはピュグマイオイ人ではなく、インド人一般を指している。

(6) 約一四二キロメートル。

(7) 小アジア西部リュディアの首都（アカイメネス朝ペルシア帝国支配下では総督都市）であったサルデイスを流れていた川。南方に位置するトモロス山脈から砂金を運んでくることで有名であった。

(8) グリュプスの形態および黄金を守るグリュプスについては、断片四五hに詳しい。

(9) 羊および山羊の一回の妊娠による産子数は、通常一ないし二頭である。ただし、産子数が四から六頭の種も実在する。

ドでは豚が見当たらない[1]。

二八　インド産のナツメヤシとその実は、バビロン産のものに比べて三倍の大きさがある[2]。

二九　岩から蜂蜜が川となって流れるとのこと。

三〇　クテシアスは、インド人の正義感、王への奉仕、死にたいする軽蔑に多くの紙幅を割く。

三一　［インドには］ある泉があり、その水を汲み上げるとチーズのように凝固するという。そこで凝ったこの水を三オボロス分[3]すり潰して水に混ぜて飲ませると、その人は自分の行動をすべて白状してしまう。というのも、一日中正気を失って狂ってしまうからだ。王は告発にたいする真実を知りたいときに、この物質を使う。もし被告が罪を認めると餓死を命じられ、もし何ら罪を自白しなかった場合は釈放される。

三二　クテシアスは、インド人は頭痛や眼病、歯痛、口のただれ、壊疽などの病に苦しむことはないと言う。彼らの寿命は一二〇年や一三〇年、一五〇年あり、最長で二〇〇歳まで生きる者もいる。

三三　インドには一スピタメの長さ[4]の蛇がいる。外見は美しい紫色だが、頭は真っ白。歯がまったく生えていない。赤瑪瑙が採掘される灼熱の山[5]で捕まえることができる。この蛇は噛むことはない。しかし、蛇の吐く唾液がかかった部位はどこであろうとも壊疽にかかる。尻尾から持ち上げられると、蛇は二つの毒液——一つは琥珀色で、もう一つは黒色——を分泌する。前者は蛇がまだ生きている時分に流れ出て、黒色の毒は死んでから分泌する。生きている蛇が流す毒はゴマ粒大ほどの投与で即死をもたらし、その毒を飲んだ人間の脳髄は鼻孔から流れ出る。もうひとつの毒が投与されると、体力を消耗し一年後にようやく死ぬ[6]。

三四　クテシアスによれば、ディカイロンと呼ばれる鳥がいて、それはギリシア語では「正義」を意味し、大きさはヤマウズラの卵ほどである。この鳥は人目に付かないように糞を地中に埋めるのだが、これを見つけ出し、明け方にゴマ粒大にして飲めば、眠気に襲われて感覚を失ったまま眠り、日没頃には死ぬ。(7)

三五　オリーブの木ほどの大きさのパレボンと呼ばれる木(8)が生えている。この木は王宮の庭でのみ目にすることができる。花や実はつけずに、根も一五本しか持っておらず、それを地中に太く張る。この根はもっとも細いところで人の腕ほどの太さになる。一スピタメ(9)ほどの長さのこの根を持つと、近づいたものすべてを引き寄せる。金、銀、青銅、石など、琥珀以外のあらゆる物質を引き寄せるのだ。もし一ペキュス(10)の長さ

---

(1)この記述は誤りで、インドの古典作品中にも豚が登場している。

(2)この記述はナツメヤシではなく、ココヤシの実（ココナッツ）のことを指しているのか。

(3)アッティカ単位で約二・二グラム。

(4)約二二センチメートル。

(5)断片四五（一七）のサルドド山と考えられる。断片四五（一一）および二二五頁註（5）を参照。

(6)種の特定はされていないが、ノコギリヘビの一種ではないかと思われる。

(7)この薬については、チャラスやバングといった大麻樹脂から作られる南アジアの麻薬、あるいはパーンと呼ばれる嗜好品（キンマの葉でビンロウの実を包み、噛んで清涼感を味わう）などが考えられてきた。しかし、いずれにせよディカイロンともども、種の特定はなされていない。

(8)インドボダイジュのことか。インドボダイジュの花はイチジクと同様、花嚢の内側で咲くために外から見ることはできず、種は非常に小さいため（一ミリメートル程度）、地上に落下後は目につきにくい。またインドボダイジュは聖樹と見なされているため、木の周りには金属製などの供え物が置かれた。根から取れる樹液は鳥もちとして、根や芽は下剤としても用いられる。

(9)約二二センチメートル。

(10)約四四センチメートル。

の根を持つと、仔羊や鳥も引き寄せる。彼らはほとんどの鳥をこの要領で狩るのである。もし一クース[1]の水を凝固させたいなら、そのなかに一オボロスの目方[2]の根を投げ込めば、水を安定させることができる。ワインについても同様で、蜜蝋のように手に持つこともできるし、次の日には融解する。これは胃腸炎の治療薬として処方される。

三六　インドには、川幅二スタディオン[3]ほどの、さして大きくはない川が流れている。[4]インドの言葉ではヒュパルコス[5]と呼ばれており、ギリシア語になおすと「すべてのよきものを運ぶ」という意味になる。この川からは毎年三〇日間、琥珀が産出する。伝えられるところによれば、山間部――というのも、川は山あいを流れるのだ――で川面に覆いかぶさるように木が生えており、季節によっては、この木がアーモンドや松やほかの木と同様に樹液を出すのだが、このような現象は一年に三〇日間だけ起こる。この樹液が川に落ちると、固ま［り琥珀とな］るのである。この木はインド語でシプタコラ[6]と呼ばれており、それはギリシア語で「甘い」とか「心地よい」という意味になる。[7]インド人たちはこの川から琥珀を採集する。[8]クテシアスいわく、この木は葡萄のように房状の実をつけ、その一粒はポントス産のナッツ[9]に似ているとのこと。

三七　これらの山には、犬の頭をした人々が住むと伝えられる。彼らは野獣の毛皮からできた服を着ていて、言葉を話す代わりに犬のように吠え、それゆえ犬の言葉も理解する。彼らは犬よりも立派な歯を持ち、爪も犬と似ているが、それよりも長くて鉤爪である。彼らはインダス川に至るまでの山中に住み、肌は黒く、ほかのインド人と同様、まったくもって正義感が強い。彼らはほかのインド人とも交わり、彼らの話す言葉を理解しているが、彼ら自身は会話することができないので、叫び声や聾唖者のように手振りや指で意思を伝える。[10]インド人は彼らをカリュストリオイと呼ぶが、これはギリシア語で「キュノケパロイ〔犬頭人〕」という意味である。彼らの部族は一二万人いる。

三八　上述の川の水源には、紫染料が採れる紫色の花があり、[11]それはギリシア産のものに劣ることがなく、それ以上に鮮やかである。

三九　この地域には、フンコロガシぐらいの大きさで辰砂のように赤色をしており、とても長い足をして

(1)約三・二五リットル。
(2)アッティカ単位で約〇・七グラム。
(3)約三七〇メートル。
(4)プリニウス『博物誌』第三十七巻三九（＝断片四五ｏ）によれば、この川はインド北部に発し東部へ流れる。したがって、ガンジス川を指すのではないかと推測される。
(5)プリニウス『博物誌』第三十七巻三九（＝断片四五ｏ）によれば、川の名はヒュポバルス。ミカエル・プセルロス（＝断片四五ｏβ）によれば、スパバロス。
(6)プリニウス『博物誌』第三十七巻三九（＝断片四五ｏ）によれば、木の名はプシッタコラ。ミカエル・プセルロス（＝断片四五ｏβ）によれば、ゼタコラ。
(7)種の特定はできていない。
(8)とくにインドが琥珀の産地として有名なわけではない。したがって、ここでの琥珀はシェラック（ラックカイガラムシの分泌物から得られる動物性の天然樹脂）、ラテックス、天然ゴムなど、琥珀に似た別の物質を指していると考えられる。
(9)ヘーゼルナッツのこと。
(10)古代における手話の存在を示唆する一文である。ただし、ここでの「手振り」が手話のような体系化された言語であったのか、単なるジェスチャーにとどまっていたのかは判断しがたい。
(11)ミソハギ科の低木植物ウッドフォーディア・フルティコサ（*Woodfordia fruticosa*）のことか。

ミミズのように柔らかい昆虫がいる(1)。この虫は琥珀を産する木に生息し、果実を食べて木を枯らすが、それはちょうどギリシアでアブラムシが葡萄の木を枯らすようである。インド人らはこの虫をすりつぶし、緋色のマントや肌着、そのほか色を着けたいすべてのものを染め上げる。この染物はペルシア産のものより上等である。

四〇 山中に住むキュノケパロイ〔犬頭人〕は労働(2)をせず、動物を狩って生活する。彼らは獲物を殺すと太陽熱で調理する。彼らはたくさんの羊、山羊、驢馬を飼い、羊の生乳やヨーグルトを飲み、琥珀を産出するシプタコラの木の実を食べる(その味はとても甘い)。彼らはギリシア人が干し葡萄を蓄えるときのように、その実を乾燥させ、籠に入れて貯蔵する。

四一 キュノケパロイは筏を作り、シプタコラの果実と花から抽出された紫色染料、これらを年間二六〇タラントン(3)積み込み、また赤染に用いられる染料を同量と、一〇〇〇タラントンの琥珀を毎年インド王に送り届ける。彼らはそのほかにも特産品を運び込み、インド人らに売ってパン、小麦、綿製品(4)を得る。野生動物を狩るときに使う剣、弓や投槍のためにも売る。彼らは槍術、弓術に長けているのである。しかし彼らは容易に近づけない高峰に居住しているため、戦争とは無縁の生活を送っている。インド王は五年毎にキュノケパロイらに三〇万本の弓と同数の槍、一二万枚の盾、五万本の剣を与える。

四二 キュノケパロイは家屋には住まず、洞穴に住む。彼らは弓や槍で動物を狩り、足がとても速いので、追いかけて動物を捕まえることもある。キュノケパロイの女性は月に一度の障りのときに沐浴し、それ以外のときには沐浴しない。男性は沐浴せずに手を洗うだけで、月に三度、乳から採れる油(5)をつけ、革で体を拭う。彼らは男女ともにふかふかの毛皮を着ることはなく、毛のむしれた革切れを身にまとっている。彼らのうちでもっとも裕福な者たちは亜麻の服を着ることもあるが、それほどの数はいない。ベッドは持たずに、藁の布団を作る。もっとも多くの羊を所有する者がもっとも裕福だとみなされる。そのほかの財産についてはほとんど格差がないからである。

四三　男性であろうと女性であろうと、彼らはみな臀部の上から犬のような尻尾が生えているが、犬のそれよりも大きくて毛深い。男たちは女性と、犬のように四つん這いになって性交する。そのほかの体位は彼らにとって恥ずべきものである。彼らは正義感が強く、全人類で最長の寿命をほこる。一七〇年は生きるし、なかには二〇〇歳を迎える者もいる。

四四　川の源流を越えて、キュノケパロイ［の居住地］よりもさらに向こう側に、また別の種族が住んでいるという。彼らはほかのインド人のように肌黒い。働かないし、穀類を食べないし、水を飲まない。彼らはたくさんの家畜、牛、山羊、羊を飼い、その乳を飲むだけで、ほかには何も口にしない。彼らの間で生まれ

（1）ラックカイガラムシのことか。

（2）ここでの「労働」は農耕のみを指すようである。後述のごとく、キュノケパロイは狩猟、牧畜、採集、手工芸、交易など、多彩な労働に従事している。

（3）写本にある「琥珀の（*καὶ τοῦ ἠλέκτρου*）」を、ランファン底本に従い削除する。

（4）原文では「木製の衣服（*ξύλινα ἱμάτια*）」。当時、綿織物はギリシアに流通しておらず、ヘロドトス（『歴史』第三巻一〇六）も木から採取される毛（綿花）で織られた衣服を、驚きをもって紹介する。

（5）ギー（インドのバターオイル）のことか。

た子供は肛門を持たず、排便もせず、尻はあるが、穴はふさがっている。したがって、便通はないのだが、チーズのような、まったくどろどろはしていないが、濁った尿をするとの話である。早朝に乳を飲み日中にまた乳を飲んだ後は、彼らのところで取れる甘い根が、乳が胃のなかで固まるのを防ぐ。根をかじると、晩には嘔吐して、無理なくすべてを吐き戻すのである。

四五　クテシアスいわく、インドには野生の驢馬が生息しており、その大きさは馬と同程度かそれ以上である。胴体は白く、頭は紫、濃い青色の目をしている。顔の正面には一ペキュス半(1)の長さの角が生えており(2)、角の根元は、額から二パライステ(3)のところまでは明るい白色をしている。角の先端は尖っておりまったくの赤紫色で、残りの中間部分は黒色をしている。この角から酒を飲んだ者は（というのも角からは酒杯が作られるのだ）、痙攣や「神聖なる病(4)」を患うことはなく、毒を服用する前であろうと後からであろうと、この角杯から葡萄酒であっても水であっても何かを飲めば、毒におかされることもないと言われる。

野生のものであれ家畜化されたものであれ、ほかの驢馬やそれ以外の単蹄類は足首に距骨を持っていないし(5)、肝臓の隣に胆嚢がない。しかるに、この驢馬は距骨も有し、肝臓の隣に胆嚢も備える。その距骨は、私(6)がこれまで見てきたなかでも、もっとも素晴らしいものであったが、その大きさや形は牡牛のものと似ている。しかも、鉛のように重たく、内部まで辰砂のような［赤色を］している(7)。この一角驢馬は最速にして最強である。馬やほかの動物が追ったところで、追いつくことはない。走り始めのときはゆっくりであるが、そのうちにスピードに乗ってきて、恐ろしいまでの速度で力がみなぎるように走る。

一角驢馬を狩るには、以下のような方法しかない。草を食ませに仔驢馬を連れてきたときに、馬に乗ったハンターたちに大人数で取り囲まれると、一角驢馬は仔を置き去りにして逃げようとはせずに、代わりに角を使ったり蹴りや噛みつきによって攻撃し、多くの馬やハンターたちを殺す。彼らも矢や投槍で一角驢馬を倒す。というのも生け捕りは無理だからだ。一角驢馬の肉は苦くて食べられない。角や距骨目当てに、狩られるのである。

四六　インダス川には、イチジクの木に生息しているのとよく似た、しかし体長が七ペキュス(8)——それよ

(1) ランファン底本は断片四五qの記述に従い、写本にはない「半（καὶ ἡμίσεος）」を補っている。一・五ペキュスは約六六センチメートル。

(2) クテシアスはユニコーンにかんする記述を残した最初期のギリシア語作家であり、以降彼の記述は西洋文学・芸術の伝統において影響を与え続けることになる（ヘロドトス『歴史』第四巻一九一に「角を持つ驢馬」が登場するが、ここでは「角」が複数形で用いられているので、ユニコーンを指すのかどうかが曖昧である）。ユニコーンはむろん空想の動物であるが、クテシアスのユニコーン描写の基底には、インドサイ、アジアノロバ、チベットカモシカなどの実際の動物、そして何よりもインドの神話・伝説があったのではないかと推測される。

(3) 約一五センチメートル。

(4) 癲癇のこと。

(5) 単蹄類が距骨を持っていないとするこの記述は事実に反する（単蹄類が無胆嚢動物だとする後の記述は、事実である）。距骨は古代ギリシアにおいて、サイコロの原材料として利用されていた。

(6) ここでの「私」はポティオスではなく、クテシアス本人を指していると考えられる。このことから、ポティオスはクテシアスの史書からの抜き書き（読書メモ）を横に置いて、摘要を作成したとの推測がなされる。また、骨学にたいする興味関心は、クテシアスの医学者としての側面を垣間見せる。

(7) 断片四五qでは、一角驢馬の距骨は黒色だとされる。この相違については、二六五頁註（3）を参照。

(8) 約三・二五メートル。

り大きいのや小さいのもあるが——もある、ミミズの一種が生息している[1]。このミミズは、十歳児がかろうじて抱えられるほどの胴回りがあると言われる。上下に合わせて二本の歯が生えおり、歯で噛みついたものは何であろうと食べてしまう。日中は川底の泥のなかで過ごし、夜になると這い出てきて、陸地で牡牛や駱駝を見つけると、噛みついて捕まえ、川のなかへと引きずり込み、腸以外は食べつくす。このミミズは、仔山羊や仔羊が付けられた鉄鎖に結ばれた巨大な釣り針で捕まえられる。捕獲後は下に受け器を置いた状態で三〇日間吊り下げると、ミミズからは一〇アッティカ・コテュレ[2]もの量［の濃厚な油］が垂れ落ちる。三〇日が経過すると、ミミズの死骸は放り捨てて、油に封をし、それをインドにおける唯一の王のもとへと持っていく。彼以外の者は何人もこれを所持することを許されていない。この油を何かに垂らすと、火を燃え上がらせ、木であろうと生き物であろうと焼きつくし、その火は大量の厚い泥をかけないと消すことができないのである。

四七　インドにはヒマラヤスギか糸杉ぐらいの高さの木があり、その葉はナツメヤシのようだが、それよりも少し葉幅が広い。葉腋《ようえき》を持たず月桂樹の雄株のような花を咲かせるが、実はつけない。インドでは、この木はカルピオン[3]と呼ばれており、それはギリシア語で「芳しいバラ」という意味になる。この木は希少品種で、人々は木からにじみ出た油滴状の樹液を羊毛で拭きとり、石の香油壺に絞る。この油は赤味がかった色で、かなり濃厚だが、得も言われぬ心地よい香りがし、五スタディオン[4]先にまで匂うという。王とその親族のみがこの香料を所有することを許されている。インド王はこの香料をペルシア王に贈呈し、クテシアス自身もそれを目にしたことがあると主張する。彼によれば、その香りを言葉で言い表わすことは不可能で、ほかの香りとは比べようもないほどに素晴らしかったとのことである。

四八　クテシアスが自分で味わって、経験から知ったと主張するところによれば、チーズと葡萄酒はこの上もなく美味とのことである。

四九　インドには四角形の泉があり、その全周は五オルギュイア(5)である。泉水は岩のくぼみに溜まっており、［岩の縁から］水までの深さは三ペキュス(6)、水深は三オルギュイア(7)ある。インド人のなかでも最上層のエリートたちは、男、女、子供とも、この泉で沐浴する。彼らは、つま先から入って水に浸かる。跳び込むと、水が空中に押し返してしまう。水は人間だけを押し返すのではなく、生きた状態であろうと死体となっていようと、あらゆる生き物を、要するに鉄、銀、金、青銅以外、投げ込まれたあらゆる物質を乾いた岸へと跳ね返してしまう。しかし、上記四種の物質は水底へと沈んでいく。水は冷たく、飲んでもおいしい。この泉は釜で水が煮たてられたときのような大きな音を立てている。この水は白レプラや疥癬の治療にも効果がある。インド語ではバラデと呼ばれており、それはギリシア語で「役立つ」という意味になる。

---

(1) 断片四五（三）を参照。
(2) 約二・七リットル。
(3) クスノキおよび樟脳のことか。ただし、クスノキはインド原産でないなど、クテシアスの記述と適合しない点もある。
(4) 約八七七メートル。
(5) 約九メートル。
(6) 約一・三メートル。
(7) 約五・三メートル。

五〇　葦が育つインドの山[1]には、人口三万のある部族が居住している。そこの女性は一生に一度しか出産せず、子供は上の歯も下の歯も立派に生えそろっている。女の子も男の子も、髪の毛や眉毛は生まれたときから白髪。彼らは三〇歳になるときまでは誰しもが、体毛のすべてが白色であるが、それ以降は黒色に変わりだす。還暦を迎えると、毛がすべて黒色になるのを見ることができる。男女ともに、それぞれの手に八本の指と、同じくそれぞれの足にも八本の指が生えている。彼らは血気さかんな兵士で、五〇〇〇人の部隊が弓兵や槍兵としてインド王の軍隊に仕えている。クテシアスによれば、彼らは腕の肘までの部分を覆うくらい長く、後方では背中をすっぽりと覆うような耳を持ち、片一方の耳がもう一方の耳に触れるという[2]。

五一　以上のことを書いたり、作り事を述べているとき、クテシアスはまったくの真実を書いているのだと主張している。付けくわえて、著者はこれらのいくつかは実際に自分の目で見たと、また［そうでない場合にも］目撃者から聞いた話をもとに書き上げたという[3]。しかし、実際に目にしたことがない者に嘘っぽいことを書いていると思われないように、そのうちの多くや、ほかにもこれより不思議なことについては［記述するのを］控えたとのことである。以上をもって、クテシアス『インド誌』は結ばれる。

出典　ポティオス『文庫』第七十二項四五ａ二一―五〇ａ四。

四五ａ

クテシアス――この人を証拠としてじゅうぶん信用してよいとするならば――いわく、インダス川はもっとも狭いところでも四〇スタディオンの川幅があり、広いところともなると一〇〇スタディオン(4)もあるとのこと。しかし、ほとんどの地点で、川はその中間ぐらいの幅をもって流れている。(5)

出典　アリアノス『アレクサンドロス大王東征記（アナバシス）』第五巻四・二。

四五b

インド王が敵に進軍する際には、一〇万頭の戦象が先陣を切る。体の大きさと力強さが別格の三〇〇〇頭がこれに続くとのことだが、この象たちは王の号令一下、敵軍の城壁に突進し破壊するように訓練されている。この象軍は胸を使って壁を押し倒す。以上のことは、クテシアスも記述しているが、彼は聞いたところを書いているのである。また彼は、バビロンで象が同じようにして、ものすごい力でヤシの木に体当たりして、根こそぎひっくり返すところをその目で見たのだと主張している。象はインド人の象使いが命じたなら

(1)断片四五（一四）を参照。

(2)断片四五t、五一b、五二によれば、女性が一生に一度しか出産しない民族「パンダライ」と、耳が長い民族「オトリクノイ（耳箕人）」は別の民族である。ポティオスは摘要作成の際に、クテシアスが別個の民族に与えていた特徴を集約させ、一つの民族に託して描いたようである。

(3)この一文は、ルキアノス『本当の話』一・四（＝証言一一h）におけるパロディの元ネタとなっている。

(4)最小で七キロメートル、最大で約一七・五キロメートル。断片四五（一）によれば、最大で二〇〇スタディオンの川幅がある。

(5)証言一一gと重複。

ば、このような行動をとるのである。

出典　アイリアノス『動物奇譚集』第十七巻二九。

四五bβ＊［L］

［インドには］巨大な雄鶏(1)が生息しているが、それはわが国で見る鶏のように赤い鶏冠ではなく、花輪のような色とりどりの鶏冠を持つ。尾羽は後ろにむかってくるりとカールすることもなく平たくて、尾をぴんと立てていないときのクジャクのように、引きずっている。インドの雄鶏の羽は、金色にエメラルドのような濃い緑色が入った色をしている。

出典　アイリアノス『動物奇譚集』第十六巻二。

四五c

インド葦についてクテシアスは、二オルギュイア(2)の太さがあると言っているが、誰が信じようか。節一つから二隻の丸太船が作られるなどと書いていることもまた。

出典　ツェツェス『千行史略《キリアデス》』第七巻七三一―七三三（七三九―七四一（Kiessling））。

四五dα

これらの種のいずれも、二列の歯列を持ってはいない。しかし、もしわれわれがクテシアスを信用するならば、そのような生物が一種はいる。クテシアスは上下のあごに三列の歯列を持つ、マルティコラスと呼ばれるインドの獣について叙述しているのである。マルティコラスの体はライオンと同程度の大きさで、毛深さや足の形状もライオンに似ている。しかし、顔と耳は人間のそれで、青色の目をし、体色は辰砂のように[赤い]。尻尾は陸生サソリのようで、針が生えており、その針を投槍のように飛ばす。吠え声は笛（シュリンクス）やラッパ（サルピンクス）を同時に鳴らした音のよう。鹿に劣らぬスピードで駆け、獰猛な人食い獣である。(3)

出典　アリストテレス『動物誌』第二巻一（五〇一a二四―b一）。

四五dβ

インドには力すさまじい獣がおり、体の大きさは立派なライオンぐらい、体色は辰砂を思わせる赤色をし、

(1) ヒマラヤ原産のニジキジのことか。
(2) 約三・六メートル。
(3) 以上は後世の挿入で、アリストテレスの真筆ではないと考えられている。

犬のようなもしゃもしゃの毛を持ち、それは現地語でマルティコラスと呼ばれる。[1] その顔は獣というよりも人間の顔にとてもよく似ている。上下のあごに三列の歯が生えており、その歯の先端は鋭く尖って、犬の牙よりも大きい。耳もまた人間のものと同じ形状をしているが、それより大きくて毛深い。人の目のような青色の目を持っているが、足と爪はライオンのものと似ているようだ。尾の先端には一ペキュス[2]を越える長さになることもあるサソリの針が生えており、しかも尾の両側からも点々と針が出ている。尾の先端は出会った者に死をもたらし、しかもそれは即死である。もしマルティコラスを追いかけるような者がいれば、針を矢のように水平に射出して、遠矢を射る獣となる。前方にむけて針を飛ばす際には、尾を反り返らせ、またサカイ人[3]のように後方にむけて飛ばそうとすれば、尾をまっすぐにぴんと伸ばすのである。針が当たった者は死んでしまうが、象だけは殺せない。狙撃に使われる針は長さが一プース[4]あり、太さはイグサぐらいである。クテシアスが言うには——インド人も同意のことだと主張しているが——、針を飛ばした後には新しい針が、まるでこの災いが増殖するかのごとく再生するのだという。

同じくクテシアスによれば、マルティコラスは人間の肉が大好物で、多くの人を殺すとのことである。その際、一人だけを待ち伏せするということはせず、二、三人を襲い、まとめて一頭で殺してしまう。この獣はほかの動物はことごとく打ち負かすのだが、ライオンには敵わない。この獣はその名に違わず、人肉を貪り食うことにたいへんな喜びを感じる。というのも、［マルティコラスという］インド語の名は、ギリシア語では「人喰い」という意味になり、この習性からそう呼ばれているのである。マルティコラスは雌鹿並みに素早い動きをする。インド人たちは尾に針が生えてくる前のマルティコラスの幼獣を捕獲して、針が生えてこなくするために尾を石で潰す。その咆哮はラッパ（サルピンクス）の音にたいへんよく似ている。このような話題についてクテシアスをじゅうぶん信用に値するとするならば、ペルシアで彼は、インドからペルシア大王のもとに贈られてきたこの動物を見たと言っている。ともあれ、この動物の奇態について読むと、このクニドス出身の歴史家の話にも注意をむけなければならない(5)。

出典　アイリアノス『動物奇譚集』第四巻二一。

四五dγ

四　クテシアスの『インド誌』によれば、インドには現地語でマルティコラスと呼ばれる獣がおり、それはギリシア語では「人喰い」の意味になるが、私はこれは虎のことを指していると考えている。この獣には上下のあごに三列の歯があり、尾の先端には針が生えている。接近戦ではこの針で身を守り、離れて戦う場合には、射手の放つ矢のように針を飛ばす。インド人たちはこの獣にたいする過剰な恐怖心から、誤った噂を互いに信じるに至ったのではないかと、私は想像している。**五**　また彼らは獣の体色についても誤解して

(1) 実際には「マルティコラス」はペルシア語由来の造語と考えられる。二二五頁註（10）を参照。
(2) 約四五センチメートル。
(3) 黒海北方に居住する騎馬遊牧民。弓の名手として知られた。
(4) 約三〇センチメートル。
(5) 証言一一gγと重複。

いる。日光のもと虎が目の前に現われると、インド人たちはその色を赤一色だと見間違え、あるいは虎の動きが素早いため、またたとえ走っていなくても、たえずうろつき回るので、彼らは虎を間近で見ることができないのである。

出典　パウサニアス『ギリシア案内記』第九巻二一・四―五。

四五dδ

クテシアスによると、これと同じ人々のところ(1)に彼がマルティコラス(2)と呼んでいる動物が生息しているという。マルティコラスは櫛のように生え揃った三列の歯列を持ち、人間の顔と耳をし、目は青みがかっている。血のような色をし、体はライオンのそれで、サソリのように尾に生えた針で刺す。その声は笛とトランペットが合わさったような音で、ものすごい速度で動き、とりわけ人肉を好物とする。

出典　プリニウス『博物誌』第八巻七五。（ラテン語）

四五eα

［カリマコスによれば］クテシアスは歴史書で、パセリス領近くに位置するキマイラ山に、いわゆる消えずの炎があると書いている。もし何者かがその火に水をかけると、炎はいっそう輝きを増す。しかし、塵芥をくべて空気をふさいでやると、火は消えてしまうのである。

出典　カリュストスのアンティゴノス『奇異物語集成』一六六（一八二）。

四五eβ

パセリス領のキマイラ山は燃えており、その火は昼も夜も消えることはない。クニドスのクテシアスによれば、この火は水をかけられるといっそう燃え上がるが、泥土をかけられると消える。

出典　プリニウス『博物誌』第二巻二三六。（ラテン語）

四五fα

『インド誌』にはピュグマイオイと呼ばれる人々が登場する。彼らはインドの内陸部に広大な領地を有している。ピュグマイオイはほかのインド人と同様に肌黒く、彼らと同じ言葉を話すが、背が極端に低い。もっとも背が高い者でも二ペキュス(3)、大抵の者たちは男性でも女性でも一ペキュス半(4)の身長しかない。子供

(1) エチオピア。古典文献ではしばしばエチオピアとインドの特徴が混同されることがあるが、ここでもプリニウスは、クテシアス『インド誌』の情報をエチオピアに当てはめて記述してしまったようである。

(2) 原文では、「マンティコラ（mantichora）」。ここでは、他断片と表記を統一した。

(3) 約八八センチメートル。

(4) 約六六センチメートル。

時分は木綿の衣服を持っていて、それを着て生活するが、若者になると髪を長く伸ばすようになる。ピュグマイオイは全員が膝に届くか、それよりも長く髪を伸ばし、顎鬚もほかのどの民族よりも長くする。彼らは身長が低いので、顎鬚を足のところまで伸ばし、髪を膝下まで背中に垂らすのだという。顎鬚がじゅうぶんな量蓄えられるので、彼らはもはや衣服を着ることもなく、前方には顎鬚を、背中には頭から髪の毛を垂らす。そして、髪の毛を全身にしっかり巻きつけて、衣服の代わりに髪の毛をまとうのである。彼らの陰茎は足首にまで届くほどにたいへん大きく、しかも太い。また、彼らは獅子鼻をしており、醜く、容姿の点ではほかのインド人と似ていない。男性だけではなく、女性たちも背が低く、醜い。彼らの飼っている馬は牡羊ほどか、それよりも少し大きいくらいで、羊は仔羊ほどのサイズしかなく、驢馬、騾馬やほかの家畜類もことごとく羊より大きくなるということはない。

出典　コンスタンティノス・ポルピュロゲンネトス監修『動物誌摘要』第二巻六七。

四五ｆβ

ピュグマイオイの地では、彼らが背の低いのと同様に、彼らが飼育している羊やほかの家畜も小さい。

出典　コンスタンティノス・ポルピュロゲンネトス監修『動物誌摘要』第二巻五五六。

四五ｆγ＊［L］

インドにいるプシュロイ人と呼ばれる民族――リビアにもまた別のプシュロイ人がいるのだが[1]――のところでは、馬は牡羊よりも大きくなるということはなく、［成獣の］羊も仔羊ほどの小ささにしか見えず、驢馬、騾馬、牡牛やそのほかの家畜はことごとく体格が小さい[2]。

出典　アイリアノス『動物奇譚集』第十六巻三七。

四五g

インド人たちが野兎や狐を狩る方法は、以下の通りである[3]。彼らは狩りをするときに犬を用いずに、鷲やワタリガラス、トンビなどの雛鳥を捕ってきて、その上でそれらを育て、狩りのためにしつける。その方法は、次のようである。まず彼らは、おとなしい兎や飼いならした狐に肉を括りつけて走らせたのちに、雛鳥

(1) リビアのプシュロイ人については、ヘカタイオス「断片」三三二（*FGrH* 1）、ヘロドトス『歴史』第四巻一七三、ストラボン『地誌』第二巻五・三三を参照。

(2) 本断片史料には典拠が記されていない。断片四五（二二）および断片四五fαに驚くほど類似した内容である一方で、プシュロイ人という、クテシアス史料の他箇所ではまったく言及されない民族が登場することから、アイリアノスの依拠史料がクテシアス『インド誌』であったか否かを確定することはできない。

(3) 断片四五（二四）の記述に対応する。ただし、ポティオスによる摘要では鷹狩りがピュグマイオイ人独自の狩猟方法であるかのように書かれている。おそらくポティオスが情報を過度に圧縮したために生じた混乱であろう。

たちに追っかけさせ、［追いついたら］肉を取らせてやる。雛鳥は全力で追いかけ、野兎や狐を捕まえると、捕獲の褒美として肉を手に入れるのである。これは雛鳥たちの餌で、たいへん魅力的なのである。雛鳥が狩りの技術を習得すると、インド人たちは、今度は山の野兎や野に住む狐にむけて鳥を放つ。鳥たちはこういった動物が現われると、いつものように褒美を手に入れられるものだと思い込み、獲物を追っかけて、素早く捕まえて主人のところに戻ってくるのだと、クテシアスは記述している。それまでの括りつけた肉に代わって、鳥たちは捕まえた獲物の内臓を食事として受け取る。われわれはこのこともクテシアスから学んだ。(1)

出典　アイリアノス『動物奇譚集』第四巻二六。

四五h

聞くところによると、グリュプスはインドに生息する、ライオンに似た四本足の獣である。非常に強力な鉤爪を持ち、その爪もライオンのものに似ている。語られるところでは、背中には翼が生えており、その色は黒とのこと。胸部は赤色をしていると言われるが、羽根自体は赤ではなく白色だとの説も。(2)クテシアスによれば、首元には紺色の羽根が生えている。嘴は鷲のようで、頭部は芸術家が絵に描いたり彫刻するものに似ており、目は燃えるような赤色をしている。(3)巣は山あいに作る。成獣となったグリュプスを捕獲するのは無理なので、幼獣のグリュプスを捕まえる。インドの隣に住むバクトリア人らが言うには、グリュプスはその土地で金を守っており、金をほじり出してきて、それをからませて巣を作るのだが、インド人らはそこからこぼれ落ちた金を拾ってくるとのことである。しかし、インド人たちは、グリュプスたちは別に金を必要としているわけではないので、上で述べたようなグリュプスが金の番人だとする発想を否定している（インド人がそう言うなら、少なくとも私は彼らの主張を信じてもよい）。しかし、インド人らが金を採集に来ると、グリュプスたちは自分たちの子供［が捕獲されること］を恐れて、闖入者たちと戦う。彼らがほかの動物を相手にする場合、簡単に打ち負かしてしまうのだが、ライオンや象には歯向かわない。したがって、グ

（1）クテシアスは鷹狩りについて記述した最初のギリシア語作家であり、しかもその描写はきわめて正確である。したがって、この箇所はクテシアスが実際にオリエント社会に触れていたことを示唆する証拠となりうる。

（2）ポティオスによる摘要（断片四五（二六））によれば、グリュプスの胴体は赤と黒のツートン・カラーであった。ここではアイリアノスは、クテシアスを含む複数のソースの情報をかけ合わせ、グリュプスの外観イメージを作り上げた可能性がある。

（3）グリュプス（グリフィンあるいはグリフォンとも）はライオンと鷲の合成獣であるが、体の各部位（頭、尾、足）をライオンか鷲のいずれにするかによって、さまざまな組み合わせが生じる。大きく分けると、ライオンの頭部を持つもの（獅子グリフィン）と鷲のもの（鷲グリフィン）の二グループに分類が可能である。ここでクテシアスが描写するグリュプスは、ライオンの四肢を持つ鷲グリフィンであり、これはギリシアの図像資料一般に確認されるものである。たとえば、ペルシア帝国のイコノグラフィーでは獅子グリフィン、鷲グリフィンのいずれも見られるが、前足がライオンであるのにたいし、後ろ足は鷲であり、ギリシアのグリフィンとは異なる。したがって、ここでのクテシアスの視覚的なイメージは、ペルシアやオリエントから得たものというよりはギリシア由来ではないかと推測される。林俊雄（二〇〇六）『グリフィンの飛翔——聖獣からみた文化交流』雄山閣を参照。

リュプスの力強さを恐れて、土地の者たちは日中に金を採集することはなく、気づかれにくいと思われる夜にだけ行動を起こす。グリュプスが生息する金の採集地は、とてつもなく人里から離れた場所になる。
上に述べたように金を集めようとする輩は、一〇〇〇とか二〇〇〇人のチームで武装して、シャベルや頭陀袋を持って到来し、月のない晩まで待ってから、採掘を開始する。もしグリュプスに気づかれることがなければ、彼らは命も助かって、荷物も家に持ち帰るのだから、二重の儲け物をしたことになる。とりわけ金を溶かす技術を持つ者たちがこの金を精錬すると、上に述べた危険に見合うだけの莫大な富を手にすることになるが、もしグリュプスに見つかってしまった場合には、彼らは命を落とすことになる。私が知ったところでは、彼らは三、四年目に帰宅するとのことである。(1)

出典　アイリアノス『動物奇譚集』第四巻二七。

四五-i-α
彼らの土地に住む羊は、一ペキュス(2)の幅がある尻尾を持つと、クテシアスがどこかに書いていた。
出典　アイリアノス『動物奇譚集』第三巻三。

四五-i-β
クテシアスいわく、インド人はもっとも大型の驢馬よりもさらに大きな羊や山羊を飼っている。この牝羊や山羊は多くの場合、仔を［一回に］六頭産み、三頭よりも少ないということはなく、四頭産むケースがもっとも一般的である。山羊や羊はほとんど地面に届くほどに長く、幅広の尾を持つ。なかには尾を引きずるものもいる。尾幅も一ペキュス(3)にまでなる。インド人は出産適齢期になった牝羊の尾は切ってしまう。尾を切ってやらないと、［尾が邪魔になって］牡と交尾できないのだ。この尾を食すと格別においしい。(4) 引きずる尻尾一本に一〇ムナ(5)の脂肪――尾がもっとも小振りの場合、五ムナ(6)だけということもある――が含まれている。インド人たちはこの脂肪から油を精製し、もっぱらそれを料理に使用する。インド人たちは牡の尾を切り裂いて、三ムナ(7)の脂肪――多い場合には四ムナ(8)になることもある――を取り出す。そうしたのち、尾をもう一度縫い合わせて、元通りにしてやる。牡にも同じようにしてやらないと、牝羊が牡の尾の重圧に耐えられなくなるのだ。インド人たちは毎年この作業をおこなう。というのも、また脂肪が蓄えられて、尾は元通りの重さになってしまうからだ。

（1）ヘロドトス『歴史』第四巻一三および二七では、ヨーロッパの北方に黄金を守るグリュプスが登場する。いっぽうインドで黄金を守るのは、グリュプスではなく巨大蟻である（ヘロドトス『歴史』第三巻一〇二―一〇五）。

（2）約四五センチメートル。

（3）約四五センチメートル。

（4）脂肪尾種の羊の尾には不飽和脂肪酸が多く含まれており、現在でも食用として売られている。D・M・ブルーム編（一九八七）『動物大百科　第10巻――家畜』平凡社、七三頁を参照。

（5）約四・三キログラム。

（6）約二・二キログラム。

（7）約一・三キログラム。

（8）約一・七キログラム。

出典　コンスタンティノス・ポルピュロゲンネトス監修『動物誌摘要』第二巻五五六。

四五ｉγ＊［Ｌ］

インドの家畜については知っておいても損はない。私が仄聞したところによると、山羊や牝羊はもっとも大型の驢馬よりもまだ大きくて、各頭が［一回に］四頭の仔を産む。インドでは山羊も羊も産子数が三頭を下回ることは、けっしてないのだ。この羊の尾は足にまで届く長さで、山羊だと地面にまで届きそうなほど巨大な尾を持っている。羊飼いたちが出産に適した牝羊の尾を切ってやるのは、交尾しやすくするためであり、また彼らは切った尾に蓄えられた脂肪から油を搾り取る。牡の尾を切り裂いて脂肪を取り出したのち、縫い戻してやる。傷が癒えると、傷跡は残らない。

出典　アイリアノス『動物奇譚集』第四巻三二。

四五ｋα

クテシアスによれば——この人はあまり信用ならないが——、インドには猪も豚も生息しておらず、無血類や有鱗類はどれも大きいという(1)。

出典　アリストテレス『動物誌』第八巻二八（六〇六ａ八）。

四五kβ

クテシアスによれば、インドには猪も豚も生息していないとのことである。

出典　アイリアノス『動物奇譚集』第三巻三。

四五kγ

クテシアスいわく、家畜化されたものであっても野生のものでも、インド全土で豚は生息していない。インド人は人肉を食べないのと同じように、(2) 誰も豚肉を口にしない。

出典　コンスタンティノス・ポルピュロゲンネトス監修『動物誌摘要』第二巻五七二。

四五kδ＊〔L〕

彼らによれば、(3) インドには家畜化されたものであれ野生のものであれ、豚は生息していない。インド人は

(1) 証言一一fと重複。

(2) ヘロドトス『歴史』第三巻三八には両親の遺体を食すインドのカラティアイ人が、また同じく第三巻九九には、病人や高齢者を殺して食すインドのパダイオイ人の風習が紹介されている。したがって、この箇所はクテシアスによる先輩史家ヘロドトスへの対抗心、誤情報訂正の意識の現われかもしれない。

(3) 本断片にはアイリアノスの依拠史料が明記されていないが、断片四五kγとの類推から、クテシアス『インド誌』の断片史料に収められている。

豚肉を口にすることを忌み嫌い、けっして食そうとはしないが、それは彼らが人肉を食べないのと同じことなのだ。

出典 アイリアノス『動物奇譚集』第十六巻三七。

四五kε［L］

エチオピア人のことを考えると、この王[1]の寿命の長さはさして驚くに値しない。ヘロドトスによれば、彼らは一二〇年以上生きるとのことであるし[2]、インド人についてもクテシアスが同じようなことを言っている。

出典 ウァレリウス・マクシムス『著名言行録』第八巻一三（国外）・五。

四五l

著述家たちいわく、インドは薬が豊富で、薬草も多く生育している。このような薬草には治療薬もあれば、毒獣に噛まれて――インドにはこの種の動物がたくさんいるのである――死の淵にある人の命を救うのに役立つものもある。また、即死を引き起こす薬もあるが、たとえば蛇から取れる毒薬がそれである。この蛇は見たかぎりでは体長が一スピタメ[3]あり、体色はたいへん深い紫色をしている。しかし、著述家たちが述べるところによると、頭部は赤色ではなく白色で、しかも白みがかっているというのではなく、雪や乳よりも明るい白色なのである。この蛇には牙がなくて、インドのなかでもとりわけ暑い地方に生息している。

蛇は噛むことができないので、おとなしくて扱いやすいと考える向きもあるかもしれないが、これが毒薬を飛ばそうものなら、聞くところによると、人間であってもほかの生き物であっても、毒薬のかかった肢体は壊疽してしまうのである。それゆえインド人は蛇を捕まえ、尻尾から吊り下げると、当然頭は地面をむく。そして蛇の口の下に青銅製の器を置く。すると、口から流れ出た分泌液が容器のなかに溜り、これが濃くなって凝固するのである。それは一見したところ、アーモンドの樹液かと思うだろう。蛇が死ぬと、インド人らは容器をどかして、また新しい青銅製の容器を置いてやる。蛇は死後、水のような［さらさらした］分泌液を流す。三日間この状態で放置しておくと、この物質も凝固する。この二つの物質は、見た目にも異なっている。死後の液体は真っ黒なのにたいし、生きているときに出した液は琥珀のような色をしている。さて、この物質をゴマ粒大に取って、たとえば葡萄酒や食べ物に混ぜて誰かに飲ませてやったら、口にした者は最初激しい痙攣に襲われて、それから白目をむいて脳髄が圧迫され、鼻孔から流れ出ることになる。それは、悲惨極まりないながらも、一瞬の死である。それよりも少量を摂取した場合も、それ以降死は避けられず、ゆっくりと死ぬ。死んだ蛇から分泌された黒色の物質をゴマ粒大にして投与した場合、服用した者は潰瘍を患いながら体力を消耗していき、一年以内に衰弱死する。二年間生きながらえて、一歩ずつ死に近づく者も多くいる。

（1）ガデス（イベリア半島の都市）のアルガントニオスのこと。一三〇歳まで生きたとされる。

（2）ヘロドトス『歴史』第三巻二三。

（3）約二二センチメートル。

出典　アイリアノス『動物奇譚集』第四巻三六。

四五ｍ

以下は、インドに生息するもっとも小さな鳥類の一種である。この鳥は高い岩崖や、「なだらかな岩」と呼ばれる岩場の陰に巣を作る。この小鳥はヤマウズラの卵ほどの大きさで、体の色は鶏冠石のオレンジ色を思えばよい。インド人たちはこの鳥を現地の言葉で「ディカイロン」と呼ぶのを好むが、ギリシア人たちは、私が聞いたところでは「ディカイオン」と発音する。この鳥の糞を穀粒ほどの量でも液体に溶かして摂取しようものなら、その人は夕刻には死んでいる。それは夢心地で――とても穏やかで、痛みをともなわない――、詩人たちなら「四肢をゆるます」とか「安らかな」と表現するような死である。(1) というのも、その死は苦痛をともなわず、〔穏やかな死を〕必要とする人にとってみれば、この薬は何とも有難いものである。インド人たちはこの糞を手に入れるためには、努力を惜しまないのも、実際のところ、彼らはこれを「苦悩を忘れさせてくれる薬(2)」と考えているからだ。インド王はまた、彼らにとって最大級の高価な贈り物とともに、この糞をペルシア大王に献上する。ペルシア大王もこれを、ほかの何よりも価値ある貢納品として受領する。ペルシア王はこれを秘蔵し、必要な場合は不治の病の鎮痛剤や治療薬として使用する。それゆえペルシアでは、王と王の母以外はこの薬を所持する者はいない。

出典　アイリアノス『動物奇譚集』第四巻四一。

四五n α

クテシアスによれば、インドにはパレボンと呼ばれる木があり、その近くに置かれた物質は、金、銀、錫、青銅、あらゆる金属がこの木に吸い寄せられていく。その木はまた、近くを飛ぶスズメも吸い寄せる。大きい木の場合には、山羊、羊、そのほか同じくらいの大きさの動物を引き寄せることさえある。

出典　アポロニオス『奇談集』一七。

四五n β

パレボン——木の一種。典拠はクテシアス。

出典　ヘシュキオス『辞典』「*πάρηβον*（パレボン）」の項。

---

(1)「四肢をゆるます眠り」はホメロス『オデュッセイア』（第二十歌五七および第二十三歌三四三）、「安らかな死」は『オデュッセイア』（第十一歌一三五）に見られる表現である。イア』第四歌二一九—二三二に登場する「秘薬」に擬えている。

(2)ホメロス『オデュッセイア』第四歌二二一に見られる表現。アイリアノスはディカイロンの糞を、ホメロス『オデュッセ

四五〇

クテシアスによれば、インドにはヒュポバルスと呼ばれる川があり、その名が示すところは、すべてのよき物を運ぶの意味。その川はインド北部に発し、琥珀をもたらす木々が茂った山々の近くを流れ東の海洋へと注ぐ。この木はプシッタコラと呼ばれ、その意味は「心地よい甘美」である。

出典　プリニウス『博物誌』第三十七巻三九。（ラテン語）

四五〇β＊［L］

一　インドにはスパバロスと呼ばれる、幅が二スタディオン(1)の川が流れている。スパバロスとは、ギリシア語になおせば「あらゆるよき物の運搬者」という意味である。［クテシアス］によれば(2)、この川は年に三〇日間、琥珀を運んでくる。その川を覆うようにそびえる山があり、その山には川へ樹液を落とす大木が生えていて、その樹液が落ちると固まって琥珀になるのだと言われている。この木はゼタコラと呼ばれているが、それはギリシア語では「甘い」という意味になる。また［クテシアスは］その木には葡萄のような房状の果実がなるが、その粒はポントス産のナッツ(3)のようであるという。

二　山あいには、体のほかの部分は人間であるのに、頭部は犬の形をした民族が住んでいる。彼らはほかのインド人に話しかけたり、彼らが話していることを理解できるのだが、その際言葉を使う代わりに、犬のように吠える。彼らはこの木々になる実や、狩りで仕留めた動物の生肉(4)を食す。また彼らは多くの羊を飼い、歯は犬のものよりも大きい。毛皮の服を着ていて、肌は黒い。飼育している羊の乳を飲む。彼らは男も女も、臀部の下から(5)犬のような尻尾が生えている。

出典　ミカエル・プセルロス　P・マース著学術論文掲載史料（P. Maas (1924), 'Ein Exzerpt aus Ἰνδικά bei Michel Psellos,' *Zeitschrift für vergleichende Sprachforschung aus dem Gebiete der indogermanischen Sprache* 52, 303-306）。

四五pα＊

多くの山には犬のような頭をして、動物の毛皮をまとった人種がいる。彼らは言葉で話す代わりに、吠え

---

(1) 約三七〇メートル。

(2) 本断片史料ではプセルロスの原典史料が明記されていない。角括弧内の「クテシアス」は補いであり、原文では三人称の不特定者で表わされている。ポティオスによる摘要（＝断片四五）との類推から、クテシアス『インド誌』の断片史料に収められている。

(3) ヘーゼルナッツのこと。

(4) 断片四五（四〇）および断片四五pγによると、キュノケパロイ［犬頭人］は生肉ではなく、太陽光で調理された加熱肉を食す。

(5) ポティオスによる摘要（断片四五（四三））によれば、尻尾は「臀部の上から」生えている。こちらのほうが「犬のような」という形容には適している。

る。鉤爪を武器に、獣や鳥を狩って暮らしている。(1) クテシアスによれば、彼が著作を書いた当時で一二万以上の人口があったという。

出典　プリニウス『博物誌』第七巻二三。(ラテン語)

四五pβ

クテシアスによれば、インドにあるのは琥珀を生み出す木や犬の頭をした民族。彼らはたいへん正義感にあふれ、狩猟によって生活しているとのこと。

出典　ツェツェス『千行史略《キリアデス》』第七巻七〇五―七〇七（七一三―七一五（Kiessling））。

四五pγ

一　インドにはフンコロガシほどの大きさの赤い虫がいる。その虫をはじめて目にした者は、辰砂を連想するであろう。この虫はとても長い足を持っており、触った感触は柔らかい。琥珀を生み出す木々に発生し、その実を食べる。インド人たちはこの虫を捕まえて潰し、緋色のマントや下に着る肌着、そのほかこの色に染めたいあらゆるものを染める。こうして染められた衣服はペルシア大王のもとにも運ばれるが、その美しさはペルシア人たちの感嘆の的である。ペルシア産の衣服と比べてみると、インド産のほうがはるかにすぐれており、クテシアスによれば、インド産の染物は、高く評価されているサルデイス産の染物[2]よりもさらに発色がきれいで色鮮やかで、それだけに衝撃的なのだという。

二　インドで例のフンコロガシが生息する地方には、キュノケパロイ［犬頭人］と呼ばれる人々も居住している。キュノケパロイという名は、彼らの見た目と性質に由来する。彼らは［頭以外の］身体のほかの部位は人間と同じで、獣の皮を身にまとって生活している。正義感が強く、誰にも危害を加えない。言葉は一言も発しない代わりに、［犬のように］吠えるのだが、それでもインド人たちの話す人語を理解している。彼らの食事は野生動物の肉である。足がとても速いので、獲物を易々と捕まえることができる。彼らは獲物を捕獲して殺すと、切り裂いて、火を使う代わりに太陽光で調理する。山羊や羊も飼育する。動物の肉を食べる一方で、家畜からとれた乳も飲む。

出典　アイリアノス『動物奇譚集』第四巻四六。

（1）本断片で紹介される犬頭人は、クテシアスの他断片で語られる彼らの習俗とは異なった特徴が述べられている。断片四五（四二）によれば、犬頭人は弓や槍といった武器で獲物を狩るのであって、自身の鉤爪を用いるわけではない。また、断片四五（四〇）、四五οβ、四五pγでは、彼らが鳥を獲物としていたとは述べられていない。したがって、この箇所でプリニウスは、クテシアスではなく、この引用箇所の直前で言及したメガステネス（前四世紀末に『インド誌』を著わした）に依拠した可能性が高い。

（2）サルデイス産の染物の評価は、たとえばアリストパネス『平和』一一七三―一一七四行。

四五 q

インドには、馬ほどの大きさがある、野生の驢馬が生息していると聞いた。体のほかの部位は白色なのだが、頭は紫色に近く、目は深い青色の光を放っている。額には一ペキュス半(1)の長さの角が生えている。角の下の部分は白色だが、上の方は赤紫色で、その中間は真っ黒である。聞いたところによれば、インド人たちはこの色とりどりの角で酒を飲むが、誰しもがそうするわけではなく、それはインド人のなかでも最有力者たちだけに許された行為である。また彼らは、まるで彫像の美しい腕をブレスレットで飾るかのように、角杯の周囲にストライプ状に金を貼る。話によれば、この角杯から酒を飲んだ者は、不治の病に罹ることもないという。痙攣やいわゆる「神聖な病(2)」に見舞われることもないし、毒死することもない。先に毒を服用してしまった場合にも、毒を吐き出して、快復する。家畜化されているものであれ、野生種であれ、世界中に生息するほかの驢馬や、それ以外の単蹄類は、[足首に]距骨を持っていないし、肝臓の隣に胆嚢がないと信じられている。しかし、クテシアスによれば、このインドの一角驢馬は距骨を持っているし、胆嚢も有する。この距骨は黒色をしており、砕いてみると、内部も同じ色をしていると言われる(3)。一角驢馬は驢馬界最速なだけではなく、馬や鹿にさえ引けを取らない。最初はゆっくりと駆けだすのだが、徐々に力を加えていき、一角驢馬を追いかけることは、詩的な表現をすれば、「追いつけないものを追いかけている(4)」かのようである。牝が出産し、仔を連れているときには、牡親も母子と一緒になって、仔驢馬を見守る。一角驢馬はインドのなかでもとりわけ人里離れた草原に生息している。インド人たちが狩りに出かけると、一角驢馬たちはまだ年若く、か弱い仔驢馬に後ろのほうで草を食ませておいて、親驢馬自身が戦う。馬に乗ったハンターに突進し、角で一撃をお見舞いするのだ。その衝撃たるや、何者も耐えがたいほどの強烈さがあって、誰であれ崩れ落ち、体を砕かれる。あるいは、ずたずたに裂かれて、お陀仏ということも。驢馬が馬の横っ腹を突き、切り裂いて内臓をえぐり出したこともあった。このため、ハンターたちは一角驢馬に接近するのを怖がる。その際の代償はもっとも無残な死を意味し、ハンター自身も馬も破滅してしまうからだ。一角驢馬は蹴りの威力もすさまじい。また驢馬に噛みつかれると、そこが引きちぎられるほどに、その噛み傷は深い。一角驢馬の成獣を生け捕りすることは不可能なので、インド人たちは投槍や弓を使って射殺したのちに、角を死体から切り離し、上述のように加工する。インドの驢馬の肉はとても苦いので、食用には適さない。

出典　アイリアノス『動物奇譚集』第四巻五二。

(1)約六六センチメートル。
(2)癲癇のこと。
(3)ポティオスによる摘要(断片四五(四五))では一角驢馬の距骨は赤色とあり、ここでの記述と矛盾する。同断片に見られる「辰砂のように」という表現はクテシアスが好んで用いる言い回しであったことから、ポティオスのほうがクテシアスの原文に忠実であったと推測される。それと同時に、アイリアノスはクテシアス以外の情報源も併用していた可能性が浮かび上がる。
(4)ホメロス『イリアス』(第十七歌七五)に見られる表現である。

四五r

インダス川には、そこに生息する唯一の生物だと言われるミミズをのぞいて、動物が見当たらない。このミミズは、形状は木で生まれ成長するミミズと似ているが、大きいものや小さいものもあるけれど、体長が七ペキュス[1]にまでなる。胴回りは、十歳児がぎりぎり抱えられるくらいの太さがある。このミミズには上下のあごに一本ずつ歯が生えており、その形は四角形で長さは一ピュゴン[2]ある。この歯はとても頑丈で、噛みついたものは石であれ家畜であれ野生動物であれ、簡単に噛み砕いてしまう。ミミズは日中、好んで川底の泥や沈殿物のなかに潜っているので、目にすることはできない。夜になると陸地へと這い上がり、馬であれ牛であれ驢馬であれ、遭遇した動物を噛み砕き、自らの住処へと引きずり込み、川のなかでそれを食す。ミミズは内臓以外の部位をすべてむさぼり食う。日中であってもたまらなく腹を空かしている時分には、川辺に水を飲みに来た駱駝や牛にこっそり這いより、口の先端に噛みつき、しっかりと捕まえて、力ずくで水のなかへと引きずり込んで食べてしまう。ミミズの体は二ダクテュロス[3]の厚さの皮膚で覆われている。このミミズを捕獲するには、次のような方法がとられる。まず、太くて頑丈な鉤針を鉄の鎖に取り付け、それに白い麻製の太いロープを結わえて、垂らす。その際、ミミズに噛み切られないように、鎖もロープも羊毛でくるんでおく。次に、鉤針に仔羊か仔山羊を餌に付け、それを水のなかに投げ入れる。綱を引くのは三〇人の男たちで、彼らはおのおの投槍に紐を巻き、刀も腰に差している。いざというときのために、撲殺用の棍棒も手に届くところに置いておく。この棍棒は水木でできており、とても丈夫である。ミミズが餌に食いついて、針にかかった瞬間に引き上げ、捕まえて殺してから、三〇日間吊るして天日干しにする。ミミズからは濃厚な油が垂れてくるので、それを陶製の容器に溜めるのである。ミミズ一匹から油を一〇コテュレ[5]まで搾り出せる。この油は封印され、インド王のもとへと運ばれる。王以外の者は一滴の所持も許されていないのである。残った死体は何の役にも立たない。しかし、油は次のような有用性がある。薪の山を燃やしたり熾火を広がらせたい場合、この油を一コテュレ[6]垂らせば、最初に種火を着けなくとも、火が燃え上がる。もし人間や動物を燃やす場合には、その相手に油をかければ、たちまちに燃え上がる。話によれば、インド王はこの油のおかげで敵対した都市を破壊するのだが、王は破城槌や「亀」[7]やほかの攻城器具を待つまでもなく、都市を燃やし、占領するのだという。王は一コテュレ入りの陶製容器を油で満たし、封を閉めたのち、門にむかって投石器で飛ばす。容器が門に当たると、その衝撃で容器は割れ、油が飛び散り、不滅の炎が扉を覆いつくす。そして、業火が敵軍の武器や兵士を舐めつくしても、その勢いは止まらない。しかし、火は大量の塵芥をかけてやれば収まり、やがては消すことができる。以上はクニドスの人クテシアスの記述による。

出典　アイリアノス『動物奇譚集』第五巻三。

(1)約三・二五メートル。
(2)約三七センチメートル。
(3)約三・七センチメートル。
(4)ランファン底本に従い、「鉤針（ἄγκιστρον）」を削除した。
(5)約二・七リットル。
(6)約二七〇ミリリットル。
(7)装甲板を貼った屋根付き攻城器具のこと。その外見から「亀」と呼ばれていた。

四五sα

一　［カリマコス］いわく、クテシアスはインドのとある湖について記録している。その湖は、シケリアやメディアにある湖のように、金、鉄、青銅以外の物質が投げ込まれても、それを受けつけない。斜めから水のなかに投げ入れても、その物質を上方へと跳ね返す。二　この湖［の水］はいわゆる「白い病(1)」の治療にも効果がある。三　また別の湖では、穏やかな日には、水面に油が浮きあがる。

出典　カリュストスのアンティゴノス『奇異物語集成』一五〇（一六五）。

四五sβ

クテシアスの歴史書によれば、インドには飛び込んだ者をまるで投石機のように岸辺へと跳ね返す泉があるとのこと。

出典　『フィレンツェ写本版奇談集』（伝ソティオン作品）三。

四五t

クテシアスによれば、とあるインドの民族の間では、女性たちは一生の間に一度しか出産を経験せず、子供たちは生まれた直後から白髪である。

出典　プリニウス『博物誌』第七巻二三。（ラテン語）

四六a

クテシアスが『インド誌』で言うことには、キュナモルゴイ［犬乳人］(2)と呼ばれる民族は、ヒュルカニア犬種と同じくらいの大きさの犬を多数飼育し、本当に見事な犬飼いである。クニドスの歴史家［クテシアス］はその理由を次のように説明する。夏至から真冬にかけて彼らの居住地では野牛の群れがあたりをうろつき、大群で飛来する蜜蜂の群れや突っつかれたスズメバチの巣のごとくに、群れの頭数は計り知れない。しかも牛は野性的で「かっと逆上《のぼ》せあがり」、ひどく「角に怒りを籠めて(3)」いる。彼らがこのような牛の群れ［の攻撃］を防ぐには、たくましい犬を放つ以外に手段がない。彼らは常にこの目的のために犬を訓練している

---

(1) 皮膚病の一種。ヘロドトス『歴史』第一巻一三八を参照。

(2)「キュナモルゴイ」が何を指すかについては、古典作家の間に混乱が見られる。ポリュデウケス『オノマスティコン』第五巻四一（＝断片四六b）は、キュナモルゴイは民族ではなく犬種であると述べ、プリニウス『博物誌』第六巻一九五によれば、キュナモルゴイはエチオピアに居住する、犬の頭を持った民族の名になる。アイリアノスはクテシアス『インド誌』をたびたび引用し、重要な典拠と見なした上で、キュノケパロイ（犬頭人、断片四五pγを参照）とキュナモルゴイ（犬乳人）を区別して紹介している以上、クテシアスの原典ではこの両者は別個の民族名として扱われていたと想定するのが妥当であろう。

(3) エウリピデス『バッコス教の信女たち』七四三行からの引用。丹下和彦訳（京都大学学術出版会、二〇一五年）を借用した。

ので、犬は牛とも渡り合い、容易に相手を倒す。インド人たちは食用に適すると思われる部位の肉を取り分けると、残りを犬たちにくれてやる。彼らが喜んで犬たちと戦果を共有するのは、恩人に初穂を納めるかのようである。もはや牛がこの地域をうろつかない季節に入ると、キュナモルゴイは犬たちを使って、ほかの動物を狩る。牝犬からは乳も搾り、彼らの名称はこのことに由来する。というのも、われわれが羊や山羊の乳を飲むのと同じように、彼らは犬の乳を飲むからである。

出典　アイリアノス『動物奇譚集』第十六巻三一。

四六b

キュナモルゴイとは［インド］南部の沼沢地に生息する犬のことで、この犬は牛の乳から栄養をとる。夏の間、人々を攻撃するインドの牛と戦う。典拠はクテシアス。

出典　ポリュデウケス『オノマスティコン』第五巻四一。

四七a

［クテシアスの］『インド誌』に紹介されるシラの泉では、そこに投げ入れられた物は、どんなに軽くとも浮かぶことなく、すべてが底に沈む。

出典　カリュストスのアンティゴノス『奇異物語集成』一四六（一六一）。

四七b

クテシアスによれば、インドにはシデ(1)と呼ばれる池があり、その池ではいかなる物体も浮かぶことなく底へと沈む。

出典　プリニウス『博物誌』第三十一巻二一。（ラテン語）

四八a

ゾウの精液についてクテシアスが記述していることは嘘である(2)。

出典　アリストテレス『動物誌』第三巻二二（五二三a二六）。

四八b

というのも、クニドスのクテシアスがゾウの精液について書いていることは、明らかな嘘である。すなわ

(1) プリニウスとアンティゴノスの間に見られる泉の名の混乱は、ΣΙΔΗΝとΣΙΛΗΝという綴り字の読み違いに起因すると推測される。

(2) 証言一一fβと重複。

ち、クテシアスはゾウの精液は乾くと、とても固くなって、まるで琥珀のようになると書いているのだ。[1]

出典　アリストテレス『動物発生論』第二巻二（七三六a二）。

四九a

クニドスの人クテシアスによれば、インドの広さはアジアの残り全土を合わせたほどもあるとのことだが、彼の話は妄言にすぎない。[2]

出典　アリアノス『インド誌』三・六。

四九b

……クテシアスは、インドはアジアの残りすべての土地を合わせたのと変わらないぐらいに広いと言う……

出典　ストラボン『地誌』第十五巻一・一二。

五〇

クテシアスいわく、インドでは王が酔っぱらうことは許されていない。

出典　アテナイオス『食卓の賢人たち』第十巻四五（四三四d）。

五一a

同じ著者［クテシアス］はモノコリと呼ばれる、足を一本しか持たずに、驚異的な素早さで跳びはねる民族について叙述している。この同じ民族はスキアポデス［影脚人］とも呼ばれている。というのも、酷暑のときには仰向けになって地面に寝っ転がり、その足で自分に影を落とすからである。彼らはトログロデュテス［洞窟人］からさほど離れていない地域に居住する。これらの人々からさらに西にむかっては、首［から上］がなく、肩に目玉がついている人々が居住する。

出典　プリニウス『博物誌』第七巻二三。（ラテン語）

五一b

カリュアンダのスキュラクス(3)著のある作品は

(1) 証言一一fγと重複。
(2) 証言一一gβと重複。
(3) ペルシア大王ダレイオス一世によってインダス川の探検に派遣された人物（ヘロドトス『歴史』第四巻四四を参照）。彼の名に帰された、作者不明の『周航記』（前三五〇年頃）も残されている。

インドに居住する民族について書かれており、
スキアポデス〔影脚人〕やオトリクノイ〔耳箕人〕といった人々がいるとのこと。
スキアポデスは平べったい大きな足を持ち、
真昼に仰向けに寝っ転がり
脚を高く上げて、自分の上に影を落とす。
オトリクノイは巨大な耳を持ち、
それを使って雨合羽のように自分の身を包む。
このスキュラクスはほかにも数々の話を書き残している。
モノプタルモイ〔一つ目人〕、ヘノティクトンテス〔出産一度人〕や、
そのほか無数の奇妙な光景についての話を。
彼はこういった人種が実在するかのように、何の嘘作り事もないかのように語る。
けれども、私はこうした人々に接したことがないので、嘘ではないかと疑う。
この種の話にも真実が含まれていることについて、ほかにも多くの作家たちは語る、
人生において、そういった驚異やもっと珍奇なことを見たと。
クテシアス、イアンブロス、ヘシゴノス[1]、レギノス[2]、
アレクサンドロス[3]、ソティオン[4]、アガトステネス[5]、
アンティゴノス[6]、エウドクソス[7]、ヒッポストラトス[8]やそのほか多くの作家たち、

さらにはプロタゴラス[9]自身や、プトレマイオス、[10]アケストリデス[11]自身やほかの散文作家らが。なかには私自身が著作を読んだ者もいれば、そうでない者もいる。

出典　ツェツェス『千行史略《キリアデス》』第七巻六二一―六四一（六二九―六四九（Kiessling））。

(1) 詳細不明。おそらく証言一九に登場する、ニカイアのイシゴノスの誤写か。
(2) 後一―二世紀の著述家で、「ポリュムネモン（多くのことを記憶する者）」との綽名を持つ。
(3) おそらく前一世紀の民族誌作家、アレクサンドロス・ポリュイストルか、もしくは後一世紀の驚異譚作家、ミュンドスのアレクサンドロスのことを指す。
(4) 紀元前後の人で、『コルヌコピア――川・泉・湖についての奇談集』の作者。
(5) おそらく、ナクソスの歴史家アグラオステネス（前四―三世紀）の誤写か。
(6)『奇異物語集成』の作者、カリュストスのアンティゴノス。クテシアスの伝承作家の一人。
(7) 前三世紀ロドス出身の著述家、もしくは前二世紀キュジコス出身の旅行作家。
(8) おそらく前三世紀の歴史家で、シケリアの系譜書を著わした。
(9) 後二―三世紀の作家。驚異譚や地理について著わした。
(10) アレクサンドレイア出身の文法学者、驚異譚作家、プトレマイオス・ケンノス。
(11) メガロポリス出身の驚異譚作家。活動年代は不詳。

五二

クテシアスによれば、彼ら［マクロビオイ］の一部はパンダライと呼ばれ、谷に居住し、二〇〇年も生きるという。若いころ彼らの髪は白髪だが、年齢を重ねると黒髪へと変わる。反対に、マクロビオイ［長命人］の隣には四〇年以上生きられずに、女性は一生に一度しか出産しないという人種もいる。

出典　プリニウス『博物誌』第七巻二八―二九。（ラテン語）

その他の作品（断片五三―七六）

『アジアの貢税について』

五三
クテシアスによれば、カルマニアでは、棘のある木から採られた王家御用達の油があるとのこと。[1] 彼はまた『アジアの貢納について』という同じ書物のなかで王の食卓に並べられるものをすべて列挙しているが、そこでは胡椒や酢についての言及はない。

出典　アテナイオス『食卓の賢人たち』第二巻七四（六七a）。

五四
また民族全体でも大酒を飲んで過ごしたというので、記憶されるに値する事例がある。たとえば、アレクサンドロスの測量士であったバイトンという人物は、『アレクサンドロス遠征の行程』という書物のなかで、またアミュンタス[2]は『行程』という書物のなかで、タピュロイ人[3]は葡萄酒を愛好するあまりに、葡萄酒以外のものを香油として体に塗らなかったと書いている。クテシアスも『アジアの貢納について』のなかで同じことを書いているが、彼らはたいへん正義感が強いとも付言している。

出典　アテナイオス『食卓の賢人たち』第十巻五九（四四二b）。

（1）断片三八と重複。

（2）バイトンと同じく、アレクサンドロスの従軍測量士。

（3）カスピ海南岸に居住する民族。断片一b（二・三）にも登場する。

『周遊記（ペリオドス）』、『周遊記（ペリエゲシス）』、『周航記（ペリプロイ）[1]』

五五

シンギュノス――エジプトの都市。典拠はクテシアス『周航記（ペリプロイ）』第一巻。

出典　ビュザンティオンのステパノス『地理学辞典《エトニカ》』「*Σίγγυνος*（シンギュノス）」の項。

五六

〈聖山は〉……黒海にまで伸びている。クテシアスが『周遊記（ペリオドス）』第一巻で、またスイダス[2]が第二巻のいわゆる「マクロネス人[3]」の項で言及している。

出典　ロドスのアポロニオス『アルゴナウティカ』第二歌一〇一五b[4]への古註。

五七

クテシアスは著書の第二巻で、アマランタ山脈はコルキスに位置すると述べている。
出典　ロドスのアポロニオス『アルゴナウティカ』第二歌三九九―四〇一 a への古註。(5)

五八

ティリザ――パプラゴニアの都市。住民の名はティリゾイ人。しかし、クテシアスは著書の第二巻で以下のように、彼らのことをティリジバノイ人と呼んでいる。「オドリュソイ人の地からパプラゴニアに住むティリジバノイ人の地へ」。
出典　ビュザンティオンのステパノス『地理学辞典《エトニカ》』「Τίριζα（ティリザ）」の項。

---

(1) クテシアス著の「周遊記」作品には、引用作家によって「ペリオドス」「ペリエゲシス」「ペリプロイ」という三つの異なった呼称が与えられているが、すべて同一作品を指しているものと考えられる。
(2)『スーダ辞典』の編者と誤認されていた架空の人物。
(3) 黒海南東岸に居住する民族。
(4)「ついで、かれらは聖山と、モッシュノイコイ人の土地をとおりすぎた」（岡道男訳）への註。
(5)「そこには、キュタの地を貫いて、アマランタのはるかな山なみとキルカイオンの平野から渦巻くパシスが広い流れを海へと注いでいる」（岡道男訳）への註。

五九

コシュテ――ウンブリアの都市。典拠はクテシアス『周遊記（ペリエゲシス）』第三巻。住民の名はコシュタイオイ人。

出典　ビュザンティオンのステパノス『地理学辞典《エトニカ》』「Κοσύτη（コシュテ）」の項。

六〇

スキアポデス〔影脚人〕――アンティポンは彼の著作『一体性について』のなかで、彼らはリビアの民族だと述べている。クテシアスは『アジア周航記（ペリプロイ）』[1]で次のように書いている。「この地域を越えると、スキアポデスの居住地である。彼らは鵞鳥のような平べったい大きな足を持ち、暑いときには仰向けに寝っ転がり、脚を高く上げて、足で日陰を作る[2]」。

出典　ハルポクラティオン『アッティカ十大弁論家用語辞典』「Σκιάποδες（スキアポデス）」の項。

作品不明の断片

六一a

［カリマコスによれば］クテシアスはアルメニアの岩から流れ出る湧水について記録している。その泉には黒い魚が生息し、それを食した者は死んでしまうという。

出典　カリュストスのアンティゴノス『奇異物語集成』一六五（一八一）。

六一b

クテシアスいわく、アルメニアにはある泉があり、そこに生息する黒い魚を摂食した者は即座に命を落と

（1）『アジア周航記』という題名は、ハルポクラティオンによる本断片にのみ登場しており、他断片では「アジア」という限定は付されていない。

（2）断片五一a・bによれば、スキアポデスはインドの民族である。したがって、クテシアスは『インド誌』および『周航記』の両作品中で彼らに言及していた可能性がある。

すという。

出典　プリニウス『博物誌』第三十一巻二五。（ラテン語）

六二

デイナルコスの弁論[1]『ステパノス告発』には「というのも、その場所はὑποκυδεῖς〔浅瀬にある〕」という用例が見られる。クテシアスの第三巻では「湿気にやられてὑποκυδής〔水が滴る〕」という例が登場する。

出典　ハルポクラティオン『アッティカ十大弁論家用語辞典』「ὑποκυδεῖς（ヒュポキュデイス）」の項。

六三

胡椒の原産地は、古代の作家やクニドスのクテシアスによれば以下の通りである。アクスムの近くにはベッサダイ人と呼ばれる民族が住んでいる。ベッサダイ人は体が小さくて丈夫ではないが、大きな頭をし、ストレート・ヘア――彼らの髪質はインド人と異なる――を伸ばしている。彼らは地下の洞窟に居住し、そのあたりの地形を熟知しているので崖をよじ登ることもできる。彼らは藪のそばに生える、刈られた低木から胡椒の実を摘み取って、集めてくる[2]。

出典　ヨハンネス・リュドス『暦月について』第四巻一四。

六四

トゥレ島は、ブリタンニア、ヒベルニア、オークニー諸島よりさらにむこう、北西方向の大洋上に浮かぶ島である。このトゥレ島では、太陽が蟹座にある頃は、昼が続いて、夜になることはないと言われている。さらに、この島からはギリシア語作家のクテシアスやディオゲネス、(3) ラテン語作家のサンモニクスら(4)によって報告された、多くの驚異譚がもたらされている。

出典　ウェルギリウス『農耕詩』第一巻三〇(5)へのセルウィウス註。(ラテン語)

六五

「川の王者」。ポー川のこと。エリダヌス川の位置同定には、多くの誤認がある。エウセビオスはその規模から、それがローヌ川ではないかと考えている。クテシアスはインドの川だと主張する。コイリロス(6)はゲル

(1)前四世紀後半―三世紀初頭のアテナイの弁論家。『ステパノス告発』は、失われた作品。

(2)この断片史料は、クテシアスに胡椒についての言及がないとする断片五三の記述と矛盾しており、したがって偽作と考えられている。

(3)アントニオス・ディオゲネス(二世紀)。『トゥレの彼方の驚異』の作者。

(4)クイントゥス・セレヌス・サンモニクス。二―三世紀ローマの学者で、カラカラおよびゲタの家庭教師を務めた。

(5)「最果てのトゥレ島はあなたに仕え」(小川正廣訳)への註。

(6)前五世紀、サモス出身の叙事詩人。

マニアの川で、その川でパエトンは姿を消したと言う。イオン(1)はアカイアの川との立場をとる。しかし、ウェルギリウスがそれはポー川のことだと主張するのは、この川の増水にはつねに驚かされることを考慮すれば、もっともなことのように思える……。

出典　ウェルギリウス『農耕詩』第一巻四八二(2)への古註（ベルン写本）。（ラテン語）

六六

［アルテミドロス(3)によると］一部の者たちが「紅海」と呼ぶのは南中にある太陽から、あるいは焦土と化して赤肌が見える山からの反射によって現われる色合いに由来するのだという。このように二通りの推測がなされている。いっぽうクテシアスは、赤茶けた水を海へと流す泉について叙述している。

出典　ストラボン『地誌』第十六巻四・二〇。

六七

ヒッポクラテスが腰の関節を整復したことを、どうせまたすぐに外れるのだからと言って、非難する向きもあった。その先駆けはクニドスの人クテシアスで、彼はヒッポクラテスの親戚筋にあたる（というのも、クテシアスもアスクレピオスの末裔なのだから(4)）。多くの者たちもクテシアスに続いた。

出典　ガレノス『ヒッポクラテス「関節論」への註釈』第四巻四〇。

六八

ヘレボロス(5)についてのクテシアスの論考。

「私の父や祖父の代には、ヘレボロスを投与する医者は皆無だった。というのも、彼らは調合や計量、投与すべき分量を理解していなかったからである。それでももしヘレボロスを投与する場合、かなりの危険をともなったため、医者はまず遺言書を書かせていた。服用した者の多くが呼吸不全で死に、わずかな者だけが生きのびることができた。しかしながら今や、ヘレボロス投薬の安全性は格段に高まったと考えられる」。

出典　オリバシオス『医学集成』第八巻八。

---

(1) 前五世紀、キオス出身の詩人、著述家。

(2)「川の王者エリダヌスは、森を荒れ狂う渦に巻き込んで押し流し、野原のいたる所に溢れて、小屋もろともに家畜の群れを運び去った」(小川正廣訳)への註。

(3) 前一〇〇年頃の地理学者、エペソスのアルテミドロス。より有名な、エペソス出身の夢占い師とは同名異人。

(4) 証言四と一部重複。

(5) ユリ科の植物バイケイソウ。根茎に強い毒性があり、ギリシア医学において下剤として使用されていた。

疑わしい断片

六九

かのアッシリア王セソストリス(1)
——ディオドロスは彼のことをセソオシスと呼んでいるが——は、
アッシリアの君主にして全世界の支配者となり
諸王たちを戦車につないで、
馬にやらせるように、彼らに戦車を牽引させてまわり
同時代の者たちから「世界の支配者」とか「神」とか呼ばれていた。
これら王のうちの一人があるとき、彼の思い上がりを静めたのは、
謎かけによって人の運命の不確かさを教示したからだ。
というのも、戦車を引いているときに、この男は車輪を眺めた。
それによって、歩みをゆるめたのである。

かのセソストリスは彼にむかって言った、
「お前は道で何をぐずぐずしているのか。さあ訳《わけ》を話してみろ」。
するとこの男が答えて言うには、車輪の回る様子を見ていたので、「走らないのです」。
そこでセソストリスはこの男が言わんとしていることを察知して、
自らの傲慢さを改め、王たちをつないでいた軛から外して、
それ以降すべてにたいし謙虚に節度をもって接するようになった。
クテシアス、ヘロドトス、ディオドロス、ディオン、(2)
さらにはカリステネス、(3)シモカトスや、(4)そのほかの作家たちは
この逸話に軽く触れる程度だが、(5)なかにはより詳細な記述を残す者も。

出典　ツェツェス『千行史略《キリアデス》』第三巻八六─一〇四（八三─一〇一（Kiessling））。

(1) 一般にはエジプト王として知られる人物。
(2) ディオン・クリュソストモスのこと。ディオンは第二十一篇一七でセソストリスの名に言及するも、その具体的な業績については触れていない。
(3) 前四世紀後半、アレクサンドロスの東征に随行した歴史家。哲学者アリストテレスの親戚。
(4) 七世紀初頭ビザンツの歴史家、テオピュラクトス・シモカッテスのこと。
(5) 少なくともヘロドトス『歴史』第二巻一〇二─一一〇、ディオドロス『歴史叢書』第一巻五三─五七には、この逸話は紹介されていない。

七〇

忘恩にかんするペルシア人一般の慣習として、
誰であっても、恩義に報いることが可能であって、
しかしそれを怠った者は厳しく咎められ、罰せられる。
というのも、彼らは恩知らずを祖国、
両親、神にたいする最大の不敬行為だと見なす。
キュロスについてクセノポンが[1]、ペルシアの慣習について
クテシアスとヘロドトスが歴史書を著わした[2]。

出典　ツェツェス『千行史略《キリアデス》』第三巻六四四—六五〇（六四一—六四七（Kiessling））。

七一

ヘロドトス、ディオドロス、クテシアス、そのほかの者たちは、
アラビアが恵まれた土地で、
インドの地と同様に、とても甘い香りを放ち、
芳香をただよわせると言っている。たとえば大地や
石でさえも割ってみると香りを発するのである[3]。

出典　ツェツェス『千行史略《キリアデス》』第八巻九七八―九八二（九八五―九八九（Kiessling））。

七二＊

……歴史家いわく、ペルシア人のアルサメスは生まれたときから歯が生えていた[4]。

出典　カリュストスのアンティゴノス『奇異物語集成』一一六（一二八）。

七三

この地域[5]では、アンティパテス［苦痛の治療薬］と呼ばれる石が産出する。クニドスの人クテシアスが『山岳論』第二巻で記すところによれば、この石を葡萄酒で磨いてから患者に投与すると、白レプラやレプラの

---

(1) クセノポン『キュロスの教育』第一巻二・七に、この慣習が紹介されている。

(2) ヘロドトス『歴史』には、この慣習についての記述はない。

(3) ここでの情報源としてのクテシアスの役割は、アラビアではなく、比較対象のインドにかんする箇所に限定されるであろう（断片四五（四七）では、強い芳香を放つカルピオンの木が紹介されている）。本断片はヤコービ編以来「疑わしい断片」に分類されているが、本来なら『インド誌』に分類されるべきものであろう。

(4) ここで言及される「歴史家」がクテシアスを指すとする根拠はほぼ皆無である。幼少時から歯の生えているインドの民族にかんする記述（断片四五（五〇））に関連して、この一節がクテシアスの断片集に紛れ込んだものと推測される。

(5) ミュシア（小アジア）地方のテウトラス山のこと。

症状に効果覿面《てきめん》だという。

出典　伝プルタルコス『河川論』二一・五。

七四

この川(1)にはケンクリティスと呼ばれる、葡萄の蔓によく似た植物が自生している。クテシアスが『河川論』第一巻で述べるところによれば、医者はこの植物を煎じ、正気を失った患者に飲ませ、狂乱状態から回復させるという。

出典　伝プルタルコス『河川論』一九・二。

インテルポラティオ（後世の偽作[2]）

七五［L］

クニドスのクテシアス著『世界の驚嘆について』の記述。

（1）ペロポネソス半島北部のアルペイオス川のこと。

（2）断片七五および断片七六は、「ミュンヘン・ギリシア語写本二八七」を含む、二写本のみに確認される記述で、その真筆性はいちじるしく疑われる。ここに訳出した「ミュンヘン・ギリシア語写本二八七」は十五世紀に作成された写本で、天文学、宗教、民族誌にかんする抄録、ポティオスに擬した『インド誌』の摘要から成るが、そこにはポティオスの拾っていない新たな情報を見出せる。その叙述スタイルは明らかにクテシアスのそれを意識しており、異形の民族や驚嘆すべき自然現象など、『インド誌』に頻出するテーマを真似てはいるものの、セレス人など、クテシアスの時代には知られていなかった情報が登場していることから、下記二断片史料は後世の偽作（インテルポラティオ）と判断される。

セレス人[1]と上インドの住民たちは体格がずば抜けて大きく、身長が一三ペキュス[2]もあるような人物もなかには見られるという。彼らの寿命は二〇〇年以上もある。ガイトロスと呼ばれる川[3]の流域の一地方には野性の人種が住んでいる。彼らの皮膚は河馬によく似て［分厚く］、矢も突き刺さらない。また、インドの同地方の海洋に浮かぶある島の奥地には、サテュロスの絵に描かれているような、とても長い尻尾の生えた人々が住んでいるという。

出典「ミュンヘン・ギリシア語写本二八七」における第一インテルポラティオ（ポティオス偽作）。

七六［L］

エチオピアにはクロコッタス[4]と呼ばれる、一般には犬狼として知られる動物が生息している。クロコッタスには驚くべき能力がある。この動物は人間の声を真似、夜になると、その人の名で人間に呼びかける――というのも、人間は人の声のするほうに近寄るからだ――と彼らは言う。彼らは集団で獲物に襲いかかり、むさぼり食う。クロコッタスはライオンの力強さと馬の俊敏さ、牡牛の体力を兼ね備えるが、鉄を苦手とする。エウボイア島のカルキスの地では、羊は胆汁を分泌しないが、しかしその肉はとても苦くて犬さえも口にしない。マウレタニア門[5]より先では、夏の間は雨が降るが、冬は日照りになるという。キュオニオイ人の地では、水の代わりに油のわき出る泉があるとのこと。それゆえ土地の者たちは、この油ですべての調理の用を足す。メタドリダと呼ばれる島には、海から遠からぬところに泉があり、それがもとで昼頃と真夜中に激しい引き潮が起こり、すこぶるたくさんの魚たちが陸地に打ち上げられる。土地の者たちはその魚たちすべてを拾えるわけではないので、大半の魚がそのままにされ、浜辺で異臭を放つ。

出典　「ミュンヘン・ギリシア語写本二八七」における第二インテルポラティオ（ポティオス偽作）。

（1）ギリシア人居住世界（オイクーメネー）の東涯に居住し絹をもたらすことから、しばしば中国人を指すと考えられている民族。しかし、ストラボン『地誌』第十一巻一一・一によると、セレス人はバクトリアのギリシア人に隣接して居住しており、断片七五でもインドに近接した民族として描かれていることから、中国人というよりは中央アジアの絹の仲買商人とも推測される。

（2）約五・七メートル。

（3）ガンジス川のことか。

（4）ブチハイエナ（学名 *Crocuta crocuta*）のことか。

（5）ジブラルタル海峡のことか。

解説

一、クテシアスの生涯と年代

クテシアスの生涯は、証言一—七の情報を組み合わせることによって再現可能である。まずは生年についてだが、これを正確に教えてくれる証言史料はない。証言五aによれば、第九十五オリュンピア紀元年（前四〇〇／三九九年）にクテシアスの名が世に知られたと、そして証言五bには、小キュロスの時代（彼がクナクサの地で戦死したのは前四〇一年である）にクテシアスが人生の盛りを迎えたとある。ギリシア人は「人生の盛り（アクメー）」が四〇歳にあると考えていたため、ここから逆算すると、クテシアスは前四四〇年頃の生まれと推定される。ちなみに、クテシアスが自身のライバルと見なしていたヘロドトスは前四八〇年代中頃の生まれなので、ヘロドトスとクテシアスは約半世紀離れた先輩・後輩関係にあたる。

出世地は小アジア南西部のドーリス系植民都市クニドス、現在のトルコ共和国ダッチャである。クニドスは大陸小アジアに属すといえども、大陸からは突き出た半島の先端に位置しており、三方を海に囲まれていた。前六世紀なかばにペルシア帝国が攻め込んできたときには、半島に運河を掘ることにより陸から切り離し、完全に島に変えようとする土木工事もおこなわれたとのエピソードが、ヘロドトス『歴史』第一巻一七四に伝わる。現在もダッチャ半島に立つと、南北に海の迫った地峡、すぐ目の前に医聖ヒッポクラテスの出身地コス島、その先には「歴史の父」ヘロドトスの生誕地ハリカルナッソス（現在のボドルム）を視認することができる。夏のハイ・シーズンにはボドルムからコス、ダッチャへのフェリーが頻繁に出航しており、このあたりでは往時より海路による連絡のほうが容易であったことが想像される。

クテシアスの出身地がクニドスであったことは、彼の歴史叙述にさまざまなかたちで影響をおよぼしている。クニドスはコスと並んでギリシア医学の中心地であり、クテシアスも医者であった。彼の医学者としてのまなざしは叙述の端々から看取され、アルタクセルクセス王にたいする治療（証言六aβ）のほか、『インド誌』では毒薬や自白剤などの薬物が繰り返し登場している。断片六七、六八は医学の本業にかんする記述で、クテシアスが医者としても一家言を有していたことが分かる。クニドスは医学をめぐってコスとはライバルの関係にあり、クテシアスの歴史書にもコス出身の医者アポロニデスが活躍するが、ひょっとしたらクテシアスはアポロニデスの悲惨な末路（断片一四（四四））を嬉々として書き残していたのかもしれない。

もう一つは使用言語の問題である。彼の出身地のクニドスはドーリス系の植民市（母市はスパルタ）であり、したがって彼が生まれながらに身に付けていた言語はドーリス方言であった。それにもかかわらず彼は文事においてはイオニア方言を用い、しかも作品によってその程度を使い分けたのだという（証言一〇、一三）。この差が何を意味するかは後の作品解題に譲るとして、かかる不自然さが彼の文章にたいする評価を下げた可能性は指摘しておきたい（証言一二、一三）。むろん、ペルシア帝国、デロス同盟期のアテナイ、母市スパルタの間で揺れ動く故郷の姿が、クテシアスの歴史観に少なからぬ影響を残したことはあらためて指摘するまでもなかろう。

しかしながらクテシアスは生まれ故郷で一生涯を過ごしたわけではない。複数の証言史料が語るところを信じるならば、その人生はまさしく波瀾万丈であった。彼は何らかの戦争に巻き込まれ、捕虜としてペルシア宮廷に連れてこられた。そこで、医学的な技量を認められると、今度はペルシア大王アルタクセルクセスおよび王母パリュサティスの侍医として抱えられ、一七年という永の年月を異国で過ごした。最後はアテナイの敗戦将軍であり、当時キュプロス島サラミスに身を寄せていたコノンがペルシア艦隊の提督に任命される際の混乱に乗じて、生きてふたたび故郷の土を踏んだのである。

ところが、この筋書きを素直に受け入れることもまた種々の疑問を生じさせる。まず、クテシアスがペルシア宮廷に移るきっかけとなった戦争とは、いったい何だったのか。クテシアスがクニドスに帰還したのは史書の内容から前三九八／九七年で間違いないとして、これより一七年前は前四一五／一四年となる。この当時に記録に残されている戦争を探してみると、断片一五（五三）でも語られるペルシア総督ピストネスの反乱がそれらしき候補として浮かび上がる。しかし、そもそもなぜクテシアスはピストネスの反乱に参戦したのであろうか。それはクニドス市民としての参加だったのか、あるいは一介の志願兵としてであったのか。さらには、ピストネスの反乱当時のペルシア大王はダレイオス二世であったが、クテシアスの主君はアルタクセルクセス二世ではなかったのか。このような矛盾を解消するために、古典学者たちはテクストの読みを修正したり、あるいは一七年の滞在期間を疑うことによって辻褄合わせをしてきた。そのようななか、イタリア人研究者のマルコ・ドラーティはそもそもクテシアスがペルシア宮廷に滞在したことなどなく、上記の経歴もすべてクテシアスの詐称したものにすぎないとの極論を提示したのであった（M. Dorati (1995), 'Ctesia falsario?', *Quaderni di storia* 21, 33-52)。

以前、私はドラーティの論文をていねいに紹介し、その反論を試みたことがあった（阿部拓児（二〇〇七）「歴史家クテシアスの経歴と『ペルシア史』――ペルシア宮廷滞在をめぐって」『西洋史学』二二八、四三―五七頁）。そこで本解説ではその議論を繰り返すことはせずに、要点のみを述べるにとどめたい。まずクテシアスの記述、とりわけ『インド誌』にはアジア象の生態、鷹狩り、オウム目の鳥など、彼がエーゲ海地域から出たことがなければ、なかなか触れる機会がなかったであろう東方の文化が、正確に描写されている（断片四五b、四五g、四五（八））。また、ペルシア大王位を争う兄弟対決で敵味方に別れて戦ったクセノポンが、自著のなかでクテシアスがアルタクセルクセス陣営にいたことを認めている（証言六aβ）。クテシアスの『ペルシア史』はアルタクセルクセス二世の治世に入ると、それまでとは叙述のスタイルを変化させ、史家の行動についてやたらと語るようになり、この時期にクテシアスの身辺に何らかの変化が生じたことを示唆する。確かにプルタルコスが非難するように（証言七b）、クテシアスには自らの功績を誇張する嫌いがあったようである。しかし、それを差し引いて考えるならば、たとえばクテシアスは戦争捕虜としてではなく自ら職を求めてペルシア宮廷に赴いたとの仮定も成り立つであろうし――この場合、彼の巻き込まれた戦争が何であったかはもはや問題ではない――、一七年という年数も誇張されたものにすぎないとして、それに拘泥する必要はなくなるのである。すなわち、われわれにとって重要なのは、アルタクセルクセス二世即位（前四〇四年）後しばらくしてから――とりわけ前四〇一年のクナクサの戦い後――帰国するまでの期間（前三九八／九七年）、クテシアスがペルシア宮廷にて同時代史の目撃者であったとの結論なのである。当初想定された一七年と比べるとかなり短いようにも思われるが、それでもクテシアスのペルシア滞在期間は五年近くになり、外国滞在経験としてはじゅうぶんな期間であったことに変わりない。

なお、没年にかんしては生年以上に確定困難であるが、後述の『ペルシア史』執筆年代を考慮すれば、前三九三年以降と推定される。

二、断片史料と主要な伝承作家

ここで、クテシアスの史書を理解する上で前提となる、「断片史料」という古典学の専門用語について解説しておきたい。ギリシア・ラテンの古典作品は、まずはパピュルスというカヤツリグサ科の植物の茎を開いて重ね、乾燥加工したシート上に書き記された。この作品は、パピュルスの耐久年数を越える前に新たなパピュルス・シート、もしくはより耐久性にすぐれ、しかしはるかに高価な獣皮（いわゆる「羊皮紙」など）に手作業で書き写されなければ、この世から滅失してしまう。このような危機を幾度か乗り越え、活版印刷と紙による大量複製の時代まで生きのびることができたのは、幸運に恵まれた、ほんの一握りの作品だけであった。クテシアスの著作群もその例にもれず、エジプト由来の一片のパピュルス（断片八b）をのぞき、すべてがこの過程で散逸してしまった。エジプトは特殊な気候条件により、上記のような伝承過程を経ずして、文書を保存することが可能なのである。しかし、クテシアス作品は古代においてはよく読まれたようで、彼に続く多くの作家たちがクテシアスの名に言及しつつ、彼の著作内容の一部を紹介している。このような細切れの記述およびその寄せ集めのことを、われわれ西洋古典の研究者たちは「断片史料（集）／Fragments」と呼ぶ。さらに、この「断片史料」は、内容の性格によって、作家の出自や作品の来歴、評価を語る「証言（Testimonia, もしくはT）」と、作品の内容自体を伝える「断片（Fragmenta, もしくはF）」の二種類に分類される。したがって、「断片史料」を用いた議論とは、ミッシング・ピースが大量にあるジグソー・パズルにおいて、残された手持ちのピースを想定される正しい位置に仮置きすることによって、本来あったはずの全体像を想像する作業と似ている。そこには、ピースの置き違いによって絵柄を読み誤ってしまう危険性がある一方で、半永久的に失われた作品をよみがえらせるという興奮も潜んでいるのである。

以下では、本断片史料集を構成するクテシアス史料の主要な伝承作家たちを紹介し、その史料的特徴について概観したい。

（一）ポティオス

クテシアスの断片史料集にとってもっとも重要な作家は、九世紀のビザンツ帝国最高の学者にしてコンスタンティノープル総主教であったポティオスである。ポティオスは弟タラシオス宛書簡の添付資料という体裁をとって、『文庫』と呼びならわされる読書案内書を著わした。この第七十二項でポティオスはクテシアスの『ペルシア史』（第七巻から二十三巻）と『インド誌』の摘要を作成している。この第七十二項は『文庫』のなかでもかなりていねいな要約であり、これを読めばクテシアス作品の主要部分の輪郭を知ることができる。

われわれとしては、ポティオスが摘要を作成した際の作業工程が気になるところであるが、これについて彼は直接的には明らかにしていない。「主題は記憶が赴く順に扱われるであろう」という『文庫』の「序言」をヒントに、彼が記憶にもとづいて摘要を作成したと主張する研究者もいるが――前近代においては超人的記憶力の持ち主の存在がまれではなかったはずである――、ほとんどの研究者はこの説を退け、記憶とともに何らかの覚え書きを頼って作業したと想定している。クテシアスの著作を扱った第七十二項に限ると、やはり読書メモのようなものを用いたと考えるのが妥当なようである。なぜならば、『インド誌』の摘要中には「その［一角驢馬の］距骨は、私がこれまで見てきたなかでも、もっとも素晴らしいものであった」（断片四五（四五））という一節が見られ、ここで言う「私」とはクテシアス自身を指していると考えられることから、抜き書きの存在が示唆されるのである。また『ペルシア史』の最終諸巻、とくに小キュロスの反乱以降の出来事を扱った箇所では、摘要は文章の体裁をなさず、名詞句の羅列となっており、このこともメモの存在を窺わせる。おそらくポティオスは、読書中にキイ・ワードを拾い書きし、その読書メモから記憶を喚起して摘要を作成していったのではなかろうか。これは時代が異なるが、証言一九でゲッリウスがおこなったのと同様の方法だったと想像すればよいのかもしれない。

以上のように想定すれば、われわれはポティオスの摘要をかなりの程度、信頼して扱うことが許されよう。しかし同時に、ポティオスは情報の濃淡にかなり偏りを持たせている。たとえば、断片一三の詳細な要約を読むと、われわれはクテシアスがカンビュセス、ダレイオス、クセルクセスの三代の叙述――すなわち、へロドトス『歴史』と同一の主題――に相当の情熱と紙幅を割いたかの印象を受ける。しかし、これは錯覚であって、実際には同断片は史書全体の一割にも満たない分量をまとめたにすぎない。ポティオスの摘要は正確でありながらも、均質な要約であったとは言えないのである。

(二) ディオドロス

ディオドロスは前一世紀、ローマ帝国領のシチリア（シケリア）に生まれた。歴史の学習に現世的な有用性を見出した彼は、あらゆる地域、時代、民族の歴史を一書のうちにまとめるべく、『歴史叢書』という四〇巻から成る大作を書き上げた（現在、その約三分の二は散逸）。ディオドロスの『歴史叢書』は、次のニコラオスの歴史書と同様に、「世界史（Universal History）」と呼ばれるジャンルに属する。「世界史」の執筆においては、史家個人の経験的な調査（ヘロドトスの言うところの「ヒストリエー」）よりも、先人たちの業績をいかに効率的に利用するかが鍵となる。ディオドロスも実に多くの歴史家に頼りながら『歴史叢書』を完成させたのである。

クテシアスの著作は、『歴史叢書』第二巻におけるアッシリア史、メディア史にかんする叙述（第一章から第三十四章）に、『ペルシア史』第一巻から第六巻が利用されている。しかし、その叙述の質は均一ではなく、アッシリア史、とりわけセミラミスの治世についてはかなり物語性豊かに叙述されているが、メディア史になると多くの省略が見られる。一般にディオドロスは先人の著作を要約するだけの独創性を欠いたコピイスト、「鋏と糊の歴史家」と揶揄されることが多いが、第二巻にかんしてはその限りではない。たとえば、第二巻五・四ではニノスがバクトリア遠征にむけて徴収した兵力の数を述べたのに続き、のちのペルシア大王の軍隊、シケリアのディオニュシオスの軍隊、ハンニバル戦争前のローマの軍隊を引き合いに出し、ニノスの軍隊規模がけっして荒唐無稽ではなかった証拠としている。また、第二巻二〇・三でクテシアスに依拠したセミラミス伝をいったん終えたのち、アテナイオスなる今は詳細不明となった歴史家によりつつ、セミラミスの別伝を紹介している。このような箇所はクテシアスの史書に由来した情報ではないとして本断片史料集では割愛されているが（……で表示）、単なる摘要作家の枠を越えた、ディオドロスの歴史家としての誠実な姿勢を垣間見せてくれる。

（三）ニコラオス

上記のように、ポティオスとディオドロスはクテシアス『ペルシア史』の参照範囲において相補関係にある。その一方で、ディオドロスはメディア史についてはあまり熱心な叙述をしておらず、とりわけクテシアスが描いたメディアからペルシアへの覇権移行は空白のまま残されている。この断絶を埋めるのが、ニコラオスである。ダマスコス出身のニコラオスは、前一世紀後半にローマ帝国の委任下にパレスティナを統治したヘロデ大王の顧問として活躍した人物である。多作家であったが、主著としては『アウグストゥス伝』と『世界史』が知られる。このうちクテシアスの史書を利用したのは、『世界史』であった。

ニコラオスの『世界史』は、ディオドロスの『歴史叢書』同様、上古から自身の同時代までの出来事を綴る「世界史」で、しかも『歴史叢書』四〇巻を上回る、全一四四巻から成る超大作であった。『世界史』は現在その大半が散逸し内容が不明となっているが、幸いにして古代オリエント史（アッシリア、メディア、リュディア、ペルシア）を扱った諸巻の内容が、コンスタンティノス七世ポルピュロゲンネトス監修のビザンツ時代の事典類に利用され、残されている。

ニコラオス史料のうち六片の断片がクテシアスに由来するものとして、本断片史料集に収められている。その問題点は、以下の二つがある。一つは、それらの史料がクテシアスに依拠したことが明言されていないことである。前後や類似の内容を伝える断片から、ニコラオスがクテシアスを利用したことはほぼ間違いないのだが、しかしはたして彼の依拠史料はクテシアス『ペルシア史』だけだったのだろうか（少なくとも、ニコラオスは古代オリエント史について、クテシアス以外にリュディアのクサントスという歴史家を参照したことが知られている）。また、ビザンツ時代の事典類では、ニコラオスの記述の一部が明らかに割愛された形跡を読み取れるのである。たとえば、断片一 1δ の「これについては、『演説の書』を見よ」といった注意書きがそうなのだが、残念ながらその参照先の書物をわれわれは有していない。

（四）プルタルコス

プルタルコス（後一—二世紀）は『英雄伝』中の一編『アルタクセルクセス伝』を執筆した際に依拠した作家として、クセノポン、デイノン（ディノン）、ヘラクレイデスらとともにクテシアス（『ペルシア史』第十八巻から二十三巻）の名を挙げている。「私は歴史を書くのではなく、伝記を書くのである」（『アレクサンドロス伝』一）という自身の有名な言葉にも現われているように、プルタルコスは対象人物の性格が明瞭になるような描写を心がけて記述内容を選択している。多くの伝承作家に当てはまることだが、プルタルコスもまた、ときとして依拠した史料が何であったのかを明記していない。プルタルコス自身のクテシアスにたいする態度は好意的とは言いがたく、「彼の筆はしばしば真実を逸脱して、ありもしない芝居じみた話へとむかうこともある」と酷評している（『アルタクセルクセス伝』六・九＝証言一一e）。そうであっても、プルタルコス史料は、上述したポティオスの摘要が理解困難になった時代を扱っているので、史料的価値は大である。

（五）アイリアノス

クラウディオス・アイリアノス（後二世紀後半—三世紀）はローマ市の東に位置する、イタリア半島の都市プラエネステの出身であった。ローマ市民権も有しており、本名はラテン語でクラウディウス・アエリアヌスと言ったが、創作活動はラテン語ではなくギリシア語でおこなったため、一般にアイリアノスとギリシア語風に表記される。主著は『ギリシア奇談集』と『動物奇譚集』の二作品で、このうち『動物奇譚集』でクテシアス『インド誌』からの引用が多く見られる（『ギリシア奇談集』では、第十三巻三の逸話がクテシアス『ペルシア史』を種本にしている可能性が高いが、残念ながら典拠となった作家名は明示されていない（断片一三bに収載）。また、『動物奇譚集』からも三断片が、クテシアスの『ペルシア史』に依拠した記述として本断片史料集に収められている）。

アイリアノス自身はイタリアを離れたことがなく、また船に乗ったことも海を見たこともないほどに、非活動的な性格だった。したがって彼の主たる情報源は読書であり、しかも証言一六に出てくるパンピレなどの梗概集に負っていたようである。そうであったとしても、同じ対象を論じたポティオスの摘要とアイリアノス『動物奇譚集』の記述を読み比べてみれば、アイリアノスの文章のほうがはるかに生きいきとしており、クテシアスの原作の醍醐味を伝えてくれているように思われる。

ニコラオスやプルタルコスと同様、アイリアノスについても、彼がどれだけ正確かつ純粋にクテシアスのみに依拠したのか、明らかでない場合が多々ある。断片四五bβ、四五iγ、四五kδについては、クテシアスの他断片に並行記述を見出せるものの、アイリアノス自身はクテシアスを典拠にしたとは断っていない。断片四五kδ、四五lでは、「彼らによれば」、「著述家たちいわく」というように、情報源がクテシアスも含め複数存在したことを匂わせている(二五一頁註(2)も参照)。その反対に、断片四五qでは「クテシアスによれば、……この[一角驢馬の]距骨は黒色をしており、砕いてみると、内部も同じ色をしていると言われる」と情報源がクテシアスにあったと明言しながらも、しかし距骨は赤色であったとするポティオスによる摘要(断片四五(四五))と矛盾する。二六五頁註(3)に記したように、この場合ポティオスのほうがクテシアスの原文に忠実であったと推測されると同時に、アイリアノスはクテシアス以外の情報源も併用していた可能性が浮かび上がるのである。

以上のように、伝承作家はそれぞれに自身の作品の執筆理由があり、その目的に合致するようにクテシアスの著作を利用してきた。したがって断片史料を扱う際には、伝承作家たちがどれだけオリジナルの作品に忠実に従っているか、あるいはいかほどのアレンジを加えたかがたえず問題となる。たとえ一言一句違わずに引き写したとしても、どこを切り取ってきたかによって、原作とはまったく異なる印象を与えてしまうかもしれない。しかしながら、これにたいする根本的な解決策は存在せず、われわれに残されている作業は伝承作家の記述を可能なかぎり比較照合することにより、オリジナル作品の「近似値」を模索することだけなのである。

三、作品

(一)『ペルシア史』

クニドス帰還後、クテシアスは文筆活動を始めた。『ペルシア史』についてはその執筆・公刊時期をある程度区切って、前三九三年から三七〇年代末以前の作と特定できる(二〇三頁註(6)および九頁註(5)を参照)。クテシアスの『ペルシア史』は、アッシリアからメディア、そしてペルシア帝国へと至る三帝国の興亡史、そして伝説的な二人の王、ニノスからセミラミスに始まり、自らの主君アルタクセルクセス二世へと連なる諸王たちの活躍を描いた一大歴史絵巻であった。ポティオスによる摘要からは想像しがたいが、ディオドロスやニコラオスによる比較的長い断片を読めば、クテシアスの歴史書がヘロドトスのそれと比べて、負けず劣らず物語性に富んでいたことが読み取れるであろう。

それでは、クテシアスは自らの史書の情報をどのように入手したのであろうか。ディオドロスに由来する証言三の記事によれば、クテシアスはペルシア人らが古代の事跡を書き残している「王の書」なる書物を綿密に調べ、歴史書を編んだのだという。また、同じくディオドロスに由来する断片一b(二二・五)には、アッシリアがトロイア戦争に援軍を送ったことが「王の記録」に残されているとも書かれている。このことは、以下の二つの問題を喚起させる。一つ目は、ペルシア帝国にはこのような公式の記録書が存在したのであろうか、そして二つ目は、クテシアスの宮廷内における地位およびリテラシーは彼にこのような記録書へのアクセスを可能としたのであろうか。前者については肯定的、後者については否定的な意見が支配的であるが、私もこの大勢に賛成である。とくに後者の点については、クテシアスお得意の誇大広告が多分に含まれているのではないかと怪しまれる。

クテシアスの情報源としては公式の記録よりも、ポティオスによる摘要にあるように、「記録したことのほとんどについて目撃者であったと、また目撃することが不可能な場合には、ペルシア人本人から自ら情報を得た」（証言八）との主張が重要であろう。クテシアスの歴史書は時代を下るほど、とりわけアルタクセルクセス二世の治世に入ると情報の濃度を増し、帝国の外から眺めていただけでは知りえないような、王家の内情が生きいきと伝えられるのである。政治外交史のみに偏重した従来型の研究ならばゴシップとして一蹴してしまう内容かもしれないが、支配者層の人間関係や女性・宦官などの活躍（暗躍）にも価値を見出したい者には、クテシアスの記述は使い方にさえ慎重になればたいへん有用な史料となるはずである。

最後に、ギリシア史学史の伝統における『ペルシア史』の意義について簡単に説明しておきたい。クテシアスの同時代人には、歴史家のトゥキュディデスやクセノポンらがいた。彼らにはいずれも、ギリシア世界のポリス間抗争を描いた歴史書がある。そして、彼らの歴史書の特徴は、それが自らの生きた時代（同時代史）を取り扱っていたことにある。これにたいし、クテシアスの『ペルシア史』はペルシア以前に栄えた国家（アッシリア、メディア）という、自らが生まれるよりも何百年も前の太古から自身の見聞きした「現代」までを延々と書き綴る歴史書であった。このような歴史書の先駆者として思い浮かぶのはやはりヘロドトスかもしれないが、ヘロドトスの『歴史』はアッシリアやメディアの歴史から始まるわけではなく、ペルシア帝国に滅ぼされることになるリュディア王国の歴史から書き始めるという、かなり変則的なスタイルをとっている。いっぽうクテシアスの『ペルシア史』は、アッシリア→メディア→ペルシアという王朝の移行と連続性をより明確に打ち出すことに成功しているのである。ギリシア史学史において、ヘロドトスの衣鉢を継ぐ者としてはとかくトゥキュディデスのみが取り上げられるが、実はその陰に隠れてクテシアスがいたことを忘れてはならない。クテシアスこそが、ヘロドトスのオリエント史叙述の伝統を受け継ぎ、「ペルシア史」という歴史叙述のジャンルを完成させた人物なのである。

（二）『インド誌』

まずは作品の邦題について弁明しておきたい。クテシアスの『ペルシア史』、『インド誌』は、それぞれギリシア語原文では *ta Persica, ta Indica* という。これ自体は「ペルシアの物事」、「インドの物事」といった程度で、取り立てて「歴史書」のニュアンスは含まれていない。それにもかかわらず、なぜ『ペルシア史』で、あって『インド誌』としたのか。それは、両作品を読み比べてみれば一目瞭然であるが、『ペルシア史』ではニノスから始まりアルタクセルクセス二世に至るまで、王朝の交代、王の治世によって明確に時間の流れが意識されている。それは、クテシアスが『ペルシア史』の巻末に王名表を付したという断片三三の記述からも明らかであり、したがって本書は歴史書であると断言しても異論は挟まれまい。いっぽう『インド誌』では、そのような時間の流れはまったく無視されており、『ペルシア史』では特徴的だった王の個人名が、『インド誌』ではすべて匿名の「(インドの)王」に変わっているのである。

この二作品の性格の違いは、クテシアスの使用言語の違いからも裏づけられる。先述したように、クテシアスはドーリス系の都市クニドスに生まれながらも、文業にはイオニア方言を用いた。しかもポティオスによる解題では、『インド誌』では「より多くのイオニア方言」が用いられているとのことである(証言一〇)。出身都市の言語と創作活動で使用される言語が異なること自体は、実はギリシア文学史においてめずらしいことではない。というのも、ギリシアの作家たちは、それぞれの文学ジャンルにはふさわしい方言があると考えており、イオニア方言は科学的な論考に適した言語だと見なしていた。これはイオニアの自然哲学に始まり、同じくドーリス系の都市出身であったヒッポクラテスの著作集がイオニア方言で書かれていることを想起すればよい。すなわち、クテシアスは『インド誌』をよりイオニア方言にふさわしい作品、科学的な民族誌として意識していたのである。このように作品ごとに方言を使い分けた作家としては、かなり後の時代になるが、アリアノスが好例である。アリアノスはアレクサンドロス大王の歴史を扱った『東征記』を典雅なアッティカ方言で叙述した一方で、『東征記』の補巻であった『インド誌』ではイオニア方言を使用しているのである。

このようなクテシアスの目論見にもかかわらず、彼は「嘘つき」「信用ならない」と、著作家としてはかなり酷評されている(証言一一の一連の記述を参照)。しかも、それらをよく見ると、批判の大半が『インド誌』の内容にむけられたものであることが分かる。確かにわれわれが読んでも、『インド誌』には犬頭人やマルティコラスなど、荒唐無稽な世界が繰り広げられている。しかし、これらすべてをクテシアスの創りだしたファンタジーだとして切り捨てるのは、あまり生産的なことではない。というのも、『インド誌』ではときとして、読者がはっと驚かされるようなリアルな記述に出会うことがあるからである。

「クテシアスの生涯」のところでも述べたが、たとえばクテシアスの象の記述はかなり正確である。アジア象が象使いの命令に従順であることや、木や壁を破壊する様子などは、クテシアスが象を間近で見たことを裏づけている。確かにアリストテレスが批判するように、象の精液にかんするクテシアスの記述はでためであるが（断片四八a―b）、それにしても象を実際に見たことがあっても、象の精液まで観察したことがある人はどれほどいるだろうか。それともう一点は、インドにおける一日の気温の変化についての記述である。これについては、まず比較対象としてヘロドトスの記述を紹介したい。

この地方［インド］では太陽の熱が朝の内最も高い。他の地域のように正午ではなく、日の出から市場のひける時までが一番暑いのである。この時刻には、ギリシアの正午におけるよりも遙かに炎暑はなはだしく、インド人はさながら全身水に浸ったようであると伝えられている。日が中天にかかる頃は、インドでも他の地域と同じほどの気温となり、正午を過ぎるとちょうど他の地域の午前中の気温と同じになる。しかしそれ以後太陽が遠ざかるにつれて涼しさをまし、日没時には非常に涼しい。（ヘロドトス『歴史』第三巻一〇四、松平千秋訳）

これにたいして、クテシアスの記述では、

午前中は涼しいが、午後はインドのほとんどの地域でいちじるしく暑い。（断片四五（一八））

となっている。ヘロドトス、クテシアスの両人とも、インドが酷暑地帯である点は見解が一致している一方で、ヘロドトスは午前、クテシアスは午後と、一日の最高気温となる時間帯がまったく逆なのである。実際にはインドでも太陽の南中後数時間に一日の最高気温に達するわけなので、ここではクテシアスの記述のほうが現実にそっていることになる。それでは、なぜこのような相違が生じたのであろうか。

そもそもヘロドトスがインドでは午前のほうが暑いと考えたのは、地球が平たい円形の皿のようなものだと想像していたからに違いない。そして、東の涯に位置するインドでは、午前中に太陽からの距離がもっとも近くなり、午後は太陽からどんどん遠ざかっていき、それにあわせて気温も上下すると考えたのであろう。したがって、ヘロドトスの説明は、ギリシア人なりの「常識」にとらわれた見解だったのである。それにたいし、クテシアスも同じような世界観を共有していたはずであるが、少なくともここでは仕入れた情報をギリシア人の常識にあわせて加工することはせずに、生のまま提示しているのである。

それでは、われわれにとって『インド誌』はどのような利用価値があるのだろうか。一つには、そこにインドの現実世界、神話世界の残滓を掬い取ることである。これは先に述べたようなクテシアスの叙述姿勢を前提とした議論である。それから、仕入れた情報がどのように組み立てられていったのか、すなわち、一ギリシア人の世界観をそこに読み取ることもできよう。『インド誌』に限れば、クテシアスは世界の果てに、一人の王によるかなり調和的な社会が営まれていたと想像していたのだ。そしてやはり、『インド誌』の後世への影響はじゅうぶん研究に値するテーマであろう。先述のように『インド誌』は公刊後まもなくから、嘘作り事の世界だとして批判されてきた。しかし、これだけ批判されるということは、裏を返せばそれだけの読者を獲得してきたことの証しでもある。実際クテシアスは、その後メガステネス、アリアノスと続く『インド誌』作家の先駆者でもあり、彼がこの作品で描いたマルティコラスやユニコーン、そして奇態な人々は、中世以降もヨーロッパの美術・文学の伝統——その先には、日本のゲームや漫画といったポピュラー・カルチャー——に確かな足跡を残していくことになるのである。

(三) その他の作品

『ペルシア史』、『インド誌』以外にも、クテシアスにはいくつかの群小著作が知られる。しかし、そのいずれも作品の全体像を見極めるほどには情報が残されていない。『アジアの貢税について』は、クテシアス以外に類書を残した作家が知られておらず、それゆえどのようなジャンルの書物であったのか不明である。同書由来とされる断片も二片のみで、そのいずれも食料（油と葡萄酒）にかんする記述であるところを見ると、ここでの「貢税品」とは、ペルシア大王に納められる各地の特産品（断片五三の「王の食卓に並べられるもの」）のリストだったのではないかと推測される。

『周遊記（ペリオドス）』は、『周遊記（ペリエゲシス）』、『周航記（ペリプロイ）』の別名でも知られているが、同一作品を指しているものと思われる。巻数は少なくとも三巻以上であったようだ。断片六〇だけ、『アジア周航記』というかたちで「アジア」という地域名が冠されているが、断片五五ではエジプトの都市、断片五九ではイタリア半島が取り上げられているので、必ずしもアジアに限定された作品であったとは考えがたい。「周遊記」文学はクテシアス以前にも、スキュラクスやヘカタイオスなどが書き残しており、クテシアスもその伝統にのっとって各地の地誌を、エジプトから始まり（第一巻）、北方にむかって紹介していったようである。

クテシアスには、本業の医学にかかわる著作もあったようだが（断片六七、六八）、残念ながらその作品名までは伝えられていない。しかし、この二断片にはクテシアスのペルシア宮廷滞在という経験がまったく反映されておらず、したがってこの作品は史家がペルシア宮廷に赴く以前に書かれた可能性もある。また、断片六七には、ヒッポクラテスの腰の整復方法にたいするクテシアスの批判が述べられており、ここにヒッポクラテスが代表するコス学派とクテシアスの属するクニドス学派とのライバル関係を読み取れよう。

『山岳論』、『河川論』は、伝プルタルコスの『河川論』にのみ言及される作品である。したがって、ヤコービはこの両作品を偽筆として取り扱っているわけだが、この断片のなかで語られていることはいずれも医学的な内容であり、クテシアスらしさを認めることができる。古代においては、著作の題名は現在のように固定的ではなかったため、『山岳論』、『河川論』というのは、クテシアスのより有名な著作の別題であったり、著作内の章題のようなものであった可能性も捨てきれない。

文　献

本書は、ドミニク・ランファン編を底本とした、クテシアス断片集の翻訳である（D. Lenfant (2004), *Ctésias de Cnide: La Perse, l'Inde, autres fragments*, Paris）。しかし、ランファン編が出るまで、長らくクテシアスの断片集はフェリックス・ヤコービ編による『ギリシア史家断片集』第六八八項（F. Jacoby, G. Schepens *et al* (1923), *Die Fragmente der griechischen Historiker* (*FGrH*), Berlin and Leiden, 688, Ktesias von Knidos）が標準使用されてきたし、現在でもクテシアスを専門に論じる場合以外は、ヤコービ編が参照されることがある。そこで、この両史料集の異同について解説しておきたい。

ランファン編は、ヤコービ編にはなかった近代語訳（フランス語）および膨大な註釈と解説が付されており、利便性および信頼性が飛躍的に向上している。その一方で、ヤコービ編の体系（史料番号）を踏襲しているため、ヤコービ編で言及された断片をランファン編で参照することには、ほとんど問題が生じない。ランファン編には、ヤコービ編に収載されていない多くの断片が含まれているが（それらは、史料番号の後ろに付された［L］の記号で区別されている）、ラテン・ギリシア文字双方のアルファベットを足していくことにより、ヤコービ編の史料番号体系を崩さないように配慮されている。したがって、両史料集間では対照表は不要となる。ランファン編において追加された最大の史料は、ダマスコスのニコラオスによる一連の断片である。上記の通りニコラオスの史書では依拠史料がクテシアスであるとは明記されていないものの、そのほかの断片との比較照合より、ニコラオスがクテシアスを参照していたことは間違いない。ヤコービ編では、ニコラオスの断片史料（*FGrH* 90）としてのみ扱われていた一連の断片が、ランファン編ではクテシアス史料として収載されているのである。これによってわれわれは、クテシアスの歴史書の全体像を把握しやすくなったのである。

ヤコービ編の史料番号を崩さないとするランファン編の配慮は、ときにヤコービ編では誤ったところに入っていた断片を削除せず、註で説明するというかたちで現われる。たとえば断片三八は、ヤコービ編では『ペルシア史』由来の断片として数えられているが、実際には『アジアの貢税について』に由来するものだと考えられる。ランファン編では、断片三八を欠番にするという選択肢もあったはずだが——実際、ランファン編以降に刊行されてストロンク編では、このような処理をしている——、そうはせず、註でそのことを断ったうえで断片五三の前半に再掲している。また、断片七一も欠番にして『インド誌』の断片中に移動させることもできたはずだが、そのようにはしていない。

ランファン編はヤコービ編と比べ、断片本来の文脈が明瞭になるように、より長めに引用している。これ自体は、読者にはたいへん親切なのだが、その反面で過剰に思われるところもないわけではない。たとえば、デメトリオス『文体論』二〇九—二一六からの引用である証言一四aを例にしてみると、ランファン編はヤコービ編の倍近くの分量で引用しているが、その大半はクテシアスとは直接的に関係ないデメトリオスの見解が占めている。

その一方で、ランファン編にはヤコービ編から大幅に引用を削った箇所も確認される。クテシアスの「メディア史」を参照した断片五はディオドロス『歴史叢書』第二巻からの引用であるが、ヤコービ編は第三十一章一〇から引用を開始するのにたいし、ランファン編は第三十二章四以降を引用している。ランファン編が省いた箇所で、ディオドロスはヘロドトス『歴史』のアッシリア史を要約している。それによれば、アッシリアは五〇〇年統治したのちメディア人によって滅ぼされ、それから多年が経過したのちメディア人のなかからキュアクサレスなる人物が王として選ばれ、メディアはアジア全土の支配者になったという。しかし、実際にはヘロドトスの『歴史』にこのような記述はない。ヘロドトスによれば、アッシリアはメディアに滅ぼされていないし（両帝国は一時期並び立っている）、初代メディア王の名はデイオケスであった。では、このような誤読は誰の手に帰されるべきものなのか。ヤコービ編ではクテシアスに起因すると見なされ——実際、クテシアスはエチオピア人の埋葬方法について、ヘロドトスを誤読した「前科」がある。断片一b（一五）および六三頁註（3）を参照——、ランファン編はそれをディオドロスに帰しているのである。実際ディオドロスの該当箇所を読むと、誤読がクテシアスに起因すると判断する材料は不十分で、やはりディオドロスの責任であったと考えるべきである。

以上のように、ランファン編は過ぎたるところなしとは言えないが、ヤコービ編の質を格段に向上させたのである。ヤコービ編の以前以後にもほかのクテシアス史料集（部分的なもの）が出版されているが、ランファン編はそれらを完全に駆逐してしまった。したがって、以下ではランファン編以降に出版されたクテシアス史料集についてのみ、紹介しておきたい。

A. Nichols (2008), *The Complete Fragments of Ctesias of Cnidus: Translation and Commentary with an Introduction*, Diss. to University of Florida.

L. Llewellyn-Jones and J. Robson (2010), *Ctesias' History of Persia: Tales of the Orient*, London.

J. P. Stronk (2010), *Ctesias' Persian History: Part 1, Introduction, Text, and Translation*, Düsseldorf.

A. Nichols (2011), *Ctesias on India: Introduction, Translation and Commentary*, Bristol.

ニコルズ編（二〇〇八）は、ランファン編に依拠した上で、全クテシアス史料の英訳と註釈を付している（ただし、証言については、なぜか註釈がない）。フロリダ大学に提出された博士論文であるが、ウェブ上に公開されているので、誰でも簡単に（無料で）入手することが可能である。このうち、『インド誌』および「その他の作品」を扱った箇所を独立させ、単著として出版したものがニコルズ編（二〇一一）である。スウェリン＝ジョーンズ／ロブソン編は、解説を歴史学者であるスウェリン＝ジョーンズが、テクストの英訳を古典学者であるロブソンがおこなっている。テクストはランファン編に依拠しているが、註釈がほとんど付されていない。また、証言と『ペルシア史』にかんする断片のみを扱っている。ストロンク編は、『ペルシア史』の断片のみを扱っている。ランファン編に依拠しつつも、ランファン編の引用で過剰と判断される箇所は削り（先述の通り、欠番もある）、ランファン編で収載されなかった多くの断片を拾っている（ただし、それらがクテシアスに直接由来するかは、かなり怪しい）。ニコルズ編（二〇〇八・二〇一一）、スウェリン＝ジョーンズ／ロブソン編とは異なり、ギリシア・ラテン語の原文テクストも併記しており（ただし、アパラトゥス・クリティクスは付されていない）、さらにはランファン編でも掲載されていなかった、エウセビオス『年代記』のアルメニア語原文まで掲載している。註編は別冊で二〇一二年に公刊と予告されているが、今のところそれは実現されていない。

以上のように、近年に入ってクテシアスの史料集が立て続けに近代語訳（英訳）されているのを見ると、ランファン編の影響力がいかに大きかったかを窺い知ることができるであろう。

なお、クテシアスにかんする学術書、研究論文は、加速度的に数限りなく発表されている。それらを逐一ここにあげることはできないので、訳者が執筆した以下の研究論文を、適宜参照されたい。

阿部拓児（二〇〇七）「歴史家クテシアスの経歴と『ペルシア史』——ペルシア宮廷滞在をめぐって」『西洋史学』二二八、四三—五七頁。

阿部拓児（二〇〇九）「クテシアス『ペルシア史』と前四世紀ギリシア語文献におけるペルシア帝国衰退史観」『史潮』新六五、九三—一一二頁。

ABE Takuji (2011), 'The Two Orients for Greek Writers,' *The Kyoto Journal of Ancient History* 11, 1-14.

阿部拓児（二〇一八）「クテシアスとヘロドトス——ギリシア史学史におけるペルシア史叙述の伝統」『洛北史学』二〇、九五—一二〇頁。

断片史料という性格上、参照した先行訳は数多く存在した。以下では、日本語訳のみに限って、掲載する。

アイリアノス（松平千秋・中務哲郎訳）『ギリシア奇談集』岩波文庫、一九八九年。

アイリアノス（中務哲郎訳）『動物奇譚集』（全二冊）京都大学学術出版会、二〇一七年。

アウルス・ゲッリウス（大西英文訳）『アッティカの夜　1』京都大学学術出版会、二〇一六年。

アッリアノス（大牟田章訳）『アレクサンドロス大王東征伝　付インド誌』（全二冊）岩波文庫、二〇〇一年。

アテナイオス（柳沼重剛訳）『食卓の賢人たち』（全五冊）京都大学学術出版会、一九九七―二〇〇四年。

アリストテレス（島崎三郎訳）『動物運動論・動物進行論・動物発生論（アリストテレス全集　九）』岩波書店、一九六九年。

アリストテレース（島崎三郎訳）『動物誌』（全二冊）岩波文庫、一九九八―九九年。

アリストテレス（牛田徳子訳）『政治学』京都大学学術出版会、二〇〇一年。

クセノポン（松平千秋訳）『アナバシス――敵中横断六〇〇〇キロ』岩波文庫、一九九三年。

ストラボン（飯尾都人訳）『ギリシア・ローマ世界地誌』（全二冊）龍溪書舎、一九九四年。

ディオドロス（飯尾都人訳）『神代地誌』龍溪書舎、一九九九年。

ディオニュシオス／デメトリオス（木曽明子・戸高和弘・渡辺浩司訳）『修辞学論集』京都大学学術出版会、二〇〇四年。

パウサニアス（飯尾都人訳）『ギリシア記』龍溪書舎、一九九一年。

プリニウス（中野定雄他訳）『博物誌』（全三冊）雄山閣出版、一九八六年。

プルターク（河野与一訳）『英雄伝　十二』「アルタクセルクセス伝」岩波文庫、一九五六年。

ポリュアイノス（戸部順一訳）『戦術書』（叢書アレクサンドリア図書館　六）国文社、一九九九年。

ルキアーノス（呉茂一・山田潤二訳）『神々の対話』岩波文庫、一九五三年。

ルーキアーノス（高津春繁訳）『遊女の対話』岩波文庫、一九六一年。

ルキアノス（呉茂一他訳）『本当の話』ちくま文庫、一九八九年。

ルキアノス（丹下和彦訳）『食客』（全集3）京都大学学術出版会、二〇一四年。

註の作成には右にあげた以外にも多くの訳を参照し、それらは当該箇所にて適宜言及したが、とりわけ松平千秋先生訳のヘロドトス『歴史』（岩波文庫）はたえず手の届くところに置き、クテシアスの記述内容と読み比べた。翻訳作業を進めるにあたって、中務哲郎先生には、刊行前のアイリアノス『動物奇譚集』の訳稿を読ませていただいた。また、京都大学大学院の杉本陽奈子さんと酒嶋恭平さんには、作業中の拙稿に目を通し、多くの過誤を指摘していただいた。ここにお礼を申し述べたい。

西洋古典叢書　既刊全 131 冊（税別）

【ギリシア古典篇】

アイスキネス　弁論集　木曽明子訳　4200 円

アイリアノス　動物奇譚集（全 2 冊・完結）

1　中務哲郎訳　4100 円

2　中務哲郎訳　3900 円

アキレウス・タティオス　レウキッペとクレイトポン　中谷彩一郎訳　3100 円

アテナイオス　食卓の賢人たち（全 5 冊・完結）

1　柳沼重剛訳　3800 円

2　柳沼重剛訳　3800 円

3　柳沼重剛訳　4000 円

4　柳沼重剛訳　3800 円

5　柳沼重剛訳　4000 円

アラトス／ニカンドロス／オッピアノス　ギリシア教訓叙事詩集　伊藤照夫訳　4300 円

アリストクセノス／プトレマイオス　古代音楽論集　山本建郎訳　3600 円

アリストテレス　政治学　牛田徳子訳　4200 円

アリストテレス　生成と消滅について　池田康男訳　3100 円

アリストテレス　魂について　中畑正志訳　3200 円

アリストテレス　天について　池田康男訳　3000 円

アリストテレス　動物部分論他　坂下浩司訳　4500 円

アリストテレス　トピカ　池田康男訳　3800 円

アリストテレス　ニコマコス倫理学　朴　一功訳　4700 円

アルクマン他　ギリシア合唱抒情詩集　丹下和彦訳　4500 円

アルビノス他　プラトン哲学入門　中畑正志編　4100 円

アンティポン／アンドキデス　弁論集　高畠純夫訳　3700 円

イアンブリコス　ピタゴラス的生き方　水地宗明訳　3600 円

イソクラテス　弁論集（全 2 冊・完結）

1　小池澄夫訳　3200 円

2　小池澄夫訳　3600 円

エウセビオス　コンスタンティヌスの生涯　秦　剛平訳　3700 円

エウリピデス　悲劇全集（全 5 冊・完結）

1　丹下和彦訳　4200 円

2　丹下和彦訳　4200 円

3　丹下和彦訳　4600 円

4　丹下和彦訳　4800 円

5　丹下和彦訳　4100 円

ガレノス　解剖学論集　坂井建雄・池田黎太郎・澤井　直訳　3100 円

ガレノス　自然の機能について　種山恭子訳　3000 円

ガレノス　身体諸部分の用途について（全 4 冊）

1　坂井建雄・池田黎太郎・澤井　直訳　2800 円

ガレノス　ヒッポクラテスとプラトンの学説（全 2 冊）

1　内山勝利・木原志乃訳　3200 円

クセノポン　キュロスの教育　松本仁助訳　3600 円

クセノポン　ギリシア史（全 2 冊・完結）

1　根本英世訳　2800 円

　2　根本英世訳　　3000 円
クセノポン　小品集　松本仁助訳　　3200 円
クセノポン　ソクラテス言行録（全 2 冊）
　1　内山勝利訳　　3200 円
セクストス・エンペイリコス　学者たちへの論駁（全 3 冊・完結）
　1　金山弥平・金山万里子訳　　3600 円
　2　金山弥平・金山万里子訳　　4400 円
　3　金山弥平・金山万里子訳　　4600 円
セクストス・エンペイリコス　ピュロン主義哲学の概要　金山弥平・金山万里子訳　　3800 円
ゼノン他／クリュシッポス　初期ストア派断片集（全 5 冊・完結）
　1　中川純男訳　　3600 円
　2　水落健治・山口義久訳　　4800 円
　3　山口義久訳　　4200 円
　4　中川純男・山口義久訳　　3500 円
　5　中川純男・山口義久訳　　3500 円
ディオニュシオス／デメトリオス　修辞学論集　木曽明子・戸高和弘・渡辺浩司訳　　4600 円
ディオン・クリュソストモス　弁論集（全 6 冊）
　1　王政論　内田次信訳　　3200 円
　2　トロイア陥落せず　内田次信訳　　3300 円
テオグニス他　エレゲイア詩集　西村賀子訳　　3800 円
テオクリトス　牧歌　古澤ゆう子訳　　3000 円
テオプラストス　植物誌（全 3 冊）
　1　小川洋子訳　　4700 円
　2　小川洋子訳　　5000 円
デモステネス　弁論集（全 7 冊）
　1　加来彰俊・北嶋美雪・杉山晃太郎・田中美知太郎・北野雅弘訳　　5000 円
　2　木曽明子訳　　4500 円
　3　北嶋美雪・木曽明子・杉山晃太郎訳　　3600 円
　4　木曽明子・杉山晃太郎訳　　3600 円
トゥキュディデス　歴史（全 2 冊・完結）
　1　藤縄謙三訳　　4200 円
　2　城江良和訳　　4400 円
ピロストラトス　テュアナのアポロニオス伝（全 2 冊）
　1　秦　剛平訳　　3700 円
ピロストラトス／エウナピオス　哲学者・ソフィスト列伝　戸塚七郎・金子佳司訳　　3700 円
ピンダロス　祝勝歌集／断片選　内田次信訳　　4400 円
フィロン　フラックスへの反論／ガイウスへの使節　秦　剛平訳　　3200 円
プラトン　エウテュデモス／クレイトポン　朴　一功訳　　2800 円
プラトン　エウテュプロン／ソクラテスの弁明／クリトン　朴　一功・西尾浩二訳　　3000 円
プラトン　饗宴／パイドン　朴　一功訳　　4300 円
プラトン　ピレボス　山田道夫訳　　3200 円
プルタルコス　英雄伝（全 6 冊）
　1　柳沼重剛訳　　3900 円
　2　柳沼重剛訳　　3800 円
　3　柳沼重剛訳　　3900 円
　4　城江良和訳　　4600 円

プルタルコス　モラリア（全14冊）
1　瀬口昌久訳　3400円
2　瀬口昌久訳　3300円
3　松本仁助訳　3700円
5　丸橋　裕訳　3700円
6　戸塚七郎訳　3400円
7　田中龍山訳　3700円
8　松本仁助訳　4200円
9　伊藤照夫訳　3400円
10　伊藤照夫訳　2800円
11　三浦　要訳　2800円
12　三浦　要・中村健・和田利博訳　3600円
13　戸塚七郎訳　3400円
14　戸塚七郎訳　3000円
プルタルコス／ヘラクレイトス　古代ホメロス論集　内田次信訳　3800円
プロコピオス　秘史　和田　廣訳　3400円
ヘシオドス　全作品　中務哲郎訳　4600円
ポリュビオス　歴史（全4冊・完結）
1　城江良和訳　4200円
2　城江良和訳　3900円
3　城江良和訳　4700円
4　城江良和訳　4300円
マルクス・アウレリウス　自省録　水地宗明訳　3200円
リバニオス　書簡集（全3冊）
1　田中　創訳　5000円
リュシアス　弁論集　細井敦子・桜井万里子・安部素子訳　4200円
ルキアノス　全集（全8冊）
3　食客　丹下和彦訳　3400円
4　偽預言者アレクサンドロス　内田次信・戸高和弘・渡辺浩司訳　3500円
ロンギノス／ディオニュシオス　古代文芸論集　木曽明子・戸高和弘訳　4600円
ギリシア詞華集（全4冊・完結）
1　沓掛良彦訳　4700円
2　沓掛良彦訳　4700円
3　沓掛良彦訳　5500円
4　沓掛良彦訳　4900円

【ローマ古典篇】
アウルス・ゲッリウス　アッティカの夜（全2冊）
1　大西英文訳　4000円
アンミアヌス・マルケリヌス　ローマ帝政の歴史（全3冊）
1　山沢孝至訳　3800円
ウェルギリウス　アエネーイス　岡　道男・高橋宏幸訳　4900円
ウェルギリウス　牧歌／農耕詩　小川正廣訳　2800円
ウェレイユス・パテルクルス　ローマ世界の歴史　西田卓生・高橋宏幸訳　2800円
オウィディウス　悲しみの歌／黒海からの手紙　木村健治訳　3800円
クインティリアヌス　弁論家の教育（全5冊）

1　森谷宇一・戸高和弘・渡辺浩司・伊達立晶訳　2800 円
2　森谷宇一・戸高和弘・渡辺浩司・伊達立晶訳　3500 円
3　森谷宇一・戸高和弘・吉田俊一郎訳　3500 円
4　森谷宇一・戸高和弘・伊達立晶・吉田俊一郎訳　3400 円
クルティウス・ルフス　アレクサンドロス大王伝　谷栄一郎・上村健二訳　4200 円
スパルティアヌス他　ローマ皇帝群像（全 4 冊・完結）
1　南川高志訳　3000 円
2　桑山由文・井上文則・南川高志訳　3400 円
3　桑山由文・井上文則訳　3500 円
4　井上文則訳　3700 円
セネカ　悲劇集（全 2 冊・完結）
1　小川正廣・高橋宏幸・大西英文・小林　標訳　3800 円
2　岩崎　務・大西英文・宮城徳也・竹中康雄・木村健治訳　4000 円
トログス／ユスティヌス抄録　地中海世界史　合阪　學訳　5000 円
プラウトゥス／テレンティウス　ローマ喜劇集（全 5 冊・完結）
1　木村健治・宮城徳也・五之治昌比呂・小川正廣・竹中康雄訳　4500 円
2　山下太郎・岩谷　智・小川正廣・五之治昌比呂・岩崎　務訳　4200 円
3　木村健治・岩谷　智・竹中康雄・山澤孝至訳　4700 円
4　高橋宏幸・小林　標・上村健二・宮城徳也・藤谷道夫訳　4700 円
5　木村健治・城江良和・谷栄一郎・高橋宏幸・上村健二・山下太郎訳　4900 円
リウィウス　ローマ建国以来の歴史（全 14 冊）
1　岩谷　智訳　3100 円
2　岩谷　智訳　4000 円
3　毛利　晶訳　3100 円
4　毛利　晶訳　3400 円
5　安井　萠訳　2900 円
9　吉村忠典・小池和子訳　3100 円

訳者略歴

阿部　拓児（あべ　たくじ）

京都府立大学文学部歴史学科准教授

一九七八年　愛知県生まれ

二〇〇八年　京都大学大学院文学研究科博士後期課程修了

京都大学博士（文学）

二〇一二年　日本学術振興会海外特別研究員（リヴァプール大学・ライデン大学）を経て、現職

主な著書

『ペルシア帝国と小アジア――ヘレニズム以前の社会と文化』（京都大学学術出版会）

ペルシア史《し》／インド誌《し》

西洋古典叢書　2018　第6回配本

二〇一九年三月十五日　初版第一刷発行

訳　者　阿《あ》部《べ》拓《たく》児《じ》

発行者　末原達郎

発行所　京都大学学術出版会

606-8315 京都市左京区吉田近衛町六九 京都大学吉田南構内

電　話　〇七五-七六一-六一八二

FAX　〇七五-七六一-六一九〇

http://www.kyoto-up.or.jp/

印刷／製本・亜細亜印刷株式会社

ISBN978-4-8140-0175-0

定価はカバーに表示してあります

出典索引

本書の証言と断片の出典を、証言は「*証*」、断片は「*断*」と略記してイタリックで表わす。続くアラビア数字はそれぞれの番号を示している。

ア 行

アイネイアス（ガザ司教） Aineias 5／6世紀、司教・哲学者
『テオプラストス』 *証 11i*
アイリアノス Ailianos 2／3世紀、随筆家
『ギリシア奇談集』 *断 13b**
『動物奇譚集』 *証 11gγ; 断 10b, 34a, 35, 45b, 45bβ*, 45dβ, 45fγ*, 45g, 45h, 45iα, 45iγ*, 45kβ, 45kδ*, 45l, 45m, 45pγ, 45q, 45r, 46a*
アガティアス Agathias 6世紀、歴史家
『ユスティニアヌス帝の治世（歴史）』 *断 1oβ*
アテナイオス Athenaios 2／3世紀、文人
『食卓の賢人たち』 *断 1n, 1pα, 1q, 4, 6, 13a, 31, 37, 38, 39, 40, 50, 53, 54*
アテナゴラス Athenagoras 1／2世紀の護教論者
『キリスト教徒のための哀願』 *断 1m*
アプシネス Apsines 3世紀、修辞学者
『修辞学』 *断 25*
アポロニオス Apollonios 前2世紀、奇談著述家
『奇談集』 *断 10a, 45nα*
アリアノス Arrianos 2世紀、歴史家
『アレクサンドロス大王東征記（アナバシス）』 *証 11g; 断 45a*
『インド誌』 *証 11gβ, 断 49a*
アリストテレス Aristoteles 前4世紀、哲学者
『政治学』 *断 1pβ*
『動物誌』 *証 11f, 11fβ; 断 45dα, 45kα, 48a*
『動物発生論』 *証 11fγ; 断 48b*
アルノビウス Arnobius 4世紀、護教論者
『異教の民に』 *断 1f*
アンティゴノス（カリュストスの） Antigonos 前3世紀、奇談著述家
『奇異物語集成』 *証 11c; 断 1lα, 36, 45eα, 45sα, 47a, 61a, 72**
ウァレリウス・マクシムス Valerius Maximus 1世紀、編纂者
『著名言行録』 *断 45kε*
エウセビオス Eusebios 3／4世紀、教会史家
『年代記』 *証 5a; 断 1a, 1g, 1oα*
『福音の準備』 *証 17*
エラトステネス Eratosthenes 前3／2世紀、学者・アレクサンドレイア図書館長
『星座譜』 *断 1eα*
オリバシオス Oribasios 4世紀、医者
『医学集成』 *断 68*
ガレノス Galenos 2世紀、医師
『ヒッポクラテス著「関節論」への註釈』 *証 4; 断 67*
『ヒッポクラテス著「流行病」第六巻への註釈』 *証 20*
クセノポン Xenophon 前4世紀、軍人・歴史家
『アナバシス』 *証 6aβ; 断 21*
クレメンス（アレクサンドレイアの） Klemens 2／3世紀、教父
『雑録』 *断 2*
ゲッリウス（アウルス・ゲッリウス） Aulus Gellius 2世紀、随筆家
『アッティカの夜』 *証 19*
古註 scholia
アリステイデス『パナテナイコス』への古註 *断 33a*
ウェルギリウス『農耕詩』への古註（ベルン写本） *断 65*
ウェルギリウス『農耕詩』へのセル

ウィウス註　*断 64*
ロドスのアポロニオス『アルゴナウティカ』への古註　*断 56, 57*
コンスタンティノス・ポルピュロゲンネトス監修　Konstantinos Porphyrogennetos　10 世紀、ビザンツ皇帝
『動物誌摘要』　*断 45fα, 45fβ, 45iβ, 45kγ*
シュンケロス（ゲオルギオス・シュンケロス）　Synkellos　8／9 世紀、歴史家
『年代記抜粋』　*断 1i*
『女傑伝』（作者不詳）　*De Mulieribus*　*断 1c, 7*
『スーダ辞典』　*Souda*　10 世紀、百科事典　*証 1, 16; 断 6c*, 6d*, 7c**
ステパノス（ビュザンティオンの）　Stephanos　6 世紀、文法家
『地理学辞典』　*断 1h, 9d*, 11, 12, 14a, 14b*, 42, 43, 55, 58, 59*
ストラボン　Strabon　前 1／後 1 世紀、地理学者
『地誌』　*証 2, 11a, 11b; 断 1d, 49b, 66*
ツェツェス　Ioannes Tzetzes　12 世紀、博学者
『千行史略』　*証 1b, 11j; 断 7b, 9a, 45c, 45pβ, 51b, 69, 70, 71*
ディオドロス（シケリアの）　Diodoros　前 1 世紀、歴史家
『歴史叢書』　*証 3, 9; 断 1b, 1k, 5, 33b*
ディオニュシオス（ハリカルナッソスの）　Dionysios　前 1／後 1 世紀、歴史家・修辞学者
『文章構成法』　*証 12*
テオン（アレクサンドレイアの）　Theon　4 世紀、アレクサンドレイア図書館長
『予備練習』　*断 9b*
デメトリオス　Demetrios　前 4／3 世紀、文芸批評家
『文体論』　*証 14a; 断 8a, 24*
テルトゥリアヌス　Tertullianus　2／3 世紀、護教論者
『異教の民へ』　*断 44a*
『護教論』　*断 44b*
ニコラオス（ダマスコスの）　Nikolaos　前 1／後 1 世紀、歴史家
『世界史』　*断 1lδ*, 1pδ*, 1pε*, 6b*, 8c*, 8d**
パウサニアス　Pausanias　2 世紀、地誌学者
『ギリシア案内記』　*断 45dγ*
パピュルス（P.Oxy. 2330）　*断 8b*
ハルポクラティオン　Harpokration　2 世紀、文法学者
『アッティカ十大弁論家用語辞典』　*断 60, 62*
ヒュギヌス　Hyginus　2―4 世紀、神話編集者
『天文詩』　*断 1eβ*
『フィレンツェ写本版奇談集』（伝ソティオン作品）　Paradoxographus florentinus (Ps.-Sotion)　*断 1lβ, 45sβ*
プセルロス（ミカエル・プセルロス）　Michael Psellos　11 世紀、政治家・哲学者
作品名不詳　*断 45oβ**
プリニウス　Gaius Plinius Secundus　1 世紀、ローマの博物学者
『博物誌』　*証 18; 断 1lγ, 3, 45dδ, 45eβ, 45o, 45pα*, 45t, 47b, 51a, 52, 61b*
プルタルコス　Ploutarkhos　1／2 世紀、文人
『アルタクセルクセス伝』　*証 6a, 6aγ, 6b, 7aβ, 7b, 7d, 11d, 11e, 14b, 15, 15b; 断 15a, 15b*, 17, 18, 19, 20, 22, 23, 26, 28, 29a, 29b, 32*
（伝）『河川論』　*断 73, 74*
『陸棲動物と水棲動物ではどちらがより賢いか』　*断 34b*
ヘシュキオス　Hesykhios　5／6 世紀、辞典編者
『辞典』　*断 14c*, 29c*, 41, 45nβ*
ポティオス　Photios　9 世紀、コンスタンティノープル総主教・学者
『文庫』　*証 3b, 5b, 7a, 7c, 8, 8b, 10, 13; 断 9, 13, 14, 15, 16, 27, 30, 33, 45*
（偽）「ミュンヘン・ギリシア語写本二八七」におけるインテルポラティオ　*断 75, 76*
ポリュアイノス　Polyainos　2 世紀、文法家
『戦術書』　*断 9c*
ポリュデウケス　Polydeukes　2 世紀、辞

典編者
『オノマスティコン』 *断 1pγ, 46b*
リュドス（ヨハンネス・リュドス）
Ioannes Lydos　6 世紀、官吏・著作家
『暦月について』 *断 63*
ルキアノス　Loukianos　2 世紀、小説家
『嘘好き人間』 *証 11hγ*
『本当の話』 *証 11h, 11hβ*
『歴史はいかに記述すべきか』 *証 11hδ**

固有名詞索引

本書に登場する主要な固有名詞の箇所を、証言は「証」、断片は「断」と略記してイタリックで表わす。続くアラビア数字はそれぞれの番号を示している。番号以下に章や節が含まれる場合は（　）内に入れる。

例：断片 1b 第 4 章 2 節　＝　*断 1b (4. 2)*

ア　行

アイトネ　Aitnē　シチリアの山　*断 45 (20)*

アカイメニデス　Akhaimenidēs　アルタクセルクセス 1 世の兄弟　*断 14 (36-39)*

アガメムノン　Agamemnōn　トロイア戦争の英雄　*断 1b (22. 2)*

アクスム　Axoum　エチオピアの町　*断 63*

アグバタナ　Agbatana　*断 9d*; 42*　→エクバタナ

アスカロン　Askalōn　シリアの町　*断 1b (4. 2)*

アスティバラス　Astibarās　メディア王　*断 5 (34. 1, 6); 8c*; 8d* (1)*

アステュアゲス　Astyagēs　最後のメディア王　*断 5 (34. 6); 8d* (1, 6-9, 11-12, 16-18, 20-22, 25-27, 29-30, 33-34, 36-40, 42, 44-46); 9 (1); 9a; 33a*

アステュイガス　Astyigās　アステュアゲスの別名　*断 9 (1-2, 6)*

アスパダテス　Aspadatēs　カンビュセスの宦官　*断 13 (9)*

アスパミトレス　Aspamitrēs　クセルクセスの宦官　*断 13 (33); 14 (34)*

アスパンダス　Aspandās　アステュアゲスの別名　*断 5 (34. 6)*

アタペルネス　Ataphernēs　ペルシア人貴族　*断 13 (16)*

アテナイ　Athēnai　*断 13 (25, 30); 14 (36, 45); 15 (53); 32 (21. 1)*

アトオス　Athoos　ダレイアイオスの宦官　*断 15 (51)*

アトラダテス　Atradatēs　キュロス大王の父　*断 8d* (3, 8, 16, 30, 33-34, 36-38)*

アナキュンダラクセス　Anakyndaraxēs　サルダナパロスの父　*断 1pα*

アナクサゴラス　Anaxagorās　キュプロス王　*証 7c (72); 断 30 (72)*

アナバラクサレス　Anabaraxarēs　サルダナパロスの父　*断 1pα*

アビュドス　Abȳdos　*断 13 (27)*

アプリアス　Apriās　エジプト王　*断 13a*

アブリテス　Aboulitēs　ペルシアの役人　*証 7c (72); 断 30 (72)*

アプロディテ　Aphrodītē　*断 1b (4. 3); 6b* (3)*

アポロニデス　Apollōnidēs　アルタクセルクセス 1 世の侍医　*断 14 (34, 44)*

アポロン　Apollōn　*断 9 (5); 13 (29, 31)*

アマシス　Amasis　エジプト王　*断 13a*

アマランタ山脈　Amaranta orē　*断 57*

アミュティス（1）　Amytis　アステュアゲスの娘、キュロス大王の妻　*断 9 (1-3, 6); 9a; 13 (11-13)*

アミュティス（2）　Amytis　クセルクセスの娘　*断 13 (24, 26, 32); 14 (34, 42-45)*

アミュルタイオス　Amyrtaios　エジプト王　*断 13 (10)*

アメストリス（1）　Amēstris　クセルクセスの妻　*断 13 (24); 14 (34, 39, 42-46)*

アメストリス（2）　Amēstris　ダレイアイオスの娘　*断 15 (51, 55)*

アモライオス　Amoraios　デルビケス人の王　*断 9 (7)*

アモルゲス　Amorgēs　サカイ人の王　*断 9 (3-4, 7-8)*

アラビア　Arabiā　*断 1b (1. 5, 7; 3. 2; 24. 5-6); 71*

アリアイオス（1）　Ariaios　アラビア王　*断 1b (1. 5)*

アリアイオス（2） Ariaios 小キュロスの友人 *断 20 (11. 1)*
アリアラムネス Ariaramnēs カッパドキア総督 *断 13 (20)*
アリステイデス Aristeidēs アテナイの指導者 *断 13 (30)*
アルガデス Argadēs バビロニアの川 *断 35*
アルキデス Alkidēs カウノス人 *断 14 (45)*
アルクサネス Arxanēs エジプト総督 *断 15 (50)*
アルゴステ Argostē キュロス大王の母 *断 8d* (3, 9)*
アルサカス／アルサケス Arsakās / Arsakēs アルタクセルクセス2世の幼名 *断 15 (51, 55-56); 16 (57)*
アルサメス Arsamēs ペルシア人 *断 72**
アルシカス Arsikās *断 15a (4); 15b*; 17 (2. 3-4)* →アルサケス
アルシテス Arsitēs アルタクセルクセス1世の子 *断 15 (47, 52)*
アルタイオス Artaios メディア王 *断 5 (32. 5; 33. 1, 4; 34. 1); 6b* (1, 3-6)*
アルタクセルクセス（1世） Artaxerxēs ペルシア大王 *断 15 (47)*
アルタクセルクセス（2世） Artaxerxēs ペルシア大王 *証 1; 1b; 2; 3; 5b; 6a; 6aβ (26); 6aγ; 7c (72); 11bδ*; 断 13 (24, 33); 14 (34-36, 38, 40-41, 43-44, 46); 14a; 15 (47, 51, 55); 15a (2, 4); 16 (57, 59, 63-64, 66-67); 17 (2. 3, 5; 3. 1, 3); 20 (11. 3; 12. 2); 21 (26); 22 (13. 4); 26 (17. 5); 27 (69); 29b (19. 10); 30 (72); 31; 33 (76); 33a*
アルタゲルセス Artagersēs カドゥシオイ人の指揮官 *断 19 (9. 1, 3-4); 20 (11. 1); 26 (14. 1; 15. 6)*
アルタシュラス（1） Artasyrās ヒュルカニアの統治者 *断 8d* (46); 13 (9, 13, 15-16, 23-24)*
アルタシュラス（2） Artasyrās ダレイアイオス・アルタクセルクセス2世期の軍人 *断 15 (52); 20 (12. 1-3); 26 (14. 6)*
アルタパノス Artapanos アルタクセルクセス1世期の有力人物 *断 13 (24, 27, 33); 14 (34-35)*
アルタリオス Artarios アルタクセルクセス1世の兄弟 *断 14 (41-42)*
アルティネス Artinēs メディア王 *断 5 (34. 1)*
アルティバルザネス Artibarzanēs ダレイアイオスの宦官 *断 15 (51)*
アルテュカス Artykās メディア王 *断 5 (32. 6)*
アルテュピオス Artyphios メガビュゾスの子 *断 14 (40); 15 (52)*
アルテンバレス Artembarēs アステュアゲスの宦官 *断 8d* (5-7)*
アルトクサレス Artoxarēs パプラゴニア人宦官 *断 14 (42-43); 15 (50-51, 54)*
アルトステス Artostēs ダレイアイオスの子 *断 15 (51)*
アルバケス（1） Arbakēs 初代メディア王 *断 1b (24. 1, 3-6; 25. 2, 4, 6; 26. 2, 4; 27. 3; 28. 1-2, 4, 6-7); 1oβ (5); 1pα; 1pδ*; 1pε*; 1q; 5 (32. 5-6); 6b* (1, 3); 8d* (1, 12); 33a*
アルバケス（2） Arbakēs アルタクセルクセス2世の司令官 *断 26 (14. 3)*
アルバリオス Arbarios セキュンディアノス軍の騎兵隊長 *断 15 (50); 16 (63)*
アルビアネス Arbianēs メディア王 *断 5 (32. 6)*
アルメニア Armeniā *断 1b (1. 8-9); 14 (43); 15 (50); 61a; 61b*
アログネ Alogounē アルタクセルクセス1世の妾 *断 15 (47)*
アンディア Andiā アルタクセルクセス1世の妾 *断 15 (47)*
アンモン［の神託所］ Ammōn *断 1b (14. 3; 20. 1)*
イアンブロス Iamboulos ヘレニズム期の作家 *証 11h; 断 51b*
イザバテス Izabatēs カンビュセスの宦官 *断 13 (9-10, 13, 15)*
イストロス川 Istros 現ドナウ川 *断 13 (21)*
イデルネス（1） Idernēs ペルシア人貴

族　断 13 (16)
イデルネス (2)　Idernēs　スタテイラ、テリトゥクメスの父　断 15 (55)
イナロス　Inarōs　リビア人の反乱者　断 14 (36-39)
インダス川　Indos　証 11g; 断 1b (16. 7; 18. 2, 5-6); 45 (1, 3, 14, 37, 46); 45a; 45r
ウシリス　Ousiris　ペルシアの軍人　断 14 (40, 42)
ウディアステス　Oudiastēs　ダレイアイオス期の軍人　断 15 (55-56); 16 (58)
ウンブリア　Ombrikē　断 59
エウアゴラス　Euāgorās　キュプロス島サラミスの王　証 7c (72-73); 断 30 (72-73)
エウプラテス　Euphrātēs　メソポタミアの川　断 1b (3. 2; 7. 2-3; 8. 4; 26. 6; 27. 1; 28. 2)
エウボイア　Euboia　断 76
エクサオルテス　Exaortēs　バクトリア王　断 1b (6. 2)
エクバタナ　Ekbatana　証 11c; 断 1b (13. 5-8; 28. 7); 5 (34. 6); 8d* (11); 9 (1, 5); 13 (26); 36
エジプト　Aigyptos　断 1b (2. 3; 14. 3; 16. 1; 22. 4); 1k; 13 (10); 13a; 14 (36-38); 15 (50); 55
エチオピア　Aithiopiā　断 1b (14. 4; 15. 1, 4; 16. 1; 22. 2, 4-5); 1lα; 1lβ; 1lγ; 45kε; 76
エペソス　Ephesos　断 13 (27); 33 (76)
エリダヌス　Ēriranos　伝説の川　断 65
オイバラス　Oibarās　キュロス大王の腹心　断 8d* (13-21, 23, 27-28, 32, 34-36, 38-40, 45); 9 (1, 4-6); 9a
オクサトレス　Oxathrēs　ダレイアイオスの子　断 15a
オクセンドラス　Oxendras　ダレイアイオスの子　断 15 (51)
オコス　Ōkhos　アルタクセルクセス 1 世の子、のちのダレイアイオス　断 15 (47, 50-51, 56); 16 (57)
オスタネス　Ostanēs　ダレイアイオスの子　断 15a (2)
オトリクノイ　Ōtoliknoi　断 51b
オドリュソイ人　Odrysai　断 58
オナペルネス　Onaphernēs　カドゥシオイ人の首長　断 8d* (11, 14)
オノパス　Onophās　ペルシア人貴族　断 13 (16, 24, 30)
オリスコス　Oriskos　ペルシアの軍人　断 14 (37)
オロンテス　Orontēs　メディアの山　断 1b (13. 6)
オロンデス　Orondēs　アルタクセルクセス 2 世時代の人　断 16 (60)
オンネス　Onnēs　セミラミスの先夫　断 1b (5. 1; 6. 10); 1c; 1lδ*

カ　行

ガイトロス　Gaitros　インドの川　断 75
カウオン　Khauōn　メディアの都市　断 1b (13. 3); 1h
カウノス　Kaunos　小アジアの都市　断 14 (45); 20 (11. 9; 12. 5); 26 (14. 2)
カスピオイ人　Kaspioi　断 10b
カッパドキア　Kappadokiā　断 1b (2. 3); 13 (20)
カドゥシオイ人　Kadousioi　断 1b (2. 3); 5 (33. 1-6); 8d* (11, 13-16); 19 (9. 1)
カリア　Kāriā　断 1b (2. 3); 16 (67); 26 (14. 6-7, 9)
カリアデス　Kalliadēs　トラキスの有力者　断 13 (27)
カリティミデス　Karitimidēs　アテナイの提督　断 14 (36-37)
カリュストリオイ　Kalystrioi　キュノケパロイのインド語名　断 45 (37)
カルキス　Khalkhis　エウボイアの都市　断 76
カルケドン　Khalkēdōn　断 13 (21, 25)
カルデア人　Khaldaioi　断 1b (9. 4; 24. 2, 4); 1pε*; 8d* (9); 13 (19)
カルマニア　Karmaniā　断 38; 53
カルマニオイ人　Karmanioi　断 1b (2. 3); 9 (8)
カンビュセス　Kambȳsēs　ペルシア大王　証 8; 断 9 (8); 13 (9-15); 13a; 33a
ギギス／ギンゲ　Gigis / Gingē　パリュサティスの側近　断 27 (70); 29b (19. 2, 8, 10)
キマイラ　Khimaira　リュキアの山　証

45eα; 45eβ
キュオニオイ人　Kyōnioi　*断 76*
キュドライオス　Kydraios　サカイ人の王　*断 7*
キュナモルゴイ　Kynamolgoi　*断 46a; 46b*
キュノケパロイ　Kynokephaloi　*証 11b; 断 45 (37, 40-42, 44); 45pγ (2)*
キュプロス　Kypros　*証 1b; 7c (72-73); 断 1b (16. 6); 30 (72-73); 32 (21. 1)*
キュルタ／キュルタイア　Kyrtā / Kyrtaiā　「紅海」の流刑地　*断 14 (43); 14a*
キュレネ　Kȳrēnē　*断 13a*
キュロス（1）　Kȳros　初代ペルシア大王　*証 8; 断 1f; 5 (33. 6; 34. 6); 8d* (3-7, 9-37, 39-42, 45-46); 9 (1-8); 9a; 9c; 13 (9-10); 15a (3); 33a; 70*
キュロス（2）　Kȳros　小キュロス、ダレイアイオスの子　*証 1b; 3; 5b; 14a (216); 14b; 断 15 (47, 51); 15a (2-3); 16 (59, 63-64, 66-67); 17 (2. 3-5; 3. 2-6); 18; 19 (9. 1-4); 20 (11. 1-11; 12. 1-2; 13. 2); 21 (26); 24; 25; 26 (14. 1, 3, 5-6, 8; 15. 6; 17. 1, 9)*
キリキア　Kilikiā　*断 1b (2. 3); 1pε*; 16 (63)*
クセノポン　Xenophōn　軍人・歴史家　*証 5a; 7b (6); 8; 12 (4); 15; 断 19 (9. 4); 22 (13. 3); 23 (6); 70*
クセルクセス（1世）　Xerxēs　ペルシア大王　*証 8; 断 13 (24-33); 13b*; 14 (34); 17 (2. 4)*
クセルクセス（2世）　Xerxēs　ペルシア大王　*断 15 (47-49, 52)*
クテシアルコス　Ktēsiarkhos　クテシアスの父　*証 1; 11h (3)*
クテシオコス　Ktēsiokhos　クテシアスの父　*証 1; 1b*
クナクサ　Kounaxa　バビロニアの集落　*証 6b; 断 18; 26 (14. 1)*
クニドス　Knidos　クテシアスの出身地　*証 1; 1b; 2; 3; 4; 7c (75); 8; 11fγ; 11gβ; 11gγ; 11h (3); 11hβ; 11hγ; 12 (4); 断 1a; 1b (2. 2; 7. 3; 15. 2; 17. 1; 20. 3); 1k; 1oβ (5); 5 (32. 4); 9 (8); 30 (75); 34b; 35; 37; 45dβ; 45eβ; 45r; 46a; 48b; 49a; 63; 66; 67; 73; 75*
クレアルコス　Klearkhos　ラケダイモン出身の傭兵隊長　*証 7a; 7aβ (1-4); 7b (7); 15b (6-7); 断 16 (63-65); 18; 23 (7); 27 (68-69, 71); 28 (18. 1-8)*
クレイタルコス　Kleitarkhos　前4世紀後半の歴史家　*証 11j; 断 1b (7. 3)*
クレタ　Krētē　*証 7d (3); 断 13 (30); 31; 32 (21. 3)*
クロイソス　Kroisos　リュディア王　*断 9 (4-5); 9a; 9c*
ケパリオン　Kephaliōn　歴史家　*断 1a; 1g; 1oα*
コアスペス　Khoaspēs　スサ近郊の川　*断 37*
コイレ・シリア　Koilē Syriā　*断 1b (2. 3)*
「紅海」　Erythrā [thalatta]　*断 14 (43); 14a; 66*
コシュテ　Kosytē　ウンブリアの都市　*断 59*
コス　Kōs　*断 14 (34, 44)*
コスマルティデネ　Kosmartidēnē　アルタクセルクセス1世の妾　*断 15 (47)*
黒海　Pontos Euxeinos　*断 1b (2. 3); 13 (22); 56*
コッタ　Kotta　パプラゴニア総督　*断 1b (26. 8)*
コノン　Konōn　アテナイの将軍　*証 7c (73-74); 7d (2, 4); 30 (73-74); 32 (21. 1, 4)*
コラムニオイ人　Khoramnioi　*断 9 (8); 12*
コルキス　Kolkhis　*断 57*
コロムナイオイ人　Khōromnaioi　*断 1b (2. 3)*
コンバピス　Kombaphis　エジプトの宦官　*断 13 (10)*

サ　行

サカイ人　Sakai　*証 14a (213); 断 5 (34. 1-4); 7; 7b; 8a; 8c*; 8d* (46); 9 (3, 7); 45dβ*
ザキュントス　Zakynthos　*証 7b (5-6); 断 23 (5-6); 45 (20)*
サティバラス　Satibarās　セミラミスの宦官　*証 1lδ**
サティバルザネス　Satibarzanēs　アルタ

クセルクセス2世の宦官　*証 7c (73); 断 16 (60); 20 (12. 4-5); 30 (73)*
サティペルネス　Satiphernēs　小キュロスの友人　*断 20 (11. 2)*
サライメネス　Salaimenēs　サルダナパロスの義兄弟　*断 1b (26. 6)*
サラミス (1)　Salamīs　アッティカ対岸の島　*断 13 (30)*
サラミス (2)　Salamīs　キュプロスの都市　*証 7c (72); 断 30 (72)*
ザリス　Zaris　都市名　*断 15 (56)*
ザリナイア　Zarinaiā　サカイ人の女王　*断 5 (3-5); 7; 7c*; 8b; 8c**
ザルカイオン　Zarkaion　メディアの山　*断 1b (13. 5)*
サルサマス　Sarsamās　エジプト総督　*断 14 (38)*
サルダナパロス　Sardanapallos　アッシリア王　*断 1b (21. 8; 23. 1, 4; 24. 2, 4; 25. 1-3; 26. 8-9; 27. 3; 28. 2); 1oβ (5); 1pα; 1pβ; 1pγ; 1pδ*; 1pε*; 1q; 5 (32. 5); 6b* (1); 8d* (12); 33a*
サルデイス　Sardeis　*断 9 (4-5); 9a; 9c; 13 (31); 45pγ*
サルド　Sardō　インドの山　*断 45 (17)*
シケリア　Sikeliā　*断 1oβ (5); 45sα (1)*
シッタケ　Sittakē　バビロニアの集落　*断 35*
シデ／シラ　Sidē / Silā　インドの泉　*断 47a; 47b*
シュエンネシス　Syennesis　キリキア王　*断 16 (63)*
シリア　Syriā　*証 11a (2); 断 1b (4. 2-3, 6; 5. 1; 13. 2; 16. 6); 1c; 1eα; 1eβ; 1m; 14 (40); 42*
シンギュノス　Singynos　エジプトの都市　*断 55*
シンマス　Simmās　セミラミスの養父　*断 1b (4. 6; 5. 1); 1c*
スキアポデス　Skiāpodes　*断 51a; 51b; 60*
スキュタルケス　Skytharkhēs　スキュティア王　*断 13 (20-21)*
スキュティア　Skythiā　*証 14a (216); 断 13 (20-21); 24*
スサ　Sousa　*断 1b (22. 3); 6b* (6); 13 (10); 16 (66); 34a; 34b; 37*
スタテイラ　Stateira　アルタクセルクセス2世の妻　*証 11e; 15b (6); 断 15 (55-56); 16 (58); 26 (17. 4, 9); 27 (69-70); 28 (18. 5-6); 29a; 29b (19. 1, 3, 5-6)*
スタブロバテス　Stabrobatēs　インド王　*断 1b (16. 2; 17. 4; 18. 1; 19. 1, 4)*
ストリュアンガイオス　Stryangaios　メディアの軍人　*証 14a (213); 断 7; 7b; 7c*; 8a; 8b; 8c*;*
スパバロス　Spabaros　インドの川　*断 45oβ* (1)*
スパラミゼス　Sparamizēs　パリュサティスの宦官　*断 26 (15. 3-4; 16. 1)*
スパラメイゼス　Sparameizēs　サルダナパロスの宦官　*断 1pα*
スパルタ　Spartē　*証 7aβ (2); 断 23 (7); 28 (18. 2); 32 (21. 1)*　→ラケダイモン
スパレトラ　Sparethrā　サカイ人の女王　*断 9 (3)*
スピタケス　Spitakēs　アミュティスの子　*断 9 (1, 8)*
スピタマス (1)　Spitamās　アミュティスの先夫　*断 8d* (8); 9 (1, 8)*
スピタマス (2)　Spitamās　ペテサスの子　*断 14 (42)*
スピトラダテス　Spithradatēs　ペルシアの軍人　*断 15 (53)*
スペンダダテス　Sphendadatēs　マゴス僧、王位僭称者　*断 13 (11, 13, 15-16, 18)*
聖山　Hieron oros　*断 56*
ゼウス　Zeus　*証 11bγ; 断 1b (8. 7; 9. 4-5, 8; 13. 2); 1m; 13 (21)*
セキュンディアノス　Sekyndianos　ペルシア大王　*断 15 (47-50, 52)*
セソストリス　Sesōstris　アッシリア王　*断 69*
ゼノン　Zēnōn　クレタ出身の舞踏家　*証 7d (3); 断 31; 32 (21. 3)*
セミラミス　Semīramis　アッシリア女王　*証 9; 断 1a; 1b (4. 1, 5; 5. 1-2; 6. 5-6, 8-10; 7. 1-2, 4; 8. 1-3, 6-7; 9. 1, 3, 5; 13. 1-5, 7; 14. 1-2, 4; 16. 1-2, 4, 7-8, 10; 17. 2, 4, 6; 18. 1-2, 4-8; 19. 1-2, 4-5, 7-10; 20. 1-3; 21. 1; 22. 2); 1c; 1g; 1h; 1i; 1k; 1lδ*; 1m; 1n; 1oα; 1oβ (4-5); 1pδ*; 3; 33 (76);*

33b;
セレス人　Sēres　断 75
ソクラティダス　Sōkratidās　パンピレの夫　証 16
ソサネ　Sōsanē　ニノスの娘　断 1b (6. 9)
ソサルモス　Sōsarmos　メディア王　断 5 (32. 6)
ソテリダス　Sōtēridās　パンピレの父　証 16; 17
ゾピュロス (1)　Zōpyros　バビロニアの将軍　断 13 (26)
ゾピュロス (2)　Zōpyros　メガビュゾスの子　断 14 (40, 45)
ゾロアストレス　Zōroastrēs　宗教家　断 1a; 1f

タ　行

ダティス　Dātis　メディア人の軍人　断 13 (22, 25)
タナイス川　Tanaïs　現在のドン川　断 1b (2. 1, 3)
タニュオクサルケス　Tanyorxarkēs　カンビュセスの弟　断 9 (8); 13 (11-13, 15)
タピュロイ人　Tapyroi　断 1b (2. 3)
ダマスピア　Damaspiā　アルタクセルクセス1世の妻　断 15 (47)
ダレイアイオス (1)　Dāreiaios　クセルクセスの子　断 13 (24, 33); 14 (34)
ダレイアイオス (2)　Dāreiaios　ペルシア大王、ダレイオス2世　断 15 (50-52, 56); 16 (57)
ダレイオス (1世)　Dāreios　ペルシア大王　証 8; 断 13 (16-17; 19-25); 13b*
ダレイオス (2世)　Dāreios　ペルシア大王　証 5b; 断 1d; 15a (2); 15b*; 17 (2. 3-4; 3. 1); 33a　→ダレイアイオス (2)
ティグリス　Tigris　メソポタミアの川　断 1pε*
ティッサペルネス　Tissaphernēs　ペルシア総督　証 7aβ (1); 14a (216); 断 15 (53); 16 (59); 17 (3. 3); 24; 27 (68); 28 (18. 1)
ティトノス　Tīthōnos　メムノンの父　断 1b (22. 1-3, 5)
デイノン／ディノン　Deīnōn / Dīnōn　歴史家　証 11e; 断 15a (4); 19 (9. 4); 22 (13. 3); 29a; 29b (19. 2, 6); 39
ティベテス　Tibethēs　カンビュセス期の宦官　断 13 (13)
ティマペルネス　Timaphernēs　トラキスの有力者　断 13 (27)
ティリザ／ティリゾイ人　Tīriza / Tīrizoi　パプラゴニアの都市　断 58
ティリダテス　Tīridatēs　アステュアゲスの酌小姓　断 8d* (23)
テウタモス　Teutamos　アッシリア王　断 1b (22. 2)
テッサリア　Thettaliā　断 1b (22. 5); 13. 27; 16 (63); 27 (68)
テバイ　Thēbai　断 13 (28)
デマラトス　Dēmarātos　ラケダイモン人亡命者　断 13 (27); 17 (2. 4)
テミストクレス　Themistoklēs　アテナイの将軍　断 13 (30)
デュルバイア人　Dyrbaioi　断 11
テリトゥクメス　Teritoukhmēs　ペルシアの反乱者　断 15 (55-56); 16 (61)
デルケト　Derketō　シリアの女神　断 1b (4. 2-3); 1c; 1d; 1eα; 1m
デルビケス人　Derbik(k)ēs　断 1b (2. 3); 9 (7-8); 43
デルポイ　Delphoi　断 13 (31)
テルモピュライ　Thermopylai　断 13 (27)
トゥレ　Toulē　北方の島　断 64
トラキス　Thrākhīs　テッサリアの都市　断 13 (27)
トラクス　Thrāx　テッサリア人　断 13 (27)
ドランカイ人　Drankai　断 1b (2. 3)
トロイア　Troiā　断 1b (2. 3; 22. 1-2, 5)
トログロデュテス　Trōglodytēs　断 51a

ナ　行

ナイル川　Neilos　断 1b (2. 1); 14b*
ナクソス　Naxos　断 45 (20)
ナタカス　Natakās　クセルクセスの宦官　断 13 (24)
ナナロス　Nannaros　バビロニア総督　断 6; 6b* (1-6); 6c*

ニニュアス　Ninyas　アッシリア王　*断 1b (7. 1; 14. 3; 20. 1: 21. 1, 3, 7-8; 22. 1-2); 1c; 1lδ*; 1n; 1oα; 1pδ**
ニノス (1)　Ninos　アッシリア王　*証 9; 断 1a; 1b (1. 4, 7-10; 2. 1-2, 4; 3. 1-4; 4. 1; 5. 3; 6. 1, 3-5, 9; 7. 1; 8. 6-7; 21. 1; 23. 1; 28. 8); 1c; 1g; 1i; 1n; 1oβ (4-5); 33 (76); 33a; 33b*
ニノス (2)　Ninos　アッシリアの都市、ニネヴェ　*断 1b (3. 4; 5. 1; 7. 2; 21. 7; 24. 1, 7; 25. 1; 26. 9; 28. 7); 1pδ*; 1pε*; 1q*
ネイテティス　Neitētis　カンビュセスの妾　*断 13a*
ノロンダバテス　Norondabatēs　ペルシア人貴族　*断 13 (16)*

ハ　行

パウサニアス　Pausaniās　スパルタの軍人　*断 13 (28)*
バガパイオス　Bagapaios　アルタクセルクセス 1 世の子　*断 15 (47)*
バガパテス (1)　Bagapatēs　キュロス大王とカンビュセスの宦官　*断 13 (9, 13, 15-16, 23)*
バガパテス (2)　Bagapatēs　アルタクセルクセス 2 世の宦官　*断 16 (66)*
バギスタノン　Bagistanon　山、ゼウスの聖域　*断 1b (13. 1-2)*
バクトラ／バクトリア　Baktra / Bactria　*断 1a; 1b (2. 1, 4; 4. 1; 5. 3; 6. 1-4, 7; 7. 1; 16. 1, 5, 7; 17. 1; 19. 10; 26. 1-2, 4); 1c; 1f; 8d* (46); 9 (2, 8); 11; 13 (13); 14 (35); 33 (76); 45 (6, 26); 45h*
パクトロス川　Paktōlos　リュディアの川　*断 45 (26)*
バゴラゾス　Bagorazos　クセルクセス 2 世、セキュンディアノス期の有力人物　*断 15 (47-49)*
パサカス　Pasakās　キュロス大王の愛馬　*断 19 (9. 1)*
パサルガダイ　Pasargadai　*断 8d* (35-36, 38, 41, 43, 45); 17 (3. 1)*
パセリス　Phasēlis　リュキアの都市　*断 45 (20); 45eα; 45eβ*
バビロン／バビロニア　Babylōn / Babylōniā　*証 11j; 断 1b (1. 7; 7. 2; 8. 4, 7; 9. 1, 4-5, 8; 24. 1-3, 5-6; 25. 3, 5-6; 28. 1-2, 4-5); 1c; 1g; 1oβ (5); 1pε*; 4; 6; 6b* (1-6); 8d* (9, 12-14, 17-19, 24-26); 13 (14, 16, 26, 32); 14 (41); 15 (47); 16 (57, 66); 18; 27 (69); 29b (19. 10); 45 (28); 45b*
パプラゴニア　Pāphlagoniā　*断 1b (26. 8); 14 (42); 58*
パリスカス　Pariskās　小キュロスの宦官　*断 20 (12. 1)*
バリッセス　Barissēs　ペルシア人貴族　*断 13 (16)*
パリュサティス　Parysatis　ペルシア王の娘・妻・母　*証 3b; 5b; 7a; 7aβ (3); 8b; 11e; 14a (216); 15b (6); 断 1d; 15 (47, 50-52, 54, 56); 15a (2); 16 (58-61, 65-67); 17 (2. 3-4); 24; 26 (14. 10; 15. 2; 16. 1; 17. 1-2, 4-5, 7, 9); 27 (69-71); 28 (18. 3, 6); 29a; 29b (19. 1-3, 5-6, 8, 10); 45 (9)*
パリュノス　Phallynos　ペルシアのギリシア語通訳　*証 7b (5-6); 断 23 (5-6)*
バルカニア　Barkaniā　*断 9a*
バルザネス　Barzanēs　アルメニア王　*断 1b (1. 8-9)*
パルソンデス　Parsōndēs　メディア時代のペルシア人　*断 5 (33. 1-2, 4); 6b* (1-6); 6d**
パルティア (人)／パルテュアイオイ人　Parthiā / Parthioi / Parthyaioi　*断 1b (2. 3); 5 (34. 1-2); 7; 8d* (46); 9 (8)*
パルナキュアス　Pharnakyās　クセルクセス 2 世の宦官　*断 15 (48, 52)*
パルナバゾス　Pharnabazos　ペルシアの総督　*証 7c (74); 断片 30 (74); 32 (21. 1)*
パルノス　Pharnos　メディア王　*断 1b (1. 10)*
パルミセス (1)　Parmisēs　アミュティスの兄弟　*断 9 (3)*
パルミセス (2)　Parmisēs　ペルシアの軍人　*断 15 (53)*
バレネ　Barēnē　メディアの都市　*断 9 (5); 9d**
パンダライ　Pandarae　インドの民族　*断*

52
バンビュケ　Bambykē　シリアの都市　断 1eα
パンピュリア　Pamphȳliā　断 1b (2. 3); 1f
パンピレ　Pamphilē　エピダウロスの女流文学者　証 16
ピストネス　Pisouthnēs　ペルシアの反乱者　断 15 (53)
ヒッポクラテス　Hippokratēs　コス出身の医師　証 4; 断 67
ビテュニア　Bīthȳniā　断 1b (2. 3)
ヒュアパテス　Hyapatēs　セミラミスの子　断 1b (5. 1)
ピュグマイオイ　Pygmaioi　証 11b; 19 (11); 断 45 (21-23); 45fα; 45fβ
ヒュスタスペス (1)　Hystaspēs　ダレイオスの父　断 13 (16)
ヒュスタスペス (2)　Hystaspēs　クセルクセスの子　断 13 (24)
ヒュダスペス　Hydaspēs　セミラミスの子　断 1b (5. 1)
ヒュパルコス　Hyparkhos　インドの川　断 45 (36)
ビュブロス　Byblos　エジプトの要塞都市　断 14 (37-38); 14b*
ヒュポバルス　Hypobarus　インドの川　断 45o
ヒュルカニア　Hyrkaniā　断 1b (2. 3); 8d* (46); 13 (9, 15); 15 (47); 43; 46a
ヒュルバ　Hyrba　ペルシアの町　断 8d* (27-29)
ピロステパノス　Philostephanos　前 3 世紀の作家　証 19 (3); 断 3
フェニキア　Phoinīkē　断 1b (2. 3; 16. 6)
プシュロイ人　Psylloi　断 45fγ*
プラタイア　Plataiai　断 13 (28)
プリアモス　Priamos　トロイア戦争の英雄　断 1b (22. 2)
プリュギア　Phrygiā　断 1b (2. 3)
プロクセノス　Proxenos　ボイオティア人傭兵　断 27 (68)
プロポンティス　Propontis　断 1b (2. 3)
ヘギアス　Hēgiās　クセルクセスの側近　断 13 (27)
ヘゲシアス　Hēgesiās　前 3 世紀の歴史家　証 19 (3); 断 3
ベッサダイ人　Bēssadai　断 63
ペテサカス　Petēsakās　キュロス大王の宦官　断 9 (6); 9a; 13 (9)
ペテサス　Petēsās　ウシリスの子　断 14 (42)
ヘノティクトンテス　Henotiktontes　断 51b
ヘラ　Hērā　女神　断 1b (9. 5-6)
ヘラクレイオン　Hērakleion　アッティカの地名　断 13 (30)
ヘラニコス　Hellānikos　歴史家　証 11a (3); 11b; 断 1a; 16 (62)
ヘリコス　Hēlikos　テリトゥクメスの兄弟　断 15 (56)
ベリタナス　Belitanās　バビロンの墓の主　断 13 (26)
ベリタラス　Belitarās　パリュサティスの側近　断 29b (19. 2)
ベレシュス　Belesys　バビロニアの将軍　断 1b (24. 2, 5-6; 25. 3, 5, 8; 28. 1, 3-5); 1oβ (5); 1pε*
ベロス (1)　Bēlos　ニノスの父　断 1a
ベロス (2)　Bēlos　バビロニアの神　断 1b (8. 7; 9. 4; 28. 2); 1c; 1pε*; 6b* (3); 13b*
ヘロドトス　Hērodotos　歴史家　証 8; 11a (3); 11b; 11hβ; 11hγ; 12 (5); 13; 17; 20; 断 1a; 1b (15. 1-2); 1g; 9 (1); 13 (26); 16 (62); 33a; 37; 45kε; 69; 70; 71
ポー川　Padus　断 65
ボスポロス海峡　Bosporos　断 13 (21)
ポリオン　Polliōn　アレクサンドレイアの文法家　証 17
ポリュクリトス　Polykritos　メンデ人の医師　証 7d (3); 断 32 (21. 3)
ボルカニオイ人　Borkanioi　断 1b (2. 3)

マ　行

マウダケス　Maudakēs　メディア王　断 5 (32. 6)
マウレタニア門　Maurousiai pylai　ジブラルタル海峡？　断 76
マサバテス　Masabatēs　アルタクセルクセス 2 世の宦官　断 26 (17. 1, 7)
マタカス　Matakās　クセルクセスの宦

官　断 *13 (31)*
マラトン　Marathōn　断 *13 (22)*
マルサゲテス　Marsagetēs　スキュティア王の兄弟　断 *13 (20)*
マルドイ族　Mardoi　断 *8d* (3, 5, 9, 30)*
マルドニオス　Mardonios　ペルシア人貴族　断 *13 (16, 24, 26, 28-29)*
マルマレス　Marmarēs　サカイ人の王　断 *8c**　→メルメロス
ミトラダテス　Mithradatēs　テリトゥクメスの元従者　断 *15 (56); 16 (58, 67)*
ミトラペルネス　Mitraphernēs　ナナロスの宦官　断 *6b* (6)*
ミトリダテス　Mithridatēs　断 *20 (11. 5); 26 (14. 5, 7; 15. 1-4, 6-7; 16. 2, 7)*　→ミトラダテス
ミトロステス　Mitrōstēs　テリトゥクメスの兄弟　断 *15 (56)*
ミュシア　Mȳsiā　断 *1b (2. 3)*
ミルティアデス　Miltiadēs　アテナイの将軍　断 *13 (22)*
ミレトス　Mīlētos　断 *10a; 10b; 15 (52)*
メガビュゾス　Magabyzos　アミュティスの夫　断 *13 (26, 31-32); 14 (34, 37-45); 14a; 15 (52)*
メガベルネス　Megabernēs　アミュティスの子　断 *9 (1, 8)*
メタドリダ　Metadorida　島の名　断 *76*
メノスタネス　Menostanēs　クセルクセスの孫　断 *14 (41); 15 (48-50, 52)*
メノン　Menōn　テッサリア人傭兵　断 *16 (63); 27 (68-69); 28 (18. 5)*
メムノン　Memnōn　トロイア戦争の英雄　断 *1b (22. 1-5)*
メランタス　Melantās　パリュサティスの側近　断 *29b (19. 2, 6)*
メルメロス　Mermeros　ザリナイアの夫　断 *7*　→マルマレス
メンデ　Mendē　カルキディケ半島の都市　証 *7d (3)*; 断 *32 (3)*
モノコリ　Monocoli　証 *19 (9); 51a*
モノプタルモイ　Monophthalmoi　断 *51b*
モリス　Molis　バビロニアの女神　断 *6b* (3)*

ラ　行

ラケダイモン　Lakedaimōn　証 *7b (7); 7c (74-75)*; 断 *13 (27, 28); 16 (63, 65); 23 (7); 30 (74-75)*
ラビュクソス　Labyxos　タニュオクサルケスの宦官　断 *13 (13)*
リビア　Libyā　断 *1b (14. 3); 14 (36); 45fγ*; 60*
リュキア　Lykiā　断 *1b (2. 3); 45 (20)*
リュコン　Lykōn　アテナイ人　断 *15 (53)*
リュディア　Lȳdiā　断 *1b (2. 3); 9a; 9b; 9c; 17 (2. 5)*
レア　Rheā　女神　断 *1b (9. 5)*
レオニダス　Leōnidās　スパルタ王　断 *13 (27)*
ロイタイア　Rhoitaiā　ストリュアンガイオスの妻　断 *8c**
ロクサナケ　Rhōxanakē　サカイ人の都　断 *8c**
ロクサネ (1)　Rhoxanē　カンビュセスの妻　断 *13 (14)*
ロクサネ (2)　Rhoxanē　テリトゥクメスの姉妹　断 *15 (55-56)*
ロドグネ　Rhodogounē　クセルクセスの娘　断 *13 (24); 14 (34)*
ロドス　Rhodos　証 *7c (75)*; 断 *30 (75)*

王 名 表

断片33によれば、クテシアス『ペルシア史』には巻末資料のひとつとして「ニノスとセミラミスからアルタクセルクセス［2世］までの大王表」が付されていたという。また、断片33aによれば、この大王表には王名のみならず、各王の在位年数についても併記されていたようである。現在この表は完全な状態では伝存していないが、クテシアスの断片史料中に垣間見られる情報をつなぎ合わせることによって、かなりの程度まで復元することができる。以下に掲載するのは、その復元された王名表である。なお、断片1oαによると、クテシアスは全30代のアッシリア王すべての名を拾い上げていたようだが、残念ながら第4代から第22代、第24代から第28代までの計24人の王名は失われてしまっている。

アッシリア王（計1360年以上）	メディア王（計282年以上）	ペルシア王（計157年以上）
1．ニノス（不明）	1．アルバケス（28年）	1．キュロス（30年）
2．セミラミス（42年）	2．マウダケス（50年）	2．カンビュセス（18年）
3．ニニュアス（不明）	3．ソサルモス（30年）	3．スペンダダテス（7ヵ月）
⋮	4．アルテュカス（50年）	4．ダレイオス1世（31年）
	5．アルビアネス（22年）	5．クセルクセス（不明）
	6．アルタイオス（40年）	6．アルタクセルクセス1世（42年）
	7．アルティネス（22年）	7．クセルクセス2世（45日）
	8．アスティバラス（40年）	8．セキュンディアノス（6ヵ月半）
	9．アステュアゲス［アスパンダス／アステュイガス］（不明）	9．ダレイオス2世［オコス／ダレイアイオス］（35年）
⋮		10．アルタクセルクセス2世
23．テウタモス（不明）		
⋮		
29．アナキュンダラクセス［アナバラクサレス］（不明）		
30．サルダナパロス（不明）		

アカイメネス朝ペルシア大王の系図

以下に掲載するのは、ペルシア語碑文をベースに、ギリシア語文献史料の情報をかけ合わせて作成された、始祖アカイメネスからアルタクセルクセス２世までのアカイメネス朝ペルシア大王の系図である（ただし、キュロスの家系とダレイオスの家系に直接的な血縁関係があったかは、かなり疑わしい）。

なお、○で囲まれた数字は、ペルシア大王位の継承順を、ゴシック体はクテシアス『ペルシア史』に登場する人物名を表わす。

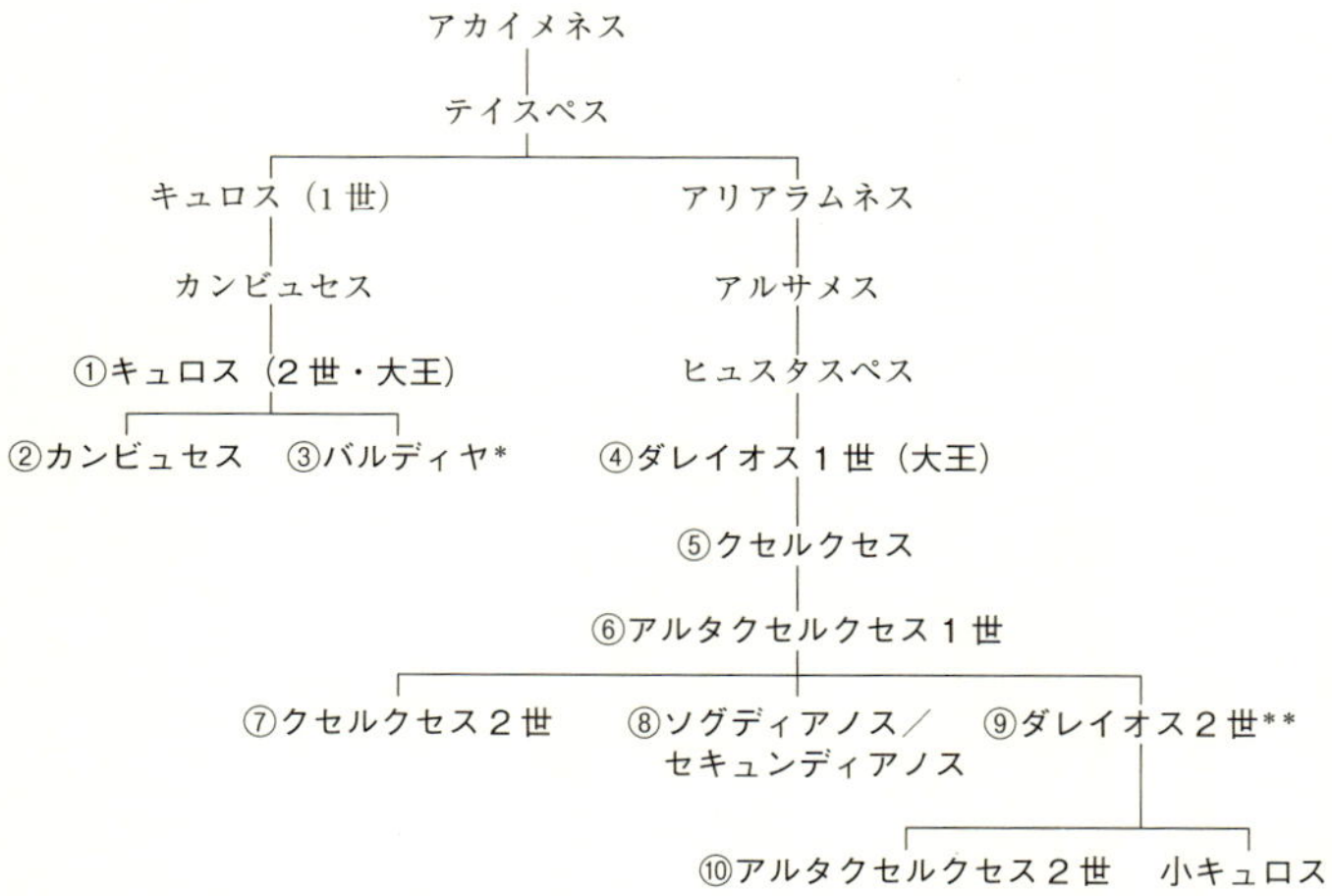

* ヘロドトス『歴史』ではスメルディス、クテシアス『ペルシア史』ではタニュオクサルケスの名で登場する。また、実際に王位に就いた（僭称した）のはカンビュセスの弟本人ではなく、彼の名を騙ったマゴス僧である。

** クテシアス『ペルシア史』では、ダレイアオスもしくはオコスの名で登場する。

『ペルシア史』におけるペルシア王家系図

以下に掲載する2つの家系図は、クテシアス著『ペルシア史』にもとづいて作成された、アカイメネス朝ペルシア王家の系図である。『ペルシア史』においては、先に掲げたペルシア語碑文をもとにした系図とは異なり、キュロスとダレイオスの血縁関係が直接言及されていない。したがって、以下でも独立した2つの家系図によって、この両親族集団の関係を描く。

なお、◯で囲まれた数字は、ペルシア大王位の継承順を表わす。また、夫婦関係において二重線で結ばれた女性は正妻を、破線の女性は側室を表わす。

キュロス家の系図

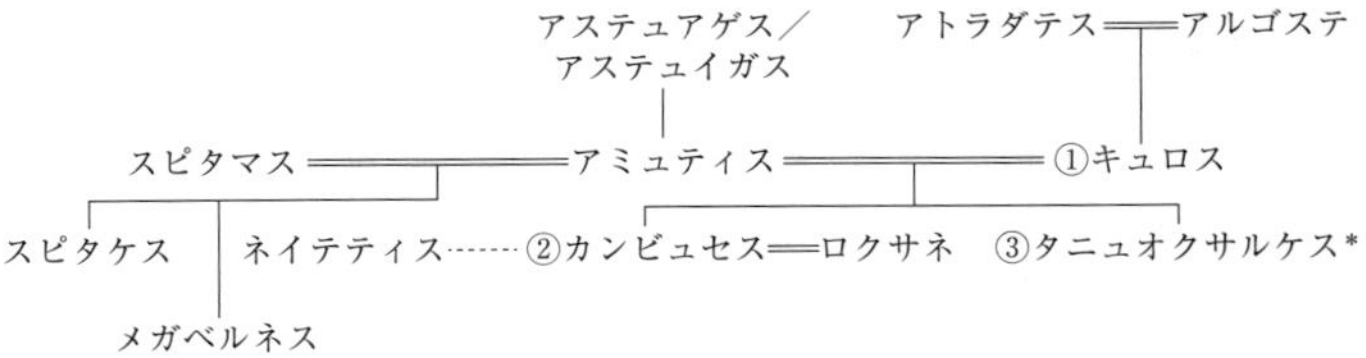

* 実際に王位に就いた（僭称した）のはタニュオクサルケス本人ではなく、彼の名を騙ったマゴス僧のスペンダダテスである。

ダレイオス家の系図

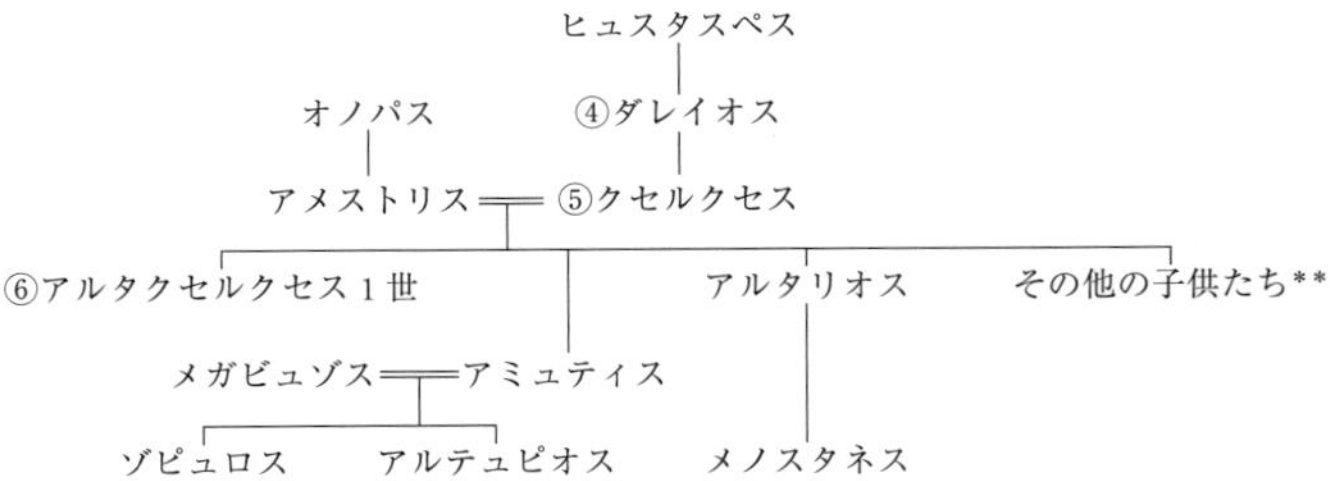

** その他の子供たちは、ダレイアイオス、ヒュスタスペス、アカイメニデス、ロドグネである。

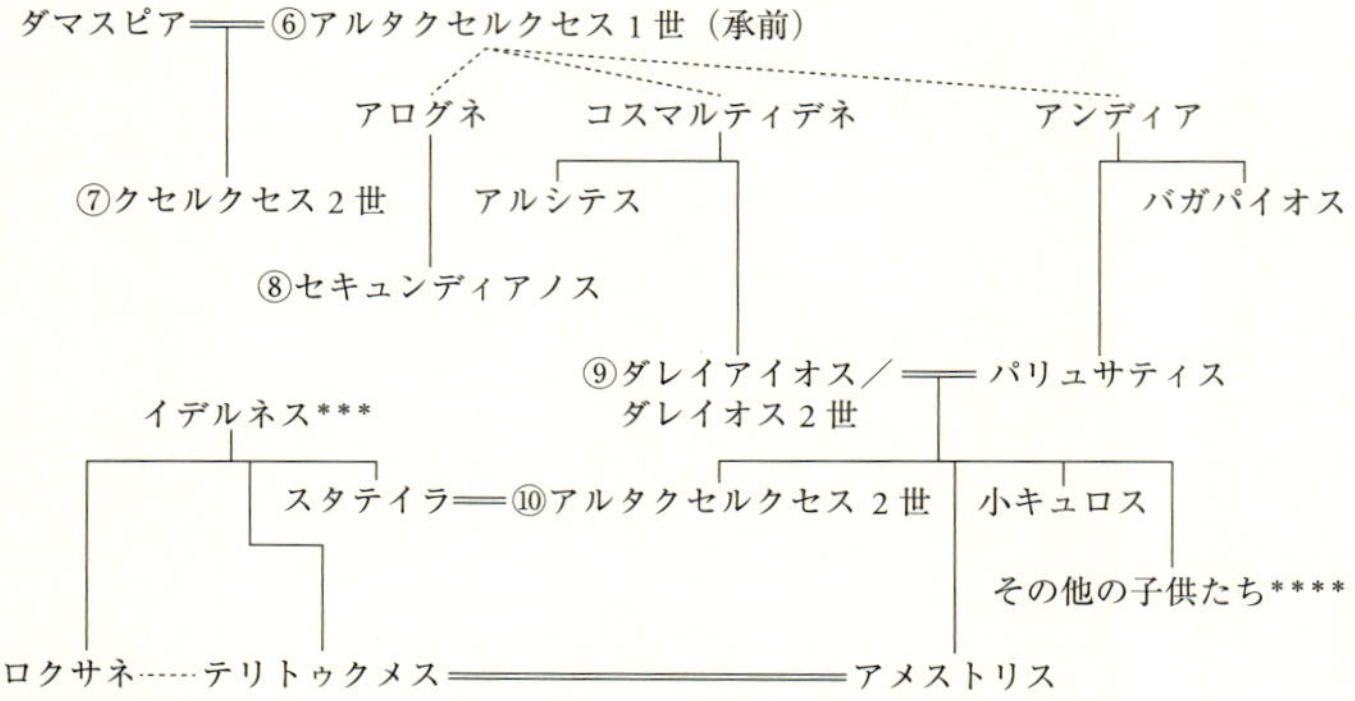

*** イデルネスにはこのほかに、ミトロステス、ヘリコスという２人の息子と、２人の逸名の娘がいる。

**** その他の子供たちは、アルトステス（もしくはオスタネス）、オクセンドラス（もしくはオクサトレス）である。

関連年表

550 / 49 年	キュロスがアステュアゲス（アステュイガス）を破る。 キュロスによるアジア征服活動。
530 年	キュロスの死。カンビュセスの即位。
525 年	カンビュセスのエジプト遠征。
522 年	カンビュセスの死。マゴス僧による王位僭称。ダレイオス 1 世の蜂起。
513 年頃	ダレイオス 1 世によるスキュティア遠征。
490 年	第一次ペルシア戦争（ダティスによるギリシア遠征）。
486 年	ダレイオス 1 世の死。クセルクセスの即位。
480 年	テルモピュライの戦い、アテナイ占領、サラミスの海戦。
479 年	プラタイアの戦い。
465 年	クセルクセスとダレイアイオスの暗殺。アルタクセルクセス 1 世の即位。
464-454 年	エジプトの反乱。
424 / 23 年	アルタクセルクセス 1 世の死。クセルクセス 2 世、セキュンディアノスを経て、ダレイオス 2 世（ダレイアイオス）の即位。
415 / 14 年？	クテシアスのペルシア宮廷到着。
405 / 04 年	ダレイオス 2 世（ダレイアイオス）の死。アルタクセルクセス 2 世の即位。
401 年	小キュロスの反乱。クナクサの戦い。
398 年	コノンのペルシア艦隊提督就任。クテシアスのペルシア脱出。
393 年以降	クテシアス『ペルシア史』の公刊。

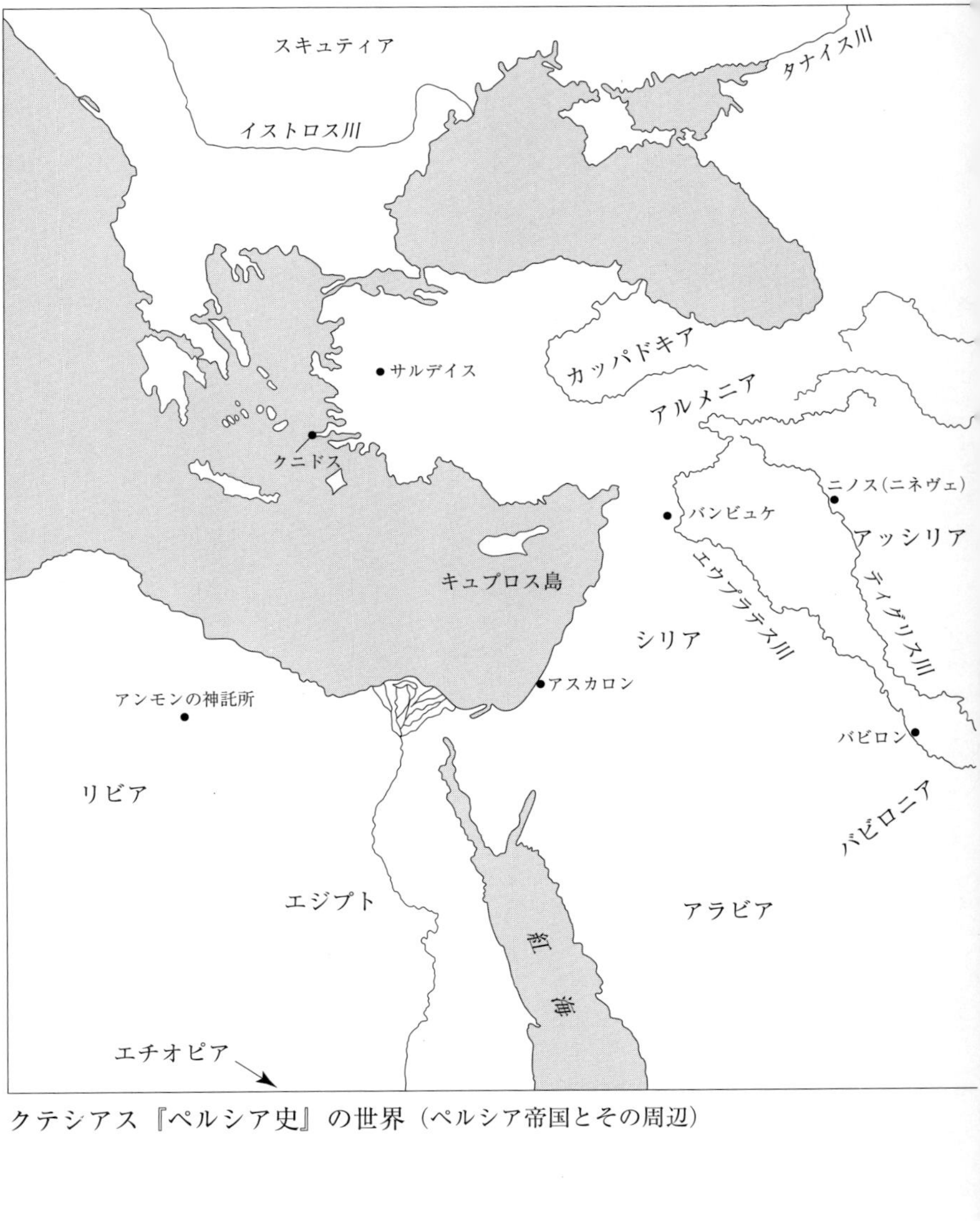

クテシアス『ペルシア史』の世界(ペルシア帝国とその周辺)

サカイ人
サカイ人
カスピオイ人
コラムニオイ人
デルビケス人
ヒュルカニア人
バルカニオイ人？
カドゥシオイ人
タピュロイ人
●バクトラ
バクトリア
エクバタナ
パルティア
▲バギスタノン山
インダス川
デュルバイア人
●スサ
ドランカイ人
●パサルガダイ
●ペルセポリス
カルマニア
インド
紅海
紅　海